RÉPERTOIRE
des gentilés
DU QUÉBEC

PAR JEAN-YVES DUGAS

BIBLIOTHÈQUE ADMINISTRATIVE
Ministère des Communications du Québec
Éléments de catalogue avant publication

Dugas, Jean-Yves
    Répertoire des gentilés du Québec/par Jean-Yves Dugas. —— Québec: Com
mission de toponymie, 1987.
XIV, 258 p.— (Études et recherches toponymiques; 12)
    Bibliogr.: pages 203-205
    ISBN. 2-551-08621-3

    1. Noms géographiques — Québec (Province) I. Titre II. Collection
A11 T58 E88 12 1987

Les
PUBLICATIONS
DU QUÉBEC

RÉPERTOIRE
des gentilés
DU QUÉBEC

PAR JEAN-YVES DUGAS

ÉTUDES ET RECHERCHES TOPONYMIQUES, 12

Québec ∷

IV

Le contenu de cette publication a été réalisé par
Jean-Yves Dugas
de la Commission de toponymie du Québec

Cette édition a été produite par
Les Publications du Québec
1279, boulevard Charest Ouest
Québec (Québec)
G1N 4K7

Mise en page:
Mono-Lino inc.

Graphisme de la couverture:
Jobin & Kirouac • Graphistes

Dépôt légal — 3e trimestre 1987
Bibliothèque nationale du Québec
Bibliothèque nationale du Canada
ISBN 2-551-08621-3

REMERCIEMENTS

Tout au long de l'élaboration de notre ouvrage, comme par ailleurs de notre premier Répertoire, nombre de personnes nous ont apporté une collaboration soutenue et très précieuse, tantôt en nous fournissant une attestation nouvelle, tantôt un gentilé inédit ou encore en nous indiquant une piste de recherche importante. Bien qu'une coutume consacrée veuille généralement qu'on ne nomme personne de crainte d'oublier des contributions significatives, nous préférons courir ce risque, car nous nous en voudrions de ne pas souligner certains apports fondamentaux et demeurons confiant en la compréhension de ceux ou celles qui seraient victimes d'un malencontreux oubli.

En premier lieu, nous désirons redire notre profonde reconnaissance au professeur Camille Laverdière dont le support ne s'est jamais démenti au cours des six dernières années et qui nous fait l'honneur de signer la préface d'une oeuvre à laquelle il a cru dès les tout débuts.

À tous nos collègues de la Commission de toponymie nous exprimons notre gratitude pour leur encouragement incessant, notamment à son président, monsieur Henri Dorion, pour l'enthousiasme démontré à l'égard du dossier des gentilés et dont la ferveur a permis, d'une certaine façon, que ce travail puisse être publié. Notre collègue Guylaine Pichette peut également être assurée de notre appréciation reconnaissante pour le labeur incessant consacré à de multiples tâches péri-gentiléennes, sans lequel ce livre n'aurait pu paraître, du moins sous sa teneur présente.

Enfin, un cordial merci s'adresse à toutes les Québécoises et à tous les Québécois, simples citoyens ou membres de conseils municipaux, de municipalités régionales de comté, de sociétés d'histoire, de chambres de commerce, etc. qui ont puissamment contribué à l'éclosion et au développement de cette facette fondamentale de notre patrimoine culturel que constitue le gentilé. Tous et chacun peuvent désormais considérer cette oeuvre comme **leur** Répertoire et le mot de La Bruyère: «Je rends au public ce qu'il m'a prêté», ne se sera jamais appliqué avec une aussi pertinente acuité.

Le 9 juillet 1986   Jean-Yves Dugas

Préface

«Nous faisons ici le pari de vivre.»
Gatien Lapointe[1]

De Jacques Cartier à l'auteur du présent répertoire: 450 ans d'histoire et de littérature. Des «gens du pays»[2] d'alors à tous les Lorettains ou les Campivallensiens d'hier et d'aujourd'hui, à ces Portcartois ou ces Pointeliers, ces Louperivois, ces Senneterriens, ou à cet éclatement tout récent de désignations des habitants de la *Terre Québec*[3], il fallait qu'un éveilleur vienne pour que s'articule ainsi de façon émouvante, chez tout un peuple, le fait gentiléen. Pour que se cristallise de façon créatrice, heureuse, cet aspect plus grand encore du souci d'appartenance, ou d'identification au milieu qui avait si longtemps échappé à trop de Québécois.

Ces «gens du pays», c'est ainsi que le découvreur Cartier désigne d'abord les indigènes rencontrés à son deuxième voyage en pays laurentique: «Nos estans, posés et à l'ancre entre icelle grande ysle et la terre du nort, fumes à terre, et portasmes les deux hommes que nous avyons prins le précédent voiaige: et treuvasmes plusieurs gens du pays...»[4]. Les bateaux de Cartier mouillaient alors entre l'île d'Orléans et la Côte de Beaupré, le 7 septembre 1535. Après le pays du Saguenay, le navigateur malouin pénétrait au pays de Canada où vivaient «lesdicts Canadiens»[5], ce groupement d'indigènes partis d'ailleurs ou d'Asie, il y a tant de milliers d'années, avant d'atteindre Hochelaga, la Ville-Marie des premiers Blancs venus d'Europe ceux-là; le nom de *Montréal* et celui de ses habitants, les *Montréalais*, se sont ensuite imposés.

Les gens de mon pays: c'est le titre du texte d'une captivante chanson de Gilles Vigneault et celui d'un ouvrage du même compositeur regroupant les paroles d'autres de ses chansons[6]. C'est aussi le titre d'une chronique mensuelle sur les gentilés du Québec par Jean-Yves Dugas[7] que nous ne connaissions pas encore; nous étions en décembre 1978. Agréablement impressionné autant par le traitement réservé au sujet, tout nouveau, que par les propos tenus, tout de finesse et de fraîcheur, nous n'avons pu résister à le lui faire savoir; ce fut le début d'une correspondance qui ne s'est pas démentie. Il s'est rapidement établi entre nous des rapports de connivence, des accords tacites sur les appellations des habitants du pays. En réalité, nous avions une préoccupation commune: la langue qui permet d'exprimer librement ce qu'il y a au plus profond de nous. Puisque «nommer, c'est créer», alors nous avons aussi été gagné à l'analyse de Jean-Yves Dugas sur le processus de «gentilisation» appliqué à toute une société en état de se reconnaître dans ses espaces morcelés, ou rassemblés[8]. Le mot *gentilé* est finalement apparu au troisième article de sa chronique: «Les Rimouskois... tirent leur gentilé (terme qui s'applique au nom des habitants) de la langue indienne»[9].

L'année suivante, la Commission de toponymie publiait le *Répertoire de gentilés (noms des habitants) du Québec* par Jean-Yves Dugas[10]: pour discrète que fût la parution de cet inventaire méthodique, la manifestation n'en sera pas moins lourde de portée. Aux cent cinquante gentilés inventoriés, l'auteur avait contribué, presque à lui seul, à tripler ce nombre, aidé bien entendu de tous ceux qui, dans leur communauté, lui avaient fait parvenir leurs propres désignations, ou avaient sollicité son aide. Il galvanisa les énergies, suscita de multiples actions isolées, comme il entretint auprès d'intéressés ce besoin impérieux de prise de possession par la désignation. Grâce ensuite à l'intervention éclairée de l'Office de la langue française du Québec, le mot *gentilé*, désuet depuis plusieurs années, se retrouva dans les dernières éditions de dictionnaires; encore là, Jean-Yves Dugas n'est pas étranger à cette renaissance.

Le mécanisme d'identification des habitants à leur communauté était bien enclenché, le succès gentiléen assuré: «Je dispose maintenant de quelque 70 nouvelles formes que je brûle de diffuser»; nous n'étions qu'au 3 février 1982, date de la lettre qu'il nous adressait. Le 4 juillet 1984, Comptonien «figurera lors d'une édition ultérieure que je souhaite pas trop lointaine», nous disait-il toujours. L'intérêt pour un nouveau répertoire ne cessait de monter: «Je mets en chantier bientôt avec fébrilité et enthousiasme un ouvrage substantiel que je désire ardemment — avec probablement un soupçon de prétention — être le trésor patrimonial des Québécois en leur identité forgée au coin de pays respectif de chacun»; cette ferveur ne date pas que du 19 décembre 1985, mais au moins depuis que nous connaissons Jean-Yves Dugas. De cette dernière lettre au présent Répertoire avec ses 1429 entrées gentiléennes qui témoignent, chez tant de Québécois, d'une vitalité d'affirmation profonde et spontanée, il ne s'est passé qu'un an et demi!

Jean-Yves Dugas fut l'agent de cristallisation du phénomène gentiléen dans tous ses aspects, de son émergence à son foisonnement actuel. Extérieurement, il le sera encore plus avec la diffusion attendue de la 2e édition de son *Répertoire*, parce que tous à travers le pays pourront à la fois se reconnaître et se différencier comme éléments distincts d'une collectivité, parce que tout intéressé y trouvera l'ouvrage de référence sur le sujet, comme il pourra y dégager une matière à l'origine d'un processus d'affirmation nationale. Remarquons qu'il s'agit, cette fois, du *Répertoire des gentilés du Québec*, puisque l'ouvrage couvre la plupart des lieux habités pouvant être «gentilisés». C'est là l'aboutissement d'une entreprise d'envergure d'abord commandée, mais de façon éclairée, avant qu'elle ne s'alimente à sa propre lancée, presque tous les membres élus de la société et tellement d'autres y ayant instinctivement adhéré. Il fallut à Jean-Yves Dugas non seulement soutenir le mouvement, mais le faire éclater, ce à quoi il s'est employé avec conviction et bonheur. Porté par son propre succès, à grande échelle, encore devait-il maîtriser pleinement la conscience du phénomène pour en arriver au résultat qui l'honore. Résultat qui se manifestera avec plus d'évidence encore, et de fierté, à l'étalement de cette gerbe de désignations renfermant de si nombreux nouveaux gentilés qui d'abord vont inquiéter avant d'emporter la conviction, d'autant plus que la publication atteindra toutes les couches de la population; cette dernière ne pourra que mieux se réjouir de s'être ainsi approprié son espace. Dans ce débordement onomastique souhaité en fin de compte, que retenir si ce ne sont tous ces noms heureux qui rappelleront constamment les habitants de la plus petite à la plus grande communauté: *Aubert-Gallionnais* et *Pintendrois*, *Annabellevois* et *Pierrois*, ces néo-gentilés des conurbations de Québec et de Montréal, qui viennent se joindre ainsi à de vieux gentilés. Ou encore, que l'on songe à *Trifluvien* (de Trois-Rivières) et à son cortège de gentilés périphériques, tels *Hérouxvillois*, *Tortulinois*, *Centre-Mauricien*. Toutes ces désignations uniques n'ont-elles pas été bâties au coin d'une nécessité en sommeil depuis trop longtemps!

La présente étape culturelle n'est pas terminée, loin de là; il faudra tenir à jour le Répertoire, où face à l'évidence, d'autres gentilés à créer viendront s'ajouter aux premiers. Il faudra permettre aux habitants de relais, de hameaux, à des villégiateurs regroupés autour du moindre accident géographique, aux riverains d'une rue s'il y a lieu, aux résidents d'un quartier, à la population de régions ou d'entités territoriales plus grandes, de s'inscrire dans la poursuite d'une recherche de soi et de son espace, pour qu'habitants et habitats prennent davantage vie[11].

Par l'effet d'entraînement qu'il a suscité, par l'aide qu'il a librement apportée, le «gentiliste» Jean-Yves Dugas n'a pas qu'assisté à une soudaine explosion créatrice qui demeure sans exemple ailleurs, se déroulant en un si court laps de temps; il fut le ferment d'une affirmation collective, nationale, le catalyseur d'une énergie en trop longue hibernation qui ne demandait pas mieux qu'à éclater en pleine lumière[12].

Camille Laverdière

NOTES

1. Tiré du long préambule (p.III) du titre de *Chorégraphie d'un pays*, de l'ouvrage de photographies de MIA et KLAUS (1981), Québec (Montréal, Libre Expression). Nous aurions pu, tout aussi bien, retenir cet autre extrait du même texte du poète québécois à avoir si bien senti l'essence du pays dans sa vastitude et ses habitants: «Dans le miroir d'une image ou dans des formules chiffrées est-ce la vie que nous surprenons en flagrant délit de création?» (p.VIII).
2. «Deuxième voyage de Cartier, 1535-1536», dans J.-C. POULIOT (1934), *Glanures gaspésiennes: La Grande Aventure de Jacques Cartier*, Québec, p. 67, *passim*.
3. Titre d'un recueil de poèmes de Paul CHAMBERLAND (1964), Montréal, Librairie Déom, coll. «Poésie canadienne», n° 6, 78 p.
4. *Op. cit.*, p. 68-69.
5. *Ibid.*, p. 93; à la p. 131, il s'agit de *Canadians* cette fois. Ce vocable qui venait d'être créé, désignait d'abord les indigènes avant de glisser vers les nouvelles communautés colonisatrices.
6. Montréal, Nouvelles Éditions de l'Arc, 1967, 117p.
7. Dans *Informeq* (décembre 1978, n° 32, p. 17), journal mensuel du ministère de l'Éducation du Québec.
8. Thème développé par l'auteur dans «Les gentilés québécois» (*Québec français*, n° 62, mai 1986, p. 96-98), article qui devait faire l'objet d'une communication à la réunion annuelle de la Société canadienne pour l'étude des noms, dans le cadre du congrès des Sociétés savantes du Canada, au printemps de 1985, à Montréal sous le titre de «Impacts sociologiques de la dénomination des habitants au Québec».
9. *Op. cit.* (n° 34, février 1979, p. 16).
10. En 1981 dans la coll. «Dossiers toponymiques», n° 12, 59 p.; mais d'abord paraissait, dans *Municipalité 79* (Québec, vol. 11, n° 6, ministère des Affaires municipales, 6 juillet 1979, p. 34-41), «Comment appelle-t-on les habitants de?»; 340 gentilés sont offerts.
11. De là à passer insensiblement du gentilé au blason populaire...Voir l'article de J.-Y. DUGAS (1984),«Le blason populaire au Québec, un phénomène révolu?»,dans *Canoma*, Ottawa, vol. 10, n° 2, décembre, p. 35-37.
12. Nous aurions aimé terminer par ces mots de Gatien LAPOINTE tirés de son *Ode au Saint-Laurent*, recueil de poèmes précédé de *J'appartiens à la terre*, dans la coll. «Les poètes du Jour» (Montréal, Éditions du Jour, 1963, p. 65):

«Ma langue est d'Amérique
Je suis né de ce paysage
J'ai pris souffle dans le limon du fleuve
Je suis la terre et je suis la parole.»

TABLE DES MATIÈRES

Beaucoup de mes concitoyens et moi-même avons donc pris la fâcheuse habitude, notre lieu quitté, de nous appeler plus communément Rimouskois, Trois-pistoliens et pourquoi pas aussi Saint-guyens dont les habitants, soit dit en passant, sont de fieffés danseurs.

Victor-Lévy Beaulieu

Beauval Basnage dit que le Dictionnaire d'Étienne Byzance enseigne le *gentilé* des habitants des villes et des pays dont il parle. Il se plaint de ce que c'est une richesse qui manque à notre langue; ce qui nous oblige souvent à nous servir de circonlocutions, parce que nous n'avons point de dénomination tirée du nom de plusieurs villes.

Dictionnaire de Trévoux, 1771

INTRODUCTION

1. Un nouveau Répertoire

Nous avions l'intention d'accompagner le titre du présent ouvrage de la précision suivante: «nouvelle édition, entièrement revue et considérablement augmentée», mais il nous est apparu, sans vouloir minimiser le rôle de notre premier Répertoire[1]*, qu'il s'agissait d'une oeuvre entièrement nouvelle tant par sa facture que par son contenu informatif. En effet, nombre de gentilés y figurant ont subi des modifications tantôt graphiques, tantôt lexicales. En outre, le nombre de dénominations recensées a été augmenté de manière très substantielle, passant de 428 à 1429 unités, soit une augmentation de 233 %, de même que la proportion des formes officielles qui s'établit à 994, en regard des 21 attestations de l'édition de 1981. La masse des informations véhiculées par le nouveau Répertoire n'entretient aucune commune mesure avec le précédent, ce dont on se convaincra aisément grâce à une consultation, même rapide, du Guide d'utilisation. En conséquence, on voudra bien considérer cet ouvrage comme une oeuvre foncièrement «originale», dans le domaine des gentilés québécois.

Si la nécessité d'une nouvelle parution se justifie, entre autres, par une abondance considérable de la matière, il n'en demeure pas moins qu'elle s'impose également comme creuset de la personnalité québécoise en ses multiples particularismes et selon des motifs que nous aborderons plus en détail ci-après. Toutefois, il convient de souligner que notre Répertoire s'inscrit dans la foulée d'autres recueils similaires dont, notamment, celui de Smedts (1972) pour les gentilés néerlandais, de Soler i Janer (1979) pour ceux de la Catalogne, de Cappello et Tagliavini (1981) pour les gentilés italiens, de Wolf (1964) pour ceux de France ainsi que de Babkin et Levashov recensant 10 000 gentilés russes et Santano y León faisant de même pour 14 000 gentilés espagnols[2]. Même si nous ne prétendons pas, tant s'en faut, rivaliser avec de tels monuments gentiléens nationaux, il nous est apparu opportun de mettre à la disposition de la population

---

* Afin de ne pas gêner la lecture du texte, nous avons regroupé toutes les notes et les références à la suite de l'introduction.

québécoise un corpus significatif de ce qui constitue, sauf erreur, une première au Canada, sinon en Amérique du Nord[3].

Par ailleurs, on peut même constater, non sans surprise, que certains hameaux français comme Arcier et Alaise (Doubs) qui comptaient respectivement 26 et 59 habitants en 1968 ont suscité les appellations dûment enregistrées Arcierois et Alaisiens, ce qui prouve que la taille ou la densité démographique d'un lieu n'entrent pas nécessairement en ligne de compte pour identifier spécifiquement ceux qui y vivent. À fortiori nous sommes nous senti autorisé à produire un travail qui fasse état du souci dénominatif collectif d'un nombre souventefois assez considérable de citoyens vivant ou oeuvrant la plupart du temps dans des municipalités au territoire important.

Afin, d'une part, d'assurer à la nouvelle mouture du Répertoire une certaine stabilité quant aux informations véhiculées et, d'autre part, de consigner la volonté locale quant à la sanction et au choix d'un gentilé, une vaste consultation a été menée à la fin du mois de janvier 1986 auprès des municipalités et des M.R.C. du Québec. Il s'agissait de prendre en compte le désir de leurs dirigeants, soit en soumettant à leur approbation les gentilés déjà en usage et consignés à partir de sources diverses (décision municipale, usage populaire, monographies paroissiales, journaux, revues, médias, etc.) les plus nombreuses possibles, soit en demandant aux autorités municipales pour les administrés desquelles aucune dénomination n'existait encore, si elles avaient l'intention de se doter d'un gentilé.

Les résultats de cette opération peuvent être estimés foncièrement positifs. En effet, sur 1508 entités municipales contactées, dont 1415[4] municipalités et 93 M.R.C., 962, soit pas moins de 63 %, nous ont signifié leur volonté. Pour les municipalités disposant déjà d'un gentilé, 5 seulement ont opposé un refus de collaborer sur 336 réponses reçues. Quant aux municipalités pour lesquelles aucun gentilé n'existait, 538 d'entre elles en ont sanctionné officiellement un alors que 26 ont manifesté leur intention de ne pas donner suite. En ce qui a trait aux M.R.C., territoires pour lesquels le sentiment d'appartenance de la population paraît davantage en émergence en raison de leur récente création, 6 refus ont été acheminés sur 61 réponses. Ces résultats traduisent l'importance que revêt pour le citoyen concerné le fait d'appartenir à une communauté originale bien circonscrite, sentiment que cristallise, entre autres, le gentilé et dont maints organismes à vocation municipale ont bien compris la légitimité.

2. *La Commission de toponymie et les gentilés*

Si l'on se réfère aux articles 122 à 128 de la *Charte de la langue française* relatifs à la Commission de toponymie, il ressort que les noms des habitants ne relèvent pas, au sens strict, de sa juridiction en matière toponymique. D'abord, on constate que le législateur ne fait aucune mention de la dénomination des Québécois par rapport aux lieux où ils résident, et que les devoirs et les pouvoirs essentiels de la Commission s'exercent sur les noms de lieux et sur la terminologie géographique. Or, le gentilé ne saurait prétendre au statut de toponyme - même s'il est formé à partir d'un nom de lieu - bien qu'il se rapproche d'une certaine façon de celui de terme géographique entendu au sens large.

Toutefois, l'article 126, paragraphe a), attribue à la Commission le pouvoir de «donner son avis au gouvernement et aux autres organismes de l'Administration sur toute question relative à la toponymie». Lorsque les municipalités sollicitent l'avis de la Commission, quant à l'élaboration ou à la modification d'un gentilé, celle-ci intervient en vertu de ce pouvoir.

Cependant, nonobstant les remarques qui précèdent, il ne faudrait pas en conclure que la Commission n'effectue que des interventions sporadiques dans ce domaine important, si étroitement lié au phénomène toponymique. Si, du point de vue juridique, la Commission estime qu'elle ne peut conférer un statut officiel aux formes créées ou à celles qui sont en usage, elle désire, par contre, assurer une présence sentie dans ce domaine privilégié.

En effet, il importe de noter que le gentilé, compte tenu du fait qu'il est systématiquement élaboré à partir d'un nom de lieu, s'inscrit, d'une certaine façon, dans le prolongement du toponyme et, par le fait même, constitue un domaine d'étude et d'intérêt significatif pour la Commission.

Consciente de son rôle et désireuse de faire profiter la population en général des données dont elle dispose, cette dernière intègre à part entière ce champ de recherche à l'ensemble de ses préoccupations. Il faut bien prendre note que la Commission n'impose en aucun cas un gentilé à quelque municipalité que ce soit, estimant qu'il appartient à la population concernée de se doter d'un nom à des fins d'«identification spécifique». Son rôle consiste plutôt à renseigner, à conseiller et à guider l'usager dans un domaine complexe afin, dans un premier temps, de diffuser les formes déjà en usage et, ensuite, d'assurer une certaine orthodoxie aux créations qui ne manquent pas d'alimenter cette préoccupation relativement nouvelle.

Corollairement, la Commission, ne pouvant occuper à part entière le domaine des gentilés, considère qu'il est du ressort des organismes municipaux concernés de sanctionner, le cas échéant, les noms d'habitants que la population locale désire voir être affectés d'un sceau particulier. Ainsi, sont reconnues comme officielles les dénominations qui ont fait l'objet d'une résolution spécifique de la part du conseil municipal, du conseil de la municipalité régionale de comté, du conseil de bande concernés ou de tout autre organisme similaire.

Cependant, bien qu'officiels, ces gentilés ne peuvent donner lieu à un emploi coercitif analogue à celui qui affecte les noms de lieux visés par l'article 128 de la Charte, bien que cette intervention constitue un puissant motif à recourir aux formes entérinées. De plus, ces gentilés, dans une très large mesure, présentent une structure adéquate et ont été élaborés dans le respect des règles de dérivation qui président généralement à la formation de tels dérivés.

3. *Importance sociologique du phénomène gentiléen* *

3.1 Nommer, c'est créer

Il relève désormais du poncif d'affirmer l'importance et la primauté du nom dans la société moderne. Qu'il s'agisse de marques de commerce, de raisons sociales, de toponymes ou encore d'anthroponymes, le nom occupe une place de choix comme véhicule identitaire, renseignant tant sur la personnalité du dénommé que sur celle du dénommant. Sa fonction primaire consiste davantage à être créatrice d'existence, car attribuer à un être, à un groupe d'êtres, à un objet ou encore à un lieu un nom, c'est lui donner presque véritablement vie, le créer en quelque sorte en le faisant émerger hors de l'anonymat auquel l'avait confiné son absence d'identité. Ainsi que le signale avec justesse Danièle Rappoport: «avec le nom, on touche à la construction même de l'identité (...), chaque identité d'un être est construite par rapport à son nom. C'est le moi unique»[5]. Qui plus est, l'attribution d'un nom marque, d'une certaine façon, une prise en charge, une véritable appropriation, car «Nommer quelque chose, c'est se l'approprier en quelque sorte, le faire sien. L'inconnu entre dans le monde du connu et y offre un visage plus familier»[6]. On le constate aisément, le nommant ou le dénommant exerce une action à connotation quasi démiurgique qui demeure sans commune mesure avec la simple possession physique d'un bien. D'ailleurs, en allemand, on désigne ce nommant sous l'appellation de *Namengeber*, c'est-à-dire le donneur, le créateur de nom; or être créateur, c'est mimologiquement reproduire l'action de Dieu.

3.2 Importance du gentilé québécois

Si la dénomination, même appliquée aux objets, revêt un caractère qui confine au sacré, on peut d'ores et déjà en soupçonner la valeur lorsqu'il s'agit d'identifier de façon particulière une collectivité en lui attribuant une appellation qui la situe en regard de son lieu d'appartenance.

---

* Ce chapitre constitue la version révisée et partiellement modifiée d'un texte paru dans la revue *Québec français*. Cf. Dugas (1986a).

Le phénomène des gentilés a connu, au Québec tout particulièrement, une vogue telle qu'il constitue une des caractéristiques mar-
quantes de la société d'ici au cours de la dernière décennie. Pour
nous permettre de mieux saisir l'acuité de la vague gentiléenne, nous
allons brièvement évoquer le sort réservé au mot *gentilé* lui-même
ainsi que la prolifération presque champignonnesque des gentilés de
chez nous.

Le terme *gentilé* provient du latin *gentile nomen*, neutre de *genti-
lis*, «qui appartient à une nation», ce dernier étant tiré de *gens, gen-
tis*, «nation, peuple, race; famille; pays, canton, contrée». Il figure dans
quelques ouvrages lexicographiques comme le Grand Robert I, le
Bélisle 1974, le Quillet-Grolier 1967, affecté toutefois de la mention
«vieux».

Si on ne le rencontre plus, en France tout particulièrement, que
sous la plume de quelques rares spécialistes, il est devenu courant
depuis les cinq dernières années, au Québec, tant dans la prose journalistique que dans le vocabulaire de Monsieur Tout-le-Monde, si l'on
en juge par les nombreuses consultations sur le sujet reçues régulièrement à la Commission de toponymie. La pénétration d'un terme technique de cette nature dans la langue de tous les jours reflète, sans
l'ombre d'un doute, la popularité du sujet qu'il coiffe et, partant, la
considération dont on l'entoure. Cette pénétration de *gentilé* est telle
qu'on a déjà, par quelque obscur phénomène d'étymologie populaire
peut-être, forgé à maintes reprises la variante *gentillé* prononcée
comme si elle comportait un yod et orthographiée avec redoublement
du *l*. Il semble qu'on effectue un rapprochement avec le féminin de
l'adjectif *gentil* et si le procédé peut être partiellement porté au compte
de l'ignorance, il n'en témoigne pas moins d'un processus de fami-
liarisation non équivoque quant à l'interprétation qu'on peut en tirer.

L'argument majeur qui peut être évoqué à l'appui de nos asser-
tions à cet égard demeure assurément la reconnaissance officielle
du terme et de sa définition par l'Office de la langue française. En
effet, en raison des demandes multiples acheminées, au cours des
années 1980 et 1981, à cet organisme responsable de l'application
de la majeure partie des dispositions de la Charte de la langue française, la Commission de terminologie de l'Office décidait de se prononcer sur l'exactitude du terme et sur la pertinence de son utilisation.

Cette volonté s'est traduite par l'adoption d'un avis de recommandation paru à la Gazette officielle en 1982[7], geste dont on ne saurait minimiser la répercussion sociale, compte tenu des résonances

administratives significatives d'une telle sanction et du poids moral accordé par les citoyens, en général, aux décisions officielles des organismes gouvernementaux.

Or, après la reconnaissance québécoise, la lexicographie française s'est ré-enrichie de ce vocable qui figure désormais dans la toute récente édition du *Grand Robert de la langue française*[8], accompagné d'une définition à peine différente de celle fixée par l'Office (voir note 7) ainsi que de la mention de l'avis émis par celui-ci. Il s'agit, à notre sens, d'une percée significative de l'usage québécois sur le front du français universel. À cet égard, l'observation récente de Jean Darbelnet, «Sorti de l'usage, il (le mot *gentilé*) y est rentré récemment. Il est commode parce qu'il évite une périphrase»[9] témoigne de la reconquête irréversible par ce mot de la place qu'il doit occuper dans la langue courante.

Si l'augmentation brusque d'un nombre de dénominations données peut constituer un indicateur précis d'une vague sociologique digne de mention, il en va sûrement ainsi dans le domaine des gentilés québécois. En effet, antérieurement aux années soixante, le corpus de la dénomination des citoyens du Québec se résumait à quelques dizaines d'appellations, parmi lesquelles seules celles rattachées aux grands centres urbains comme Montréal, Québec, Saint-Hyacinthe, Trois-Rivières, jouissaient d'une reconnaissance et d'une utilisation à l'échelle provinciale, les autres demeurant confinées à un usage strictement local et encore peu fréquent.

À la suite d'une enquête épistolaire menée auprès de l'ensemble des municipalités du Québec en 1978, couplée à une recherche systématique effectuée dans les sources écrites, un total de quelque 150 gentilés existants ont pu être ainsi recueillis. Grâce à quelques articles publiés sur le sujet et à l'intérêt suscité auprès des municipalités ne disposant pas d'un gentilé spécifique, le nombre des formes usitées a pu être rapidement presque triplé et fournir suffisamment de matériel pour justifier une publication sur le sujet. En juin 1981, paraissait, sous les auspices de la Commission de toponymie, notre *Répertoire de gentilés*[1], lequel comportait 428 appellations.

Le succès qu'a connu cet ouvrage demeure un témoignage révélateur quant au besoin qu'il venait combler. L'affluence de demandes tant de la part des municipalités que de celle des citoyens peut être estimée comme considérable. Tantôt on désirait se procurer un exemplaire du Répertoire, tantôt on s'interrogeait sur l'absence de gentilé pour tel lieu donné, tantôt on voulait connaître la procédure à suivre pour se doter d'une dénomination.

Toute cette activité a permis, au cours des cinq dernières années, de recueillir 1001 formes additionnelles, de telle sorte que l'on dispose maintenant de pas moins de 1429 gentilés connus pour l'ensemble du Québec. Le chemin parcouru en si peu de temps ne laisse d'être révélateur d'une société en phase d'identification et ce, de façon massive.

3.3 Émergence d'une identité québécoise

La forte prise de conscience de l'identité québécoise vécue ici depuis quelque temps a joué un rôle de premier plan dans l'amplification observée du phénomène gentiléen. Suite à des bouleversements de diverses natures, l'homme du Québec a vu sa conscience culturelle comme politique et même ethnographique se forger au coin d'une fusion intime avec le pays. Il s'agit, en quelque sorte, d'une macro-identification dont Robert Major a rendu compte dans une magistrale étude qu'il a menée sur les dénominations *Québécois* et *Canadien-Français*[10] et à laquelle nous renvoyons le lecteur pour plus de détails.

3.4 Vers une mosaïque gentiléenne québécoise

Si l'identification par le gentilé s'est d'abord et avant tout effectuée au niveau de l'ensemble de la province —nous sommes tous des Québécois—, il ne faudrait pas y en restreindre exclusivement l'application. En effet, depuis quelques années, on peut assister à un nombre impressionnant de micro-identifications, c'est-à-dire que l'individu se sent profondément marqué par son environnement immédiat avec lequel il fait corps; parfois, il s'agira de sa région, de sa ville, de son village, de sa localité, de son quartier ou même de sa paroisse, parfois encore il se reconnaîtra davantage à travers certains découpages administratifs comme le canton ou la circonscription électorale qu'encore bien des personnes dénomment couramment *comté*, terme auquel ils portent une affection particulière, mais asémantique.

À titre d'exemple, signalons le rôle très exceptionnel joué par le gentilé *Matapédien*, il y a quelques années, lequel a servi de véritable étendard de ralliement aux gens de la vallée de la Matapédia dans leurs démêlés avec les gouvernements provincial et fédéral quant à l'implantation d'une importante industrie dans leur région.

La fierté avec laquelle les Beaucerons, les Gaspésiens, les Abitibiens, les Jeannois et les Saguenéens ainsi que les Estriens proclament leur appartenance régionale via leur gentilé respectif reflète l'importance du choix d'un nom. À cet égard, le gentilé *Sagamien*, proposé comme dérivé de Sagamie, dénomination nouvelle suggérée par un universitaire chicoutimien pour identifier le Saguenay—Lac-Saint-Jean n'a pas encore réussi à vraiment s'implanter. Par contre, *Estrien* a nettement gagné ses galons par rapport à *Cantonnier*, quoique, dans ce cas, l'implantation en ait été bien orchestrée par d'actifs promoteurs locaux et qu'une décision officielle du gouvernement ait privilégié le toponyme Estrie à Cantons-de-l'Est pour identifier la région administrative numéro 5. En outre, le rapprochement avec le terme de la langue générale qui désigne l'ouvrier qui travaille à l'entretien des routes a très possiblement contribué à la mise en veilleuse de *Cantonnier* au profit d'une appellation plus neutre.

En adjoignant une personnalité propre à un groupe homogène, le gentilé, mettant l'accent sur un coin de pays qui demeure cher à ceux qui y vivent ou y ont œuvré, le doue d'un certain statut, décuple son importance par rapport au milieu environnant. Cependant, contrairement à ce que l'on pourrait croire, le phénomène des gentilés ne se présente pas comme un ensemble morcelé et disparate, en raison surtout du fait que chaque gentilé, identifiant un groupe de citoyens si restreint soit-il, s'inscrit potentiellement dans le sillage d'une appellation qui recouvre un territoire de plus grande envergure. Par exemple, les *Châteauguois* portent également les noms de *Roussillonnais*, de *Montérégiens* et de *Québécois*, selon que la communauté se situe par rapport à la municipalité régionale de comté, à la région administrative ou encore à la province. Il apparaîtrait fort délicat de préciser le niveau auquel le groupe en question s'identifie davantage, le tout se révélant une affaire de contexte et le citoyen participant de manière fragmentaire à l'un ou à l'autre découpage territorial.

3.5 Gentilés et municipalités

Bien que le gentilé puisse éclore tout aussi bien dans une communauté restreinte d'individus qu'identifier une foule considérable de gens, il demeure que l'entité municipale (ville, village, paroisse, réserve indienne) constitue le véhicule privilégié de la dénomination à connotation gentiléenne. En conséquence, la participation des municipalités aussi bien lors de la création que pour la diffusion des gentilés demeure capitale.

Comme il a été évoqué plus avant, le gouvernement s'est déjà impliqué par l'intermédiaire de l'Office de la langue française et de la Commission de toponymie tant pour la sanction du terme *gentilé* que pour la diffusion des formes existantes. Or, l'intervention municipale particulière revêt, dans ce dossier, une signification toute exceptionnelle. En effet, généralement les administrations municipales, bien qu'elles soient submergées par d'importants dossiers relatifs à des affaires matérielles comme la taxation, le pavage des rues, le déneigement, le développement domiciliaire, demeurent quand même attentives à certaines questions de nature culturelle. On comprendra que lorsqu'on daigne s'intéresser à un domaine comme les gentilés, le sujet s'en trouve magnifié d'autant.

Jusqu'à présent, plus de 938 autorités municipales ont posé un geste administratif important en consacrant par voie de résolution le nom précis attribué aux citoyens aux destinées desquels elles président. Si les motifs qui ont guidé les élus peuvent être aussi divers que le souci de fixer une dénomination correcte, le désir de disposer d'une appellation spécifique, la volonté de se démarquer par rapport à d'autres endroits aux citoyens «anonymes», il n'en demeure pas moins qu'on peut déceler dans le geste le respect dont on entoure le phénomène.

L'originalité paraît être le but poursuivi par l'ensemble des organismes municipaux. En effet, à maintes reprises, les membres de conseils municipaux ont insisté pour choisir un gentilé qui différencierait leurs concitoyens de ceux d'une municipalité homonyme ou quasi homonyme. Par exemple, les citoyens de Saint-Louis-de-France près de Trois-Rivières portent le nom officiel de *Louisfranciens* alors que le gentilé *Saint-Louisiens* a été retenu pour ceux de Saint-Louis-de-Terrebonne. Les *Narcissiens* vivent à Saint-Narcisse-de-Beaurivage alors qu'à Saint-Narcisse-de-Rimouski, on retrouve des *Narcissois*. L'attitude est tributaire d'une conception de l'unicité qui tranche d'une certaine façon avec celle que l'on retrouve en France où l'on compte plusieurs *Johannais*, *Saint-Laurentins* ou *Saint-Martinois* issus de différents villages qui ne partagent en commun que l'élément hagionymique Saint-Jean, Saint-Laurent ou Saint-Martin qui figure dans leur dénomination.

Ces modalités d'agir ressortissent à un désir légitime en soi d'affirmer sa personnalité sociale par une identification particularisante, geste que les sociologues pourraient abondamment commenter en raison de ses profondes répercussions dans une société de nature démocratique.

3.6 Le gentilé comme élément patrimonial

Au sens strict, voire littéral, le patrimoine est le bien laissé par le père et, selon une signification plus large, l'héritage multiforme qu'une communauté lègue à ses descendants. Si l'on songe d'abord à des objets matériels comme des édifices, des monuments, des meubles, des instruments aratoires, des vêtements, en guise d'éléments constitutifs du patrimoine, on doit également prendre en compte le volet culturel constitué de coutumes, d'oeuvres littéraires, de récits oraux, de chansons, de mots, de blasons populaires, etc. Sous cet aspect, le gentilé demeure l'une des facettes les plus précieuses de la mémoire collective d'une communauté.

Nous croyons discerner dans le soin apporté par certains groupes de citoyens lors de l'élaboration d'un gentilé l'importance accordée à ce geste. Ainsi, quelques municipalités ont décidé de faire du choix d'un gentilé l'un des thèmes qui entourent les célébrations d'un anniversaire important relié à l'établissement d'un noyau municipal. Pour illustrer nos propos, nous nous en tiendrons à deux exemples parmi les plus significatifs.

En 1983, dans le cadre des fêtes du 75e anniversaire de la fondation de la ville de Saint-Pierre, située en banlieue de Montréal, une vaste consultation populaire a été entreprise pour fixer une dénomination pour les citoyens. Par la voie des journaux, on a fait appel à la population afin que celle-ci fasse part de ses suggestions. La réponse a été immédiate et enthousiaste, alors que pas moins de 28 propositions différentes ont été avancées. *Pierrois, oise* ayant obtenu la faveur populaire afin de «voir reconnaître notre spécificité à tous les niveaux» comme le soulignait la personne responsable de l'album souvenir[11], une résolution du conseil municipal, adoptée le 12 avril 1983, venait en consacrer le caractère officiel. Pour en ancrer les racines dans le coeur et l'esprit des citoyens, une cérémonie baptismale s'est déroulée le 14 mai 1983, mimétisant un baptême religieux en présence du père et de la mère (le maire et son épouse), du parrain et de la marraine (le coordonnateur et la coordonnatrice des fêtes) et, bien sûr, du curé pour assurer la bénédiction du «nouveau-né».

Quoique avec moins d'éclat, mais tout autant d'efficacité, une «opération gentilé» a été menée en prévision du centenaire de la municipalité de Saint-Pierre-Baptiste, située dans la région de Trois-Rivières, lequel a été célébré en 1986. Dans ce cas, on a procédé à l'impression d'un dépliant expliquant l'importance de fixer un gentilé à l'occasion de l'anniversaire paroissial à venir et comportant quelques suggestions parmi lesquelles le citoyen ou la citoyenne était invité(e) à cocher celle qu'il(elle) privilégiait ou à en suggérer une autre.

Sur 300 personnes consultées, 77 ont répondu formulant 94 opinions et avançant 13 autres formes, résultat qui peut être estimé comme un franc succès. Le 6 mars 1984, les membres du conseil municipal entérinaient l'appellation *Baptistois, oise* à l'unanimité, celle-ci ayant été privilégiée par près de 60 % des répondants. Par la suite, la presse locale a fait largement écho au nouveau gentilé officiel et deux dépliants de nature patrimoniale publiés ultérieurement en portent la mention spécifique.

D'autres municipalités ont également eu recours, bien que de façon modulée, à la formule de la consultation populaire comme La Baie (Saguenay—Lac-Saint-Jean), Sainte-Anne-de-la-Pointe-au-Père (Gaspésie),Sainte-Marie (Beauce), Saint-Jean-de-Matha (Laurentides-Lanaudière), Rouyn (Abitibi), Ragueneau (Côte-Nord), etc. Ce processus manifeste de manière signifiante, selon nous, le respect qu'accordent les responsables municipaux à leurs administrés et surtout leur grande conscientisation quant aux retombées patrimoniales futures du choix d'un gentilé. Le caractère collectif de la décision et la solidarité dans l'identification ne sauraient être mieux rehaussés.

3.7 Le gentilé comme facteur culturel

À partir de nombreuses manifestations ou activités auxquelles il a donné lieu, des différents domaines dans lequel il est intervenu de façon directe ou médiate, des diverses facettes de la vie intellectuelle québécoise auxquelles il a été mêlé, nous n'hésitons pas à classer le gentilé parmi les facteurs qui ont sinon influencé du moins caractérisé une part significative du vécu culturel de notre coin de pays. Sans pouvoir parler d'une véritable «gentilémanie», le nombre des interventions de nature gentiléenne ne laisse aucun doute quant à la popularité du sujet. On en jugera grâce à quelques illustrations choisies.

On assiste à une véritable invasion de gentilés ou d'adjectifs de provenance gentiléenne dans les journaux, les hebdomadaires et les mensuels québécois, les journalistes se trouvant fort heureux de substituer aux peu originales expressions les *habitants de...*, les *citoyens de...*, les *gens de...*, les *villageois de...*, une forme précise qui soulève généralement la fierté, la curiosité ou l'intérêt des lecteurs. En outre, un grand nombre d'articles ont été consacrés nommément aux gentilés récemment créés ou encore suscitant certains problèmes orthographiques.

De nombreux commerces ont recours à des formes gentiléennes en guise d'élément spécifique d'une raison sociale comme *Pâtisserie Mistoukoise, Mobilier Jeannois, Constructions Portcartoises, Boucherie Fraservillienne, Potager Stokois, Ferme Berthelaise*, etc. Même s'il s'agit d'une forme adjectivale communément appelée *adjectif ethnique*, l'utilisation d'un gentilé revêt, dans ce cadre précis, une importance capitale, en raison de la connotation juridique, si ce n'est le statut, qui lui est *de facto* attribué. Dans une optique similaire, certains journaux ou hebdomadaires comportent un titre gentiléen comme *Le Rimouskois, Le Témiscamien, Les Échos Sayabécois*; tantôt il s'agit de bulletins municipaux comme *Le Catherinois, Le Lorettain, Le Luçois, Le Campivallensien*, tantôt encore de périodiques comme *Le Jamésien, Le Sagamien*. Ce phénomène marque la haute considération accordée au gentilé et contribue à en répandre la connaissance.

On a vu, de plus, le gentilé comme un excellent moyen de se détendre -fonction ludique- en exploitant le côté parfois inattendu des créations auxquelles il donne lieu. C'est pourquoi, régulièrement, des émissions de radio ou plus rarement de télévision lui ont été consacrées et au cours desquelles, l'animateur, sous forme de jeux, tentait de faire identifier par ses auditeurs quelques gentilés, concours téléphoniques souvent accompagnés de prix. Le gentilé a de plus fait son apparition dans des mots-croisés, dans des jeux-questionnaires figurant dans le supplément de journaux de fin de semaine, dans des jeux géographiques, etc. Qui plus est, la revue humoristique *Croc*, majoritairement dévolue à la satire de la société québécoise, lui a consacré partiellement un dossier[12], ce moyen témoignant par le fait même de son importance indéniable aussi bien sur le plan culturel que sociologique.

Enfin, on a même tiré des applications pédagogiques à l'étude des gentilés. Divers travaux d'ordre scolaire ont été soumis à des étudiants: par exemple, découvrir à partir d'une liste de toponymes québécois les gentilés qui y correspondent (polyvalente La Seigneurie de Beauport, niveau secondaire III, 1981), s'initier à la dérivation suffixale et à la création de néologismes gentiléens (polyvalente Laure-Conan de La Malbaie, niveau secondaire III, 1983). Quelques ouvrages comme *À la découverte de la Terre* de Thérèse Fabi (1971), *Sciences humaines, 5e année* de Raymond Paradis (1984) ou encore le *Dictionnaire CEC Jeunesse* (1982 et 1986), instruments à vocation nettement scolaire, comportent une liste de gentilés du Québec, ce qui permet aux jeunes élèves de prendre un premier contact avec un aspect en émergence de leur propre culture.

En guise de conclusion à ce chapitre, qu'ajouter de plus à la panoplie des illustrations fournies si ce n'est que de recueillir quelques témoignages de simples citoyens à l'égard de la dénomination qu'ils portent fièrement. Concernés au premier chef par le phénomène des gentilés, leur attitude demeure révélatrice plus que toute autre illustration du poids sociologique de ceux-ci.

Pour l'un, même transplanté à la ville, il se sent foncièrement fidèle à ses racines: «Je suis fier d'être Gaspésien et, même si les circonstances ont fait de moi un métropolitain, je demeure Gaspésien (---)», clame-t-il[13].

Un Louperivois s'est ému il y a quelque temps qu'un journaliste ait malencontreusement modifié son gentilé en *Ripelouvois* et voici comment il transpose son sentiment: «Quelle serait la réaction des rimouskois et rimouskoises si un média d'information (---) n'appellerait plus les rimouskoises «RIMOUSKOISES» et les rimouskois «RIMOUSKOIS», mais utiliserait une appellation nullement liée aux origines des résidents?»[14]. Le gentilé, on le voit, lorsque assumé s'inscrit dans les fibres profondes de l'être.

On peut observer ce culte du gentilé tout particulièrement lorsque deux entités municipales fusionnent. La véritable crise d'identité que subissent les citoyens intégrés, voire assimilés, trouve son expression dans la conservation jalouse du gentilé qui devient en quelques sorte une valeur-refuge. Ainsi, à Sainte-Marguerite-Marie (Lac-Saint-Jean) même après cinq ans, selon un citoyen «la fusion n'a rien changé dans le comportement des Margueritois, qui se sentent toujours citoyens d'une paroisse autonome (---), car les gens d'ici sont trop enracinés pour que soit brimée ou tenue à l'écart leur véritable identité. (---), je suis fier d'être de Sainte-Marguerite»[15]. On pourrait multiplier les témoignages à propos des Pointeliers, des Kénogamiens, des Mistoukois, des Bourlamaquais devenus respectivement Montréalais, Jonquiérois, Delislois, Valdoriens. Certains édiles municipaux vont même jusqu'à dénoncer le maintien du gentilé originel comme un obstacle à l'intégration complète des nouveaux citoyens.

Il apparaît possible, en bout de compte, que la relative jeunesse du phénomène gentiléen explique pour une bonne part le véritable engouement auquel on assiste présentement, provoqué tout naturellement par l'attrait de la nouveauté. Toutefois, nous estimons à la lumière de la permanence du phénomène, en France tout particulièrement où les habitants de la moindre enclave peuplée ont leur gentilé et le conservent précieusement, qu'il ne faut pas le considérer ici comme un feu de paille sans lendemain, les valeurs que le gentilé véhicule apparaissant par trop socialement importantes.

4. Modalités de formation des gentilés

4.1 Problèmes soulevés par la formation des noms d'habitants

Comme on a pu l'observer, se manifeste chez les nombreux citoyens du Québec un intérêt très net pour connaître le gentilé spécifique des habitants des diverses localités de la province.

Cependant, il faut constater que malgré le fait qu'un nombre relativement considérable de gentilés -soit 1125- puissent être relevés pour les quelque 1507 municipalités du Québec, sans compter les noms d'habitants reliés à d'autres formes de découpage administratif (région, division de recensement, quartier, paroisse, secteur, hameau, localité, circonscription électorale, etc.), bon nombre de lieux habités n'ont vraisemblablement pas encore généré de gentilés spécifiques, soit qu'on ne connaisse pas le gentilé existant, soit qu'il n'en n'existe pas ou encore qu'on ne sache point en élaborer un.

L'importance de la population d'une localité peut jouer un rôle décisif quant à l'existence d'un gentilé. En effet, il semble que moins les gens sont nombreux, moins ils éprouvent le besoin de créer une appellation spéciale pour être identifiés encore qu'il faille nuancer cette assertion comme nous l'avons souligné plus haut. À défaut d'un gentilé spécifique, on a recours à des périphrases du type les *habitants de...*, les *citoyens de...*, déjà évoquées.

À l'inverse, dès qu'une poussée démographique sensible se fait sentir dans un noyau habité, les résidents éprouvent le besoin de se nommer, de consacrer dans une dénomination particulière le sentiment d'appartenir à une communauté distincte, dotée d'une personnalité originale.

Il ne faudrait cependant pas croire que la taille de la population - si elle joue un rôle important - constitue le seul facteur qui milite en faveur de l'adoption d'un gentilé. D'autres motifs peuvent entrer en ligne de compte comme la difficulté, sur le plan linguistique, de construire un dérivé, la méconnaissance des règles de dérivation, l'indifférence de la population concernée, le dynamisme de quelques citoyens en vue et même le désir de satisfaire à une certaine mode, etc.

De plus, les tournures complexes du type mentionné plus haut, utilisées fréquemment, s'usent et sont considérées comme trop lourdes, d'où le besoin d'exprimer, selon la loi du moindre effort, par un seul terme ce qui en nécessitait jusqu'alors trois ou quatre.

S'engager dans le processus de formation d'un gentilé, c'est se lancer dans une exploration intéressante du domaine des suffixes (éléments ajoutés à un nom de lieu pour former un dérivé), bien que les diverses solutions possibles puissent soulever quelques problèmes.

Le but du présent chapitre vise précisément à guider, à orienter les populations, les organismes ou encore les personnes qui désirent ou qui doivent procéder à l'élaboration d'un gentilé et à susciter, le cas échéant, une évaluation des gentilés déjà utilisés, pour les cas où un changement de forme s'imposerait ou paraîtrait souhaitable. Afin de permettre aux divers intervenants de procéder de la façon la plus éclairée possible et en tenant compte des nombreuses difficultés suscitées par la formation des noms d'habitants, nous fournissons, ci-après, certaines règles élémentaires de formation de gentilés. Celles-ci couvrent, dans leur ensemble, les types de problèmes soulevés par les divers noms de lieux spécifiques au Québec, lesquels servent de bases essentielles à l'élaboration des gentilés.

Ces règles ne doivent pas être perçues, par ailleurs, comme impératives (ce qu'il **faut obligatoirement** faire), mais comme incitatives (ce qu'il **conviendrait** de respecter), c'est-à-dire des suggestions pour guider toute personne ou tout organisme qui doit créer ou modifier un nom d'habitant et pour assurer une certaine qualité aux gentilés élaborés. Il faut voir en ces règles davantage un cadre général destiné à orienter la recherche quant à une forme plutôt qu'une série de formules définitives, de solutions toutes faites que l'on doit appliquer mécaniquement et desquelles on ne peut en aucun cas s'écarter. Car, bien qu'elles reposent sur une étude poussée du phénomène, elles ne saurait être interprétées comme le fin mot de la dérivation gentiléenne. En effet, même dans les sources les plus sérieuses, des solutions variables, quelquefois opposées, peuvent être assez fréquemment relevées.

Malgré tout, on peut poser en principe que quatre qualités essentielles doivent être réunies pour qu'un gentilé soit constitué de façon acceptable et, partant, puisse être viable:

- la clarté: il est important que le rapport entre le nom de la ville ou du lieu concernés et celui des habitants puisse aisément être saisi, en particulier dans le cas de la dérivation latine (voir 4.3.16);

- la brièveté: en général, l'usager a une tendance marquée à remplacer les formations complexes trop longues par des formes plus brèves; d'ailleurs, l'une des visées poursuivies par la création d'un nom d'habitant consiste justement en ce que le gentilé soit substituable à de longues expressions périphrastiques;

- la consonance harmonieuse: par sa fonction même de mot nouveau, il demeure essentiel que le gentilé présente une succession de sons sinon gracieux du moins non cacophoniques; toute forme désagréable ou curieuse à l'oreille pourrait se voir rejetée spontanément;

- l'absence de marque péjorative: il convient de porter une attention toute particulière à ce que la dénomination créée ne puisse donner naissance à des jeux de mots flétrissants ou encore à des plaisanteries d'un goût douteux, lesquels manifestent une propension naturelle présente chez tous les peuples d'exercer un esprit gouailleur à l'égard de tout ce qui n'est pas familier ou qui s'y prête aisément; un gentilé marqué voit son implantation dans l'usage sérieusement hypothéquée, voire carrément compromise!

4.2 Observations quant à la formation du féminin et du pluriel des gentilés

La féminisation des gentilés obéit aux mêmes modalités de formation du féminin que celles de la langue courante. Ainsi, règle générale, il suffit d'ajouter un *e* muet à la forme du masculin, d'où *Louisevilloise*[16], *Hilairemontaise*, *Pétrifontaine*, *Angevine* et *Chambly-sarde*, formes féminines des gentilés *Louisevillois*, *Hilairemontais*, *Pétrifontain*, *Angevin* et *Chamblysard*.

Toutefois, l'adjonction du *e* entraîne parfois des modifications d'ordre phonétique ou orthographique de la finale masculine comme, entre autres, le redoublement de la consonne finale. En conséquence, les gentilés à finales masculines *-ien*, *-en*, *-éen*, *-on* et *-eau* (autrefois *-el*) doublent l'*n* ou l'*l* devant l'*e* du féminin. En guise d'exemples, les gentilés *Buryen*, *Capsantéen*, *Hauterivien*, *Beauceron* et *Cédreau*, deviennent *Buryenne*, *Capsantéenne*, *Hauterivienne*, *Beauceronne*, *Cédrelle* lorsqu'il s'agit d'identifier la citoyenne concernée.

Dans d'autres cas, on assiste à la modification de la voyelle finale, comme pour les gentilés en *-er* qui comportent, au féminin, un accent grave sur l'*e* qui précède l'*r*. *Bassinier, Cômier* et *Pointelier* donnent respectivement lieu aux formes féminines *Bassinière, Cômière* et *Pointelière*.

Certaines formes présentent des féminins particuliers comme celles terminées par *-eur, -eux* et *-ac* comme dans *Beauchasseur, Walthameux* et *Cascapédiac* qui engendrent les féminins *Bellechasseresse, Walthameuse* et *Cascapédiaque*.

Parfois, on constate une identité absolue entre le masculin et le féminin de certains gentilés, en particulier ceux qui se terminent par *-iste, -e, -a*, ou encore qui proviennent de l'inuktitut ou bien de certaines langues amérindiennes ou encore de l'anglais. Dans cette catégorie on retrouve *Assomptionniste, Valcartiste, Basque, Paspéya, Kangiqsualujjuamiuq, Quaqtamiuq, Kahnawakeronon, Winnawiiyani, Verdunite, Abitibian, Ayer's Cliffer*. Les finales *-on, -ni* et *-miuq* expriment l'un ou l'autre genre selon la morphologie spécifique aux langues amérindiennes et inuit et il en va ainsi de l'anglais pour *-er, -(i)an, -ite, -ie,...*

Enfin, pour pallier certains problèmes suscités par des féminins peu euphoniques ou qui pourraient provoquer des jeux de mots ou encore des rapprochements peu flatteurs, on peut recourir à une forme féminine non régulière. Par exemple, *Madelinot* qui devrait normalement donner lieu au féminin *Madelinote* a vu *Madelinienne* lui être préférée dans l'usage afin, probablement, d'éliminer la proximité gênante avec le mot *linotte*.

Quant à la formation du pluriel des gentilés, elle s'effectue selon la modélisation habituelle qui a cours en langue générale française ou anglaise, soit par l'adjonction d'un *s* final à la forme masculine. Ainsi, on a les *Angevins*, les *Beaucerons*, les *Madelinots*, les *Lorettains*, les *Verdunites*, les *Valdorians*, etc. Les dérivés élaborés à l'aide des suffixes *-ois, -ais* et *-eux*, comme *Magnymontois, Louperivois, Hilairemontais, Saint-Pierrais, Walthameux* demeurent invariants puisqu'ils comportent déjà un *s* ou un *x*.

En ce qui a trait à l'inuktitut et aux langues amérindiennes, les dérivés provenant de celui-là voient la finale *-miuq* se transformer en *-miut* comme pour *Kuujjuamiut, Iqalummiut* alors que pour celles-ci les finales *-ni, -onon, -ouch* et *-u* demeurent identiques à celles du singulier comme dans *Abitiwini, Akwasashronon, Waswanipi Eenouch* et *Hâhkanâtshu*.

Dans le cas d'un gentilé français à finale *-eau*, *Cédreau* par exemple, on forme son pluriel en ajoutant un *x*, d'où *Cédreaux*.

4.3 Règles de formation des gentilés

> *4.3.1 Le gentilé est formé par l'ajout d'une ter-minaison (suffixe) appropriée à une base constituée par le nom d'un lieu déterminé.*

Exemples:

Bromptonville	+ terminaison -ois:	Bromptonvillois
Chapais	+ terminaison -ien:	Chapaisien
Fermont	+ terminaison -ois:	Fermontois
Joliette	+ terminaison -ain:	Joliettain
Pointe-aux-Trembles	+ terminaison -ier:	Pointelier

Les principales terminaisons sont: *-ois* (Beaumontois, Beaupor-tois), *-ais* (Berthelais, Shawiniganais), *-ien* (Arvidien, Hauterivien), *-ain* (Argentelain, Lorettain), *-éen* (Beaupréen, Percéen), *-in* (Ange-vin, Bernardin), *-on* (Beauceron), *-ot* (Madelinot, Michelot), *-eau* (Cédreau), *-iste* (Assomptionniste, Valcartiste), *-ier* (Nord-Côtier, Pointelier).

> *4.3.2 Le gentilé d'un toponyme simple, qui ne compte qu'une seule base, est formé selon le critère exposé pré-cédemment (règle 4.3.1).*

> *4.3.3 Un toponyme complexe, c'est-à-dire formé d'une base à éléments multiples (comportant plus d'un élé-ment), donne lieu à un gentilé qui pourra provenir de l'ensemble du toponyme:*

Exemples:

Ayer's Cliff	Ayer's-Cliffois
Blanc-Sablon	Blanc-Sablonnais
Mont-Joli	Mont-Jolien
Pont-Rouge	Pont-Rougeois
Saint-Lin	Saint-Linois

ou de l'un de ses composants:

Exemples:

L'Ancienne-Lorette	Lorettain
Cap-de-la-Madeleine	Madelinois
Îles de la Madeleine	Madelinot

La Macaza	Macazien
Notre-Dame-de-Pierreville	Pierrevillois
Saint-David-de-Falardeau	Falardien

Ainsi, pour le toponyme dont les éléments peuvent être aisément dissociés, la dérivation s'effectue à partir de l'élément le plus significatif; l'entier du toponyme pourra être mis à contribution dans les cas où un seul élément du spécifique (nom propre particulier à l'entité nommée) se révélerait insuffisant pour former un gentilé adéquat (*Baie-des-Sablien*; *Baie-Saint-Paulois*; *Belle-Ansois*; *Nord-Côtier*; *Portcartois*).

4.3.4 *Les gentilés issus de noms de lieux très complexes (quatre éléments et plus) peuvent provenir d'un seul composant qui sera, de préférence, l'élément qui est en usage:*

Exemples:

Deschaillons-sur-Saint-Laurent	Deschaillonnais
Notre-Dame-Auxiliatrice-de-Buckland[17]	Bucklandais
Saint-Sauveur-des-Monts	Saint-Sauveurois

ou au maximum, de deux:

Exemples:

Lac-des-Seize-Îles	Seize-Îlois
Notre-Dame-de-Bon-Secours	Bon-Secourois/Bonsecourois[18]
Notre-Dame-de-Pierreville	Pierrevillois

4.3.5 *Les gentilés français provenant d'un toponyme d'origine anglaise suivent les lois de dérivation des toponymes français: on ajoute une terminaison spécifique et on francise la prononciation.*

Exemples:

Aylmer	Aylmerien
Ireland	Irelandais
Orford	Orfordois
Rawdon	Rawdonien
Wotton	Wottonnais

4.3.6 Pour les toponymes d'origine amérindienne, avec finale en -i ou en -a, le gentilé provient de l'adjonction de la terminaison -ien:

Exemples:

Chicoutimi	Chicoutimien
Donnacona	Donnaconien
Kénogami	Kénogamien
Maniwaki	Maniwakien
Matagami	Matagamien

Les autres formes appellent, généralement, le suffixe -ois:

Exemples:

Chibougamau	Chibougamois
Les Escoumins	Escouminois
Maskinongé	Maskinongeois

Il faut également noter que pour les toponymes qui présentent certaines difficultés quant à la dérivation, on pourrait, dans certains cas, recourir au nom primitif amérindien.

Exemples:

Barraute	Nataganois (nom primitif: Natagan)
Saint-Hyacinthe	Maskoutain (ancien nom: Petit-Maska)
Saint-Coeur-de-Marie	Mistoukois (nom primitif: Mistouk ou Mistook)

4.3.7 En ce qui a trait au nom des habitants des lieux du Nord québécois où l'on peut observer la présence importante d'Inuit, il peut être formé de deux façons: ou on ajoute le suffixe français approprié:

Exemples:

Akulivik	Akulivikien
Inukjuak	Inukjuakois
Kuujjuaq	Kuujjuaquois

ou, encore, on adjoint au nom de lieu habité la terminaison -miuq (-miut au pluriel) avec les consonnes de passage requises.

Exemples:

Aupaluk	Aupalumiuq
Ivujivik	Ivujivimmiuq
Kangiqsujuak	Kangiqsujuamiuq

Ce dernier procédé se révèle davantage indiqué, compte tenu du nombre important d'Inuit qui habitent ou fréquentent ces lieux.

4.3.8   Les hagionymes (noms de saints), comme bases de toponymes, posent un problème particulier.
- Soit que le toponyme entier serve de base pour la dérivation:
— avec conservation du trait d'union[19]:

Exemples:

Saint-Charles	Saint-Charlois
Saint-Lin	Saint-Linois
Saint-Louis	Saint-Louisien
Saint-Pierre (Île d'Orléans)	Saint-Pierrais

— avec suppression du trait d'union:

Exemples:

Saint-Armand	Saintarmandois
Saint-Tharcisius	Santharcisien/Saintharcisien
Saint-Urbain	Sanurbanien/Sainturbanien

- Soit que le second élément seulement du toponyme ou l'une de ses composantes donne naissance au gentilé (cas de loin le plus répandu, au Québec, alors qu'en France on peut observer le phénomène inverse):

Exemples:

Saint-Adelphe	Adelphien
Saint-André-Avellin	Avellinois
Saint-Théodore-d'Acton	Théodorien

- Soit que le gentilé puisse être tiré du déterminatif (terme accolé à un nom de lieu qui le situe dans l'espace) du nom de lieu:

Exemples:

Sainte-Angèle-de-Prémont	Prémontois
Sainte-Cécile-de-Milton	Miltonnais
Saint-François-Xavier-de-Viger	Vigérois
Saint-Raphaël-de-l'Île-Bizard	Bizardien[20]

4.3.9   D'autres appellations toponymiques à caractère religieux fournissent des gentilés dont la formation respecte la nature des composants et reçoivent, par le fait même, des traitements divers. Voir aussi les règles 4.3.4 et 4.3.8.

Exemples:

Notre-Dame-de-la-Merci	Mercien
Sacré-Coeur-de-Jésus	Sacré-Coeurois
Très-Saint-Rédempteur	Rédemptorien
Trinité-des-Monts	Trinitois

4.3.10 *Pour les toponymes dont le premier élément représente un accident naturel (baie, cap, chute, coteau, côte, île, lac, mont, pointe, rapide, rivière, sault, val), cet élément topographique (relatif à la configuration d'un lieu) est en général conservé lors de la formation du gentilé, car il présente un aspect spécifique essentiel.*

Exemples:

Baie-des-Sables	Baie-des-Sablien
Cap-Chat	Cap-Chatien
Chute-Saint-Philippe	Chute-Philippéen
Île-Verte	Île-Vertois
Lac-Bouchette	Lac-Bouchettien
Pointe-au-Pic	Pointepicois
Val-David	Val-Davidois

4.3.11 *Les gentilés de toponymes débutant par un qualificatif peuvent provenir du second élément, si ce dernier est significatif.*

Exemples:

Grand-Calumet	Calumettan
Grandes-Bergeronnes	Bergeronnais

Si le second élément est un accident géographique, donc non fortement individualisé en lui-même, le qualificatif entrera dans la composition du gentilé. Voir règle 4.3.10.

Exemples:

Grosse-Île	Grosse-Îlois
Longue-Pointe	Longue-Pointais
Petit-Matane	Petit-Matanais
Vieux-Québec	Vieux-Québécois

4.3.12 *Dans un toponyme composé d'un article et d'un nom, généralement seul le terme de base dérive.*

Exemples:

La Rédemption	Rédemptois
L'Éphiphanie	Épiphanien
Les Saules	Saulois

Cependant, avec l'article *la*, il y a parfois agglutination, c'est-à-dire qu'il fait corps avec le second composant du toponyme.

Exemples:

LaSalle	LaSallois
La Sarre	Lasarrois
La Tuque	Latuquois

4.3.13 *Si le toponyme comporte un nom à particule anthroponymique, celle-ci, faisant partie intégrante du nom de personne, doit être conservée, et de préférence agglutinée au nom.*

Exemples:

De Beaujeu	Debeaujolais/Debeaujéen
De Grasse	Degrassien
Des Ormeaux	Desormellois

4.3.14 *Pour un toponyme dont l'un des constituants est chiffré, ce dernier ne peut évidemment donner lieu seul au gentilé, d'où la mise à contribution du toponyme dans son entier.*

Exemples:

Deux-Montagnes	Deux-Montagnais
Mille-Isles	Mille-Islois
Sept-Îles	Sept-Îlien
Trois-Lacs	Trois-Lacquois ou Trilacquois (cf. Trifluvien)

4.3.15 *Un toponyme qui se termine par une voyelle engendre une situation d'hiatus (rencontre de deux voyelles) si on lui accole un suffixe qui, lui aussi, débute par une voyelle. Pour des motifs euphoniques, on aura recours à une consonne intercalaire (insérée entre les deux voyelles), sauf pour les cas d'hiatus apparents où la voyelle a valeur de semi-consonne. Dans certains cas, il y a simplement fusion de la dernière voyelle du nom et de la première de la terminaison.*

Exemples:

Alma	Almatois
Baie-Comeau	Baie-Comien
Chambly	Chamblysard/Chamblyen
Chicoutimi	Chicoutimien

Gaspé	Gaspésien
Granby	Granbyen
Percé	Percéen
Pointe-aux-Trembles	Pointelier

4.3.16 Un certain nombre de toponymes présentent des structures particulières de sons qui posent de difficiles problèmes si l'on veut établir le gentilé. On pourra, dans des cas exceptionnels, recourir à la dérivation latine; le phénomène consiste à adjoindre un suffixe français au nom de lieu préalablement transposé en latin. Cependant, il conviendra d'avoir recours à ce procédé avec la plus grande prudence afin d'éviter de créer une masse de gentilés qui risquent de ne pas être facilement identifiables.

Exemples:

Pierrefonds	Pétrifontain
Sainte-Foy	Fidéen
Saint-Jean	Johannais
Salaberry-de-Valleyfield	Campivallensien

4.3.17 Si un lieu porte un nom identique à un autre lieu, nous nous retrouvons devant un cas d'homonymie complète. Les gentilés auxquels donneront lieu ces toponymes devraient présenter de légères variantes, sur le plan du radical ou de la terminaison, afin de les bien distinguer et d'éviter toute confusion possible.

Exemples:

Argenteuil	Argentelain (Québec) / Argentolien (France)
Beaumont	Beaumontain (Québec) / Beaumontois (France)
Chambly	Chamblyen (Québec) / Camblysard (France)
Newport	Newportois (Gaspé) / Newportien (Compton)
Saint-Charles	Saint-Charlois (Bellechasse) / Saint-Charlais (Chicoutimi)
	Saint-Charlien (Saint-Hyacinthe)

Cependant, rien n'interdit de retrouver un seul gentilé pour deux toponymes identiques, le contexte permettant d'établir la distinction.

Exemples:

Agathois	Sainte-Agathe (Lotbinière)
	Sainte-Agathe (Terrebonne)

Saint-Charlois	Saint-Charles (Bellechasse)
	Saint-Charles (Saint-Hyacinthe)
Stanislassien	Saint-Stanislas (Trois-Rivières)
	Saint-Stanislas (Lac-Saint-Jean-Ouest)

4.3.18 Pour les homonymes partiels, c'est-à-dire les toponymes dont une seule composante est commune à un autre toponyme, on forme le gentilé à partir de l'élément distinctif, parfois avec variation de suffixes.

Exemples:

1) Saint-Louis-de-Gonzague	Gonzaguois
Saint-Louis-de-l'Isle-aux-Coudres	Coudrislois
2) Saint-Robert	Robertois
Saint-Robert-Bellarmin	Bellarminois
3) Saint-Thomas-de-Pierreville	Pierrevillois
Saint-Thomas-Didyme	Didymien
4) Cap-de-la-Madeleine	Madelinois
Îles de la Madeleine	Madelinot
5) Mont-Carmel	Carmelmontois
Notre-Dame-du-Mont-Carmel	Carmelmontais

4.3.19 Procédure de traitement et de reconnaissance d'un gentilé.

Étant donné que de nombreuses personnes désirent voir reconnaître le gentilé qui est le leur, il y a lieu d'indiquer brièvement la démarche la plus adéquate à suivre, en ce domaine.

Si le gentilé n'existe pas encore et qu'on désire se doter d'une forme correcte, on peut soumettre les diverses propositions élaborées au responsable du dossier des gentilés, à la Commission de toponymie, le responsable de la recherche[21] qui prodiguera ses conseils quant à la forme susceptible d'être adéquate tant sur le plan linguistique que toponymique. Dans le cas où le gentilé est déjà en usage, il est possible de demander un avis technique à son sujet.

L'étape suivante consiste à voir à ce que le gentilé créé ou existant soit ou est agréé par l'ensemble de la population locale. Les moyens de s'en assurer peuvent varier: avis publié dans un journal local, porte à porte traditionnel, en faire l'un des thèmes d'une fête particulière (festival, centenaire), consultation populaire, sondage radiophonique, etc.

Une fois l'agrément de la majorité des gens obtenu, on demande que le conseil municipal consacre l'appellation par une résolution particulière. Comme la Commission de toponymie estime qu'il appartient aux élus municipaux de sanctionner les gentilés, les seules formes dites «officielles» sont celles dont la teneur a été fixée par voie d'une résolution de conseil municipal, comme il a déjà été souligné. Puisque ces personnes ne sauraient imposer une dénomination sans s'assurer qu'elle est acceptée par la majorité de leurs administrés, ce procédé permet de garantir la représentativité du gentilé et évite que sa création ne soit le fruit de la décision d'une seule personne.

Afin que puisse être connu le gentilé sanctionné, une copie de la résolution est acheminée au responsable de la Commission susmentionné. Sur réception, la décision des édiles municipaux est consignée au fichier constitué à cette fin et diffusée dans le cadre des consultations assurées à la Commission de toponymie.

5.   *Spécificités des gentilés québécois existants*

Le corpus des gentilés du Québec comporte un nombre d'occurrences suffisamment important de même qu'une panoplie de formes assez considérable pour qu'on puisse se livrer à un examen de l'ensemble qui permette une vision globale du domaine selon le triple point de vue de l'histoire, de la répartition territoriale et de la morphologie lexicale.

5.1 Un corpus gentiléen récent

Il en va de l'ancienneté des gentilés comme de la toponymie québécoise en général, soit un phénomène relativement récent. En effet, l'histoire même du Québec compte à peine trois siècles et demi et les manifestations de la nouveauté ne trouvent pas un terrain particulièrement propice aux époques de colonisation, lesquelles demeurent davantage marquées par les nombreux soucis matériels suscités par l'établissement des premiers arrivants dans une portion de territoire souvent inhospitalière que par le besoin de créer de nouveaux vocables qui identifient collectivement les nouveaux citoyens. En conséquence, il paraissait prévisible que la très grande majorité des gentilés québécois remontent à peine à une dizaine d'années comme en témoigne le tableau suivant:

Tableau I
**Répartition temporelle des gentilés français
et amérindiens figurant comme entrées[22]**

XVIIe s. :	2 (0,2 %)	1900-1949 :	76 (5,4 %)
XVIIIe s. :	3 (0,3 %)	1950-1979 :	310 (22,4 %)
XIXe s. :	22 (1,5 %)	1980-1986 :	974 (70,2 %)

Les formes les plus anciennes, qui remontent à l'époque de la Nouvelle-France, concernent des groupements amérindiens comme les Gaspésiens et les Lorettains et celles dont nous avons pu relever des traces au cours des XVIIIe et XIXe siècles ont trait à des noms de lieux anciens et représentent des unités municipales importantes comme Québec, Montréal, Trois-Rivières, Sorel, etc.

1950 constitue la date charnière quant à l'amplification du phénomène des gentilés comme véhicule du sentiment d'appartenance à un coin de pays donné, puisque en un peu plus de 35 ans on compte plus de 92 % de tous les gentilés québécois existants, les six dernières années ayant «généré» à elles seules 70 % des gentilés. Bien évidemment la publicisation de la question, les deux grandes enquêtes en milieu municipal auxquelles nous nous sommes livré personnellement, et la prise de conscience de l'identité québécoise constituent à cet égard des vecteurs explicatifs puissants. Toutefois, nous estimons que le besoin existait de façon latente et que certains adjuvants lui ont permis d'éclore aussi puissamment au cours des dernières années.

Quant aux gentilés anglais, on peut observer une situation somme toute similaire à celle que nous venons de décrire et qu'illustre schématiquement le tableau II.

Tableau II

Répartition temporelle des gentilés anglais figurant comme entrées

XIXe s. :	6 (6,9 %)	1950-1979 :	13 (14,9 %)
1900-1949 :	6 (6,9 %)	1980-1986 :	62 (71,3 %)

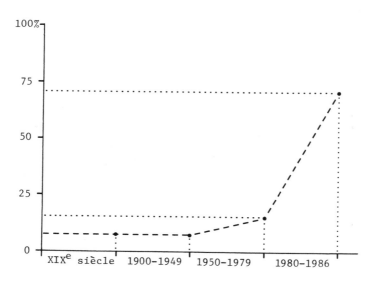

Figure 1

Évolution temporelle des gentilés anglais

Si l'on compare les tableaux I et II, on constate l'absence totale de gentilés anglais au Québec avant le XIXᵉ siècle[23], alors que le volet français comportait quelques formes, rarissimes il faut l'avouer, dès le XVIIᵉ siècle. En outre, les pourcentages bien que comparables en globalité, demeurent légèrement plus élevés pour les gentilés en langue de Shakespeare pour chacune des tranches temporelles déterminées à l'exception de la période 1950-1979.

Il nous est apparu intéressant de considérer les différentes variantes relevées en raison de leur nombre passablement élevé ainsi que du rôle majeur qu'elles jouent comme formes alternatives au gentilé le plus répandu. Pour plus de continuité, nous avons conservé les mêmes distinctions que pour les formes en entrées.

Tableau III

**Répartition temporelle des gentilés français
et amérindiens retenus à titre de variantes[24]**

XVIᵉ s. :	1 (0,2 %)	1900-1949 :	86 (14 %)
XVIIᵉ s. :	11 (1,8 %)	Après 1950 :	366 (59,2 %)
		(non datés)	
XVIIIᵉ s. :	11 (1,8 %)	1950-1979 :	82 (13,2 %)
XIXᵉ s. :	29 (4,8 %)	1980-1986 :	31 (5 %)

Eu égard au nombre beaucoup moins élevé de variantes que d'entrées ainsi qu'au fait que nous n'avons pas enregistré les dates des variantes ultérieures à 1950, à moins que celles-ci se révèlent plus anciennes que certaines entrées, on peut observer quelques fluctuations en confrontant les données contenues dans les tableaux I et III. D'abord nette augmentation de pourcentage en faveur des variantes pour les XVIIᵉ, XVIIIᵉ et XIXᵉ s., ainsi que pour la période 1900-1949. Ensuite, chute spectaculaire pour la tranche temporelle 1980-1986, bien que le parti pris signalé plus avant (aucune datation systématique après 1950) ait un impact dont il demeure impossible de mesurer l'ampleur, si ce n'est qu'on y retrouve près de 60 % des formes concernées.

Pour les variantes anglaises, on constate une répartition procentuelle aux caractéristiques similaires, bien qu'on ne dispose d'aucune donnée comparative, dans ce dernier cas, pour les périodes 1950-1979 et 1980-1986 comme le démontre le tableau IV.

Tableau IV

**Répartition temporelle des gentilés anglais
retenus à titre de variantes**

XIXᵉ s.	:	2 (15,4 %)
1900-1949	:	2 (15,4 %)
Après 1950	:	9 (69,2 %)
(non datés)		

En dépit du peu de surprises spectaculaires qu'a réservées l'exercice précédent, il ne nous est pas apparu superflu de pouvoir disposer pour une première fois de données précises quant à la répartition temporelle des gentilés d'ici, notamment pour le XVIIIᵉ siècle ainsi que pour la période 1900-1950 à propos desquelles on ne pouvait compter jusqu'à présent que sur des supputations non étayées. Désormais, et les recherches ultérieures ne nous paraissent prévisiblement pas devoir bouleverser sensiblement les pourcentages établis, on pourra mieux répartir dans le temps ces gestes concrets d'identification collective que constituent les gentilés, qui demeurent autant d'actes de naissance d'une communauté dénominative donnée.

5.2 Une représentativité équilibrée au rythme des régions

Si dans le temps le panorama gentiléen s'est révélé massivement un phénomène du XXᵉ siècle et concentré dans les années 80 au détriment des autres grandes périodes historiques du peuple québécois, la situation apparaît sensiblement différente lorsque l'on examine la répartition régionale des gentilés recueillis. En effet, bien que l'on puisse observer certains écarts quantitatifs, chacune des dix régions administratives du Québec comporte un nombre très significatif de gentilés, surtout si l'on prend en compte divers facteurs comme la superficie, la population, le nombre de municipalités. Avant de nous livrer à une analyse globale du phénomène, voyons comment il se présente au niveau municipal, découpage administratif où il se réalise de manière privilégiée.

Tableau V

Répartition des gentilés municipaux selon la région[25]

Région	Nbe total de mun.	Nbe de gentilés	%	Population	Superf. (km²)
01 *	135	92	68,1	236 580	13 570,20
02	63	48	76,2	306 360	12 663,66
03	360	257	71,3	1 051 638	31 802,99
04	170	126	74,1	448 842	13 424,30
05	106	75	70,7	242 510	8 562,68
06C	30 ⎤	23 ⎤	76,6 ⎤		
06N	150 ⎬443	128 ⎬338	85,3 ⎬76	3 714 956	29 556,34
06S	263 ⎦	187 ⎦	71,1 ⎦		
07	78	66	84,6	248 170	12 247,71
08	95	77	81	153 030	22 578,19
09	36	32	88,8	106 347	34 383,77
10	21	14	66,6	9 515	335 780,78
Total:	**1 507**	**1 125**	**74,6**	**6 517 948**	**514 570,62**

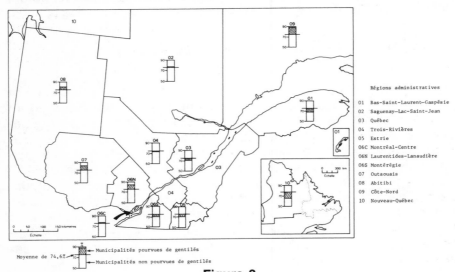

Régions administratives

01 Bas-Saint-Laurent–Gaspésie
02 Saguenay–Lac-Saint-Jean
03 Québec
04 Trois-Rivières
05 Estrie
06C Montréal-Centre
06N Laurentides-Lanaudière
06S Montérégie
07 Outaouais
08 Abitibi
09 Côte-Nord
10 Nouveau-Québec

Figure 2
Pourcentage des municipalités munies de gentilés
par région administrative

En chiffres absolus, les régions 06 - celle-ci étant considérée globalement - et 10 affichent respectivement le plus grand et le moins grand nombre de gentilés, suivies, dans l'ordre décroissant, de 03,

* La liste des noms des régions administratives figure au tableau X.

04, 01, 08, 05, 07, 02 et 09. Cependant, en établissant le pourcentage des municipalités pour lesquelles un gentilé existe en regard du nombre total de municipalités pour chacune des régions, si celle qui présente le plus faible pourcentage demeure le Nouveau-Québec(10), par contre la Côte-Nord (09) détrône Montréal (06) pour établir le plus haut pourcentage et l'ordre décroissant se voit entièrement modifié pour s'établir comme suit: 07, 08, 02, 06, 04, 03, 05 et 01.

Si l'on raffine davantage l'analyse en tenant compte de la population et de la superficie, en regard du nombre de gentilés municipaux, en conservant la région comme base comparative, on constate, dans ce dernier cas, une identité absolue en ce qui a trait aux ratios le plus et le moins élevés avec les données en chiffres absolus et un ordre décroissant sans grande surprise: 04, 03, 05, 01, 07, 02, 08 et 09. Toutefois, la situation apparaît complètement autre si l'on considère la population de chacune des régions; en ce cas, le plus haut rapport favorise la région 10 alors que le plus bas échoit à la région 06, situation complètement contraire à la précédente, et l'ordre décroissant fournit la séquence suivante: 08; 01 et 04; 05, 07, 09 ex aequo de même que 02 et 03.

Incidemment, 74,6 % des municipalités du Québec ont généré un gentilé que 62 % de la totalité des autorités municipales ont estimé digne de recevoir un statut officiel, chiffres fort éloquents en eux-mêmes. Quant aux formes officielles, elles offrent la perspective qui suit:

Tableau VI

Répartition des gentilés municipaux selon leur caractère officiel

Région	Nbe total de gentilés		Nbe de gentilés officiels		%	
01	92		78		84,8	
02	48		42		87,5	
03	257		216		84	
04	126		112		88,8	
05	75		68		90,6	
06C	23 ⌉		10 ⌉		43,4 ⌉	
06N	128	338	106	268	82,8	79,3
06S	187 ⌋		152 ⌋		81,2 ⌋	
07	66		53		80,3	
08	77		70		90,9	
09	32		28		87,5	
10	14		2		14,3	

À l'exception de la région 10[26], on peut observer une tendance très marquée des municipalités à fixer officiellement un gentilé, puisque le pourcentage d'officialisation demeure au-dessus de 75 % dans toutes les autres régions sans exception. Fait remarquable, ce n'est pas dans les régions les plus urbanisées que l'on rencontre les pourcentages les plus élevés, ni dans les régions satellites des grands centres d'affaires. En effet, on enregistre plus de 90 % en Estrie, où la présence anglophone demeure très importante, et en Abitibi-Témiscamingue, suivies de près par Trois-Rivières, le Saguenay— Lac-Saint-Jean et la Côte-Nord. Ainsi, le besoin d'identification collective ne semble entretenir aucun rapport obligé avec la distance ou l'origine linguistique, à tout le moins dans l'optique officialisante.

Si l'on considère maintenant la fréquence absolue de tous les gentilés consignés, quel que soit le type d'entité qui en soit à l'origine, on obtient le tableau régional suivant:

Tableau VII

Répartition globale des gentilés existants par région

Région	Nbe de gentilés	%
01	128	9
02	69	4,9
03	312	21,9
04	154	10,8
05	82	5,7
06C	45 ⎤	3,2 ⎤
06N	147 ⎬ 408	10,3 ⎬ 28,5
06S	216 ⎦	15 ⎦
07	83	5,8
08	102	7,1
09	58	4
10	32	2,2
Province de Québec[27]	1	0,1
Total:	**1 429**	**100**

On retrouve ici strictement la même répartition structurelle que celle qui prévaut pour les gentilés municipaux (voir le tableau V), les régions les plus populeuses apparaissant comme les plus productives en matière de gentilés, ce qui s'inscrit parfaitement dans le rôle de la dénomination gentiléenne qui consiste à tirer de l'anonymat un groupe de citoyens partageant un certain nombre d'éléments culturels et matériels. Notons également que les régions à concentration anglophone (05 et 07) ainsi qu'éloignées des grands centres (01 et 08) - 09 et 10 étant à classer dans une catégorie à part sous cet aspect - offrent des données singulièrement rapprochées quantitativement.

5.3 Caractéristiques suffixales des gentilés

Malgré la relative nouveauté du phénomène gentiléen au Québec, ce qui laisserait croire au recours à une panoplie de terminaisons originales, le système dérivatif mis à contribution demeure somme toute assez classique tant par la nature des suffixes utilisés que par leur variété.

Tableau VIII

**Les suffixes gentiléens québécois actuels
figurant comme entrées**

Suff. français	Nbe	%	Suff. anglais[28]	Nbe	%	Suff. amér.	Nbe	%
-a	3	0,2	-ack	1	1,1	-miuq	20	71,4
-ac	1	0,07	-er	43	47,8	-ni	4	14,3
-ain	54	4	-(i)an	21	23,3	-onon	2	7,3
-ais	96	7,03	-ie	1	1,1	-ouch	1	3,5
-an	4	0,3	-ite	24	26,7	-u	1	3,5
-anc	1	0,07	**Total**	**90**		**Total**	**28**	
-ant	1	0,07						
-e	1	0,07						
-eau	2	0,15						
-en	58	4,3						
-ent	1	0,07						
-et	2	0,15						
-eur	2	0,15						
-eux	1	0,07						
-ien	344	25,3						
-ier	8	0,6						
-in	22	1,6						
-ois	748	55,1						
-on	5	0,4						
-ot	4	0,3						
Total	**1 358**							

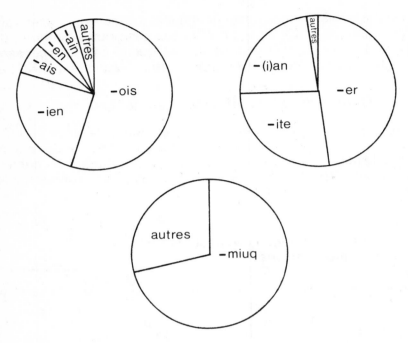

Figure 3
Répartition des suffixes des gentilés québécois actuels

On relève 20 suffixes différents pour le français, 5 pour l'anglais et 5 pour les langues amérindiennes et l'inuktitut. Fait à noter, deux suffixes français représentent 84 % de l'ensemble (*-ien/-en* et *-ois*), deux suffixes anglais 71 % (*-er* et *-(i)an*) et un suffixe amérindien 71 % (*-miuq*, terminaison gentiléenne unique en inuktitut). En France, on a identifié pas moins de 35 suffixes différents, dont trois comptent pour 82 % du total (*-ais, -ien/-en* et *-ois*), données extraites de Wolf (1964); en considérant les trois mêmes suffixes dans les statistiques québécoises, pour fin de comparaison, l'on atteint 91 %, ce qui témoigne du peu d'incidence de tous les autres suffixes réunis qui comptent à peine pour 9 %, alors qu'en France ils totalisent 18 % de la masse gentiléenne totale. Autre divergence significative, la sous-représentation de la terminaison *-ais* au Québec avec seulement 7 %, alors qu'outre-Atlantique sa présence se révèle trois fois plus importante, soit 24 %, le «déséquilibre» québécois s'effectuant au profit de la terminaison *-ois*, 55 % comparativement à la France où on ne la relève que dans 35 % de cas.

Une mise en parallèle des données figurant dans le Répertoire de 1981 ne révèle aucun fait digne de mention aussi bien pour la variété des suffixes tout à fait identique que pour la répartition de ceux-ci.

Par contre, l'étude des variantes de l'actuel Répertoire, absentes de celui de 1981, demeure révélatrice à divers égards; les données s'établissant de la manière suivante:

Tableau IX

Répartition des variantes suffixales des gentilés du Québec

Suff. français	Nbe	%	Suff. anglais[28]	Nbe	%	Suff. amér.	Nbe	%
-a	7	1,1	-ack	1	6,7	-miuq	14	82,4
-ac	1	0,2	-er	9	60	-ni	3	17,6
-ain	32	5,1	-(i)an	5	33,3			
-aire	3	0,6	**Total**	**15**		**Total**	**17**	
-ais	60	9,5						
-al	2	0,3						
-an	11	1,7						
-ard	2	0,3						
-at	1	0,2						
-au	1	0,2						
-aud	5	0,8						
-e	1	0,2						
-eau	1	0,2						
-en	23	3,6						
-et	5	0,8						
-eur	1	0,2						
-eux	5	0,8						
-ien	201	32,1						
-ier	7	1,2						
-in	20	3,2						
-iste	8	1,2						
-ite	1	0,2						
-ois	215	34,4						
-on	6	0,9						
-ot	5	0,8						
-u	1	0,2						
Total	**625**							

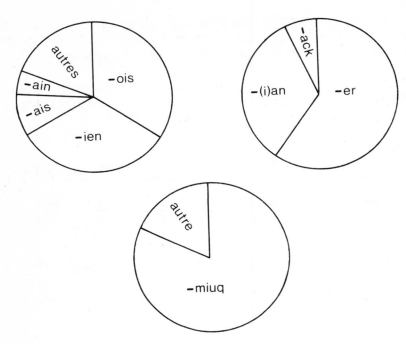

Figure 4
Répartition des suffixes générateurs des variantes
des gentilés québécois actuels

En premier lieu, on note l'adjonction de 8 suffixes absents de la nomenclature principale, dont quelques-uns inhabituels comme *-aud, -ier, -ite, -u* ou rares comme *-al, -ard, -iste,*...La triade suffixale *-ais, -ien/-en* et *-ois* ne constitue plus que 79 % de l'ensemble des gentilés-variantes en comparaison de 91 % pour les appellations figurant comme entrées. Alors que le suffixe *-ien* totalise 344 occurrences en entrée par rapport au suffixe *-ois* qui en compte 748, l'écart s'amenuise considérablement du côté des variantes avec respectivement 201 et 215 occurrences chacun. En somme, les variantes rétablissent un certain équilibre, quoique fort précaire, des suffixes mis à contribution.

6. *Guide d'utilisation*

La structure adoptée quant aux informations consignées vise à faciliter le plus possible la consultation de l'ouvrage. Toutefois la variété, le nombre de même que la complexité de certaines données requièrent quelques éclaircissements ainsi qu'une certaine justification des choix parfois effectués. Pour ce faire, on trouvera, ci-après, la structure générale d'une rubrique comportant chacun des champs d'information, lesquels seront par la suite systématiquement repris et assortis des commentaires nécessaires.

Structure d'un article

Entrée Type d'entité (Localisation)

(*) Gentilé (Datation) [Prononciation]/

(*) Gentilé anglais ou amérindien (Datation)

Variante(s)

Commentaire

Bibliographie

Renvoi

ENTRÉE

Chaque toponyme québécois qui a donné naissance à un gentilé figure en entrée, précédé de son numéro d'ordre. Il s'agit, dans la plupart des cas, de la forme officielle qui avait cours au moment de la rédaction du manuscrit, à l'exception des toponymes anciens, de certains types d'entités que la Commission de toponymie ne traite pas encore comme les municipalités scolaires, les quartiers, les régions géographiques, les secteurs en partie, etc., pour lesquels la dénomination et la graphie la plus courante ont été retenues.

Le mode de classement adopté, l'ordre alphabétique continu, nous a paru le plus pratique et le plus systématique, car les unités sont organisées selon l'ordre alphabétique strict sans tenir compte des blancs ou des caractères non lexicaux comme le trait d'union, l'apostrophe, etc. Les problèmes qu'il soulève, notamment en ce qui a trait aux noms de lieux débutant par un article (L'Assomption; Le Gardeur; Les Boules;...) ou par l'élément Saint(e) (Saint-Adelme; Saint-Elzéar; Sainte-Monique; Saint-Germain; etc.), demeurent mineurs en regard de l'avantage majeur de pouvoir repérer aisément l'information désirée. Par ailleurs, les solutions diverses adoptées par différents dictionnaires relativement aux hagiotoponymes (noms de saints classés à partir de l'initiale du second élément; noms de saints regroupés, suivis des appellations débutant par *Sainte*) témoignent d'une hésitation qui complique l'utilisation d'un ouvrage. Le classement alphabétique continu élimine toute ambiguïté puisqu'il suffit de se rappeler que chacune des lettres du toponyme doit être considérée de manière absolue. À titre d'exemple, on aura:

L'Avenir	Saint-Dunstan-du-Lac-Beauport
Laverlochère	Sainte-Adèle
La Visitation-de-Yamaska	Sainte-Justine-de-Newton
Le Centre-de-la-Mauricie	Saint-Élie-d'Orford
L'Épiphanie	Sainte-Thérèse
Les Basques	Saint-Étienne-de-Beauharnois

TYPE D'ENTITÉ

Chaque nom de lieu est accompagné d'un sigle, s'il s'agit d'une entité qui ne comporte généralement pas de terme générique comme les municipalités, les paroisses religieuses, les quartiers, les secteurs, ou d'un terme générique, le cas échéant, comme *boulevard*, *lac*, etc. qui indiquent la nature de lieu concerné. On trouvera la résolution des sigles sous la rubrique «Abréviations et sigles».

Cette information figure immédiatement à la suite du toponyme ou est précédée d'une virgule s'il s'agit d'un terme générique. Elle permet de mieux identifier le genre de lieu ou de découpage administratif concernés.

LOCALISATION

Par suite de demandes réitérées de la part d'usagers, nous signalons dans quelle région administrative se situe le lieu qui figure en entrée, immédiatement à la suite du type d'entité et entre parenthèses pour plus de clarté. Pour des motifs de gain d'espace et de condensation de l'information, nous indiquons cette donnée sous une forme chiffrée dont voici l'équivalent dénominatif.

Tableau X
Liste des régions administratives du Québec

01 : Bas-Saint-Laurent—Gaspésie	06N : Laurentides-Lanaudière
02 : Saguenay—Lac-Saint-Jean	06S : Montérégie
03 : Québec	07 : Outaouais
04 : Trois-Rivières	08 : Abitibi-Témiscamingue
05 : Estrie	09 : Côte-Nord
06C: Montréal-Centre	10 : Nouveau-Québec

Pour plus de détails quant à la nature des régions retenues, on se reportera à l'«Index des toponymes générateurs de gentilés par région», p. .

Dans certains cas, une précision locative additionnelle a été ajoutée, soit le nom de la ville où se situe tel quartier, boulevard, rue, etc.

GENTILÉ

Tous les gentilés qui figurent au Répertoire reflètent, dans la mesure du possible, un usage sinon très répandu du moins assez constant, dans la mesure où ils ne représentent pas des dénominations très récemment créées; ils ont été recueillis dans le plus grand nombre de sources écrites disponibles ou à l'occasion d'enquêtes toponymiques ou encore ils émanent de gestes administratifs posés par certains conseils municipaux. Quelques attestations uniques, peu nombreuses, ont également été consignées, car elles méritaient d'être mentionnées par souci d'exhaustivité. Toutefois, certaines créations isolées amusantes comme *Elgédeusois* (habitants de la région de LG-Deux, soit La Grande-Deux), *Montmorencien* (élève du collège Montmorency, région de Montréal), *Laurier,ière* (tiré du nom d'une voie de communication et attribué à un immeuble), etc. ont systématiquement été écartées en vertu de leur non-orthodoxie ou de leur très faible taux d'apparition qui militaient en faveur de leur maintien à strict titre de renseignements.

Il convient de bien noter qu'**aucun** des gentilés qui figurent ici n'a **été créé de toute pièce** par nous ou par la Commission, mais chacun a pu être identifié dans au moins une source vérifiable. Cette mise en garde se révèle d'autant nécessaire qu'à plusieurs reprises on nous a personnellement attribué la paternité de l'appellation *Campivallensien*, alors que celle-ci remonte à la fin du XIXe siècle, époque à laquelle nous n'étions même pas né, pour reprendre l'argument de l'agneau de La Fontaine!

Chacune des formes qui a fait l'objet d'un geste administratif officiel de la part de l'autorité concernée comporte un astérisque qui souligne cette particularité[29].

En outre, lorsqu'il s'agit d'un gentilé autre que français (anglais, inuit, amérindien) celui-ci est précédé d'une abréviation qui en précise la nature (*angl., in., mo., mont.,* etc.), afin de pallier toute confusion. Les formes française *Maskoutain* et anglaise *Maskoutan*, par exemple, pouvant aisément être confondues.

Enfin, la terminaison féminine de chaque gentilé français est signalée systématiquement à titre informatif ,à moins qu'elle ne soit identique; d'ailleurs nous avons abordé en détail cette question dans une optique générale, ainsi que celle qui a rapport au pluriel, à la rubrique 4.2.

DATATION

La date qui figure entre parenthèses à la suite du gentilé représente l'attestation la plus ancienne que nous avons identifiée pour la forme et la graphie concernées; des variantes plus anciennes peuvent exister et apparaissent à la rubrique «Var.». Dans certains cas pour lesquels nous n'avons pu déterminer une année précise, nous avons indiqué la période approximative de la naissance du gentilé.

Malgré des recherches constantes, compte tenu de l'étendue du territoire québécois, il demeure possible qu'on découvre ultérieurement des attestations plus anciennes que celles que nous avons indiquées, phénomène par ailleurs courant pour les grands ouvrages lexicographiques qui disposent pourtant de techniques de dépouillement beaucoup plus considérables que celles d'un chercheur individuel. Cependant, nous avons bénéficié, sous cet aspect, des relevés fort importants de l'équipe du Trésor de la langue française au Québec, dont le responsable, monsieur Claude Poirier, a généreusement et spontanément mis à notre disposition les données consignées à ce jour, ce qui nous a permis de retracer maintes anciennes mentions inédites, autrement inaccessibles.

PRONONCIATION*

Figure entre crochets carrés, selon les normes qui ont cours en ce domaine, le cas échéant, la prononciation de certains gentilés, soit qu'elle soulève des difficultés particulières soit que la forme du gen-

---

* Notre collègue, Marcel Fourcaudot, phonéticien, nous a apporté maintes suggestions utiles quant à la notation de la prononciation des gentilés.

tilé puisse engendrer une prononciation erronée ou comporte une variante prononciative possible (*Plessisvillois, Luçois, Charnycois,* etc.)

Afin que cette information puisse demeurer accessible au grand public qui constitue notre clientèle cible, nous avons opté pour une transcription graphique que certains dénomment prononciation figurée, laquelle consiste à transposer chacun des sons ou groupes de sons par une lettre ou un groupe de lettres françaises qui en permettent l'identification sonore la plus précise possible. Malgré sa nature inévitablement approximative, ce procédé demeure le plus simple bien qu'il faille procéder à certaines adaptations. Ainsi, on notera les particularités suivantes: le *-e* final du féminin [-MYENNE; - RYENNE] ne doit pas être prononcé; la semi-consonne [Y] exprime une voyelle simple [BYIN; RYIN et non BY-IN; RY-IN]; la voyelle double [OI] marque l'absence de la semi-consonne [W], pour la notation retenue, élément qu'elle comprend d'une certaine façon. En outre, la transposition graphique recourt à la majuscule sans exception pour éviter certains problèmes à ceux qui possèderaient des notions de transcriptions phonétiques et que pertuberaient un A noté différemment selon qu'il est antérieur ou postérieur, un R grasseyé ou uvulaire. Enfin, toutes les syllabes sont clairement délimitées et séparées par un trait horizontal.

Conscient que ce choix peut ne pas rencontrer les attentes de tous les utilisateurs et dans le but de fournir un instrument plus scientifique en ce qui a trait à la prononciation, nous reproduisons ci-après, à toutes fins utiles, les principaux signes phonétiques et leur transcription selon la notation de l'Association Phonétique internationale (A.P.I.), la plus courante en cette matière.

Tableau XI

Alphabet phonétique de l'A.P.I. et valeur des signes[30]

VOYELLES	CONSONNES
[i] il, mie, vie, lyre, cygne	[p] père, soupe, appât
[e] blé, jouer, thé	[t] terre, vite, natte
[ɛ] lait, jouet, merci, bec	[k] cou, qui, sac, képi
[a] plat, patte, chat	[b] beau, robe
[ɑ] bas, pâte, pas	[d] dans, aide, laide
[ɔ] fort, mort, donner	[g] gare, bague
[o] mot, rôle, dôme, beau, gauche	[f] feu, neuf, photo, chef
[u] genou, roue, où	[s] sale, celui, ça, dessous,
[y] rue, vêtu, cru, mûr	tasse, nation
[φ] peu, deux, noeud	[ʃ] chat, tache, schéma
[œ] peur, meuble, jeune	[v] vous, rêve
[ə] le, premier	[z] zéro, saison, dose
[ɛ̃] matin, plein, vin	[ʒ] je, gilet, geôle, gigot
[ɑ̃] sans, vent, ange	[l] lent, sol, mollet
[ɔ̃] bon, ombre	[ʀ] rue, venir, rhume
[œ̃] lundi, brun, parfum	[m] main, femme, mou
	[n] nous, tonne, animal
	[ɲ] agneau, vigne, campagne

SEMI-CONSONNES	
[j] yeux, paille, pied, maille	
[w] oui, nouer, ouest	
[ɥ] huile, lui, bruit	

GENTILÉ ANGLAIS/AMÉRINDIEN

Pour tous les cas où un gentilé anglais ou amérindien a pu être relevé, celui-ci figure à la suite de la forme française de laquelle il est séparé par une barre oblique ou encore constitue une entrée indépendante si un équivalent français n'a pu être répertorié; dans ce dernier cas, la structure des informations demeure identique à celle qui prévaut pour les gentilés français ou amérindiens uniques. La date de la première attestation connue accompagne chacune des formes répertoriées, entre parenthèses. En outre, toute dénomination anglaise ou amérindienne officielle est signalée à l'aide d'un astérisque.

VARIANTE(S)

L'existence de variantes gentiléennes témoigne de la richesse créative des gens, des tâtonnements, des hésitations, des préférences qui mènent à l'adoption d'une forme par l'usage populaire ou des transformations d'une appellation au fil du temps, en un mot de sa vitalité et de son poids historique. Pour ces motifs, il nous est apparu important de consigner toutes les variantes tant graphiques (*Québécois, Québecois, Québecquois*) que lexicales (*Campivallensien, Valleyfieldois*) identifiées à propos d'un gentilé donné dans la mesure où elles demeurent pertinentes et quelle qu'en soit l'origine linguistique. Celles-ci sont classées suivant l'ordre alphabétique.

Cependant, nous avons écarté les formes issues de coquilles typographiques manifestes sans intérêt (*Peirrevillois* pour *Pierrevillois, Note-Damien* pour *Notre-Damien*), les créations de type hapax fréquemment à connotation amusante, ironique ou bien vulgaire (*Quékettois, Cul-B-Cois, Floribécois*, tirées de Québec) et celles résultant d'une abréviation, non significatives (*St-Linois, N-D'Hamois, Dr'viller* pour *Saint-Linois, Notre-D'Hamois, Drummondviller*). En outre, pour tous les cas où une forme constituait une proposition de gentilé et demeurait présentée à ce titre, celle-ci n'a pas été retenue dans notre corpus, car nous ne l'avons pas considérée comme une authentique variante.

En ce qui a trait aux datations de ces formes parallèles, toutes celles dont une attestation a pu être retracée avant 1950[31] sont accompagnées d'une date. Pour les autres, la date d'apparition la plus ancienne seule est mentionnée dans la mesure où elle se révèle antérieure à celle de la forme d'entrée. En conséquence, lorsqu'une variante ne comporte aucune mention chronologique, cela signifie soit qu'aucune occurrence n'est antérieure à 1950, soit que toutes les attestations identifiées sont ultérieures à celle(s) de l'entrée.

Afin d'éviter la surcharge du texte et parce que cette information apparaît superflue puisqu'elle peut aisément être déduite, la finale au féminin de chacune des variantes n'est pas signalée, contrairement à la forme officielle ou la plus usitée.

COMMENTAIRE

Pour les cas qui le nécessitent, un commentaire vient préciser divers aspects: explications d'ordre historique, le cas échéant, renseignements relatifs à la formation du gentilé lorsque cet élément revêt un intérêt particulier ou soulève une difficulté spécifique, notes en rapport avec le toponyme souche, etc.

Afin de bien souligner que le rôle du gentilé ne se confine pas à un simple jeu verbal, comme certains pourraient être tentés de le croire, tous les noms de journaux hebdomadaires ou municipaux, de revues, les titres d'ouvrages, les dénominations de manifestations ou d'événements sociaux, etc. dans lesquels figurent un gentilé ou un adjectif géographique font l'objet d'une mention systématique.

BIBLIOGRAPHIE

Quelques références significatives à des articles ou à des parties d'ouvrages portant sur un gentilé concerné font l'objet d'une mention, de telle sorte que les personnes qui désireraient aller plus avant sur la question disposeront d'informations de nature bibliographique regroupées sous la rubrique qui les intéresse. Nous avons limité volontairement ces indications au nombre maximal de trois. Pour des références bibliographiques d'ordre plus général, on consultera la bibliographie qui figure en fin d'ouvrage.

Les références ont été scrupuleusement retranscrites, accompagnées d'un *sic* entre parenthèses qui marque la textualité, le cas échéant, afin de nous en tenir rigoureusement aux normes scientifiques qui ont cours en ce domaine. En outre, en ce qui a trait aux signataires des articles, les pseudonymes ont systématiquement été conservés et, pour les cas où il n'existait pas de mention d'auteur, nous avons classé les pièces sous la rubrique *Anonyme*, quoique parfois on utilise la mention *X*, dans ce cas. Nous avons, de plus, tenté de limiter le plus possible le recours à l'abréviation estimant que le gain d'espace ainsi obtenu en cette matière ne suffit pas à faire contrepoids à la perte d'information et, partant, au danger de méprise par le fait même suscité. Quant aux noms, prénoms, portions de titres, etc. qui comportent des éléments abrégés, il faut en conclure en raison du respect absolu de la source, soit que celle-ci comportait des abréviations, soit que nous n'avons pu en décrypter la teneur. Il en va ainsi de l'adresse bibliographique.

Nous ne souscrivons pas à la pratique selon laquelle les données bibliographiques relatives à des journaux ne comportent pas l'indication de la page précise. Dans tous les cas où nous avons pu disposer de cette information, nous l'avons indiquée. En effet, quel gaspillage de temps et d'énergie que de tenter de retrouver un article ou un passage précis d'un article paru dans *La Presse*, par exemple, dont plusieurs numéros comportent fréquemment au delà de 100 pages! Plusieurs quotidiens se classent également dans cette catégorie.

RENVOI

Dans le but de rendre la consultation plus aisée, certaines désignations courantes de municipalités, mais non officielles, ont fait l'objet de renvois aux formes officialisées: par exemple, Breakeyville Voir *Sainte-Hélène-de-Breakeyville P*; Boischatel Voir *Saint-Jean-de-Boischatel VL*; Ville d'Anjou Voir *Anjou V*; etc. Ces indications visent uniquement à mettre rapidement l'usager sur la piste de l'information désirée en prenant en compte ses connaisssances et non à promouvoir des dénominations parallèles.

NOTES ET RÉFÉRENCES

1. DUGAS, Jean-Yves (1981), *Répertoire de gentilés (noms des habitants) du Québec*, Québec, Commission de toponymie, coll. «Dossiers toponymiques», n° 12, 59 p. Incidemment, on notera la disparition de la parenthèse explicative de même que le passage du *de* restrictif au *des* englobant. Nous estimons trouver une justification à ces modifications en ce que le terme *gentilé* paraît présentement suffisamment connu et demeure plus précis (voir la rubrique 3. Importance sociologique du phénomène gentiléen) et en vertu du fait que la grande majorité des gentilés existants, de nature administrative à tout le moins, ont été portés à la connaissance de la Commission de toponymie.

2. SMEDTS, W. A. J. (1972), «Adjectivering en appellativering van toponiemen. Een synchronisch-descriptieve studie», dans *Bulletin de la Commission Royale de toponymie et de dialectologie*, Bruxelles, vol. 46, p.47-227.

SOLER I JANER, Josep Maria (1979), *Gentilics dels Països Catalans*, Barcelona, Editorial Millà, Col•lectio «Llengua viva», 3, 130 p.

CAPPELLO, Teresa et TAGLIAVINI, Carlo (1981), *Dizionario degli etnici e dei toponimi italiani (deti)*, Bologna, Casa Editrice Pàtron, XXXI-676 p.

WOLF, Heinz Jürgen (1964), *Die Bildung der französischen Ethnica (Bewohnernamen)*, Genève et Paris, Droz et Minard, «Kölner romanistische Arbeiten», Neue Folge, Heft 29, 268 p.

BABKIN, A.M. et LEVASHOV, E.A. (1975), *Slovar' nazvanij zhitelej SSSR*, Moskva, Éd. Russkij Jazyk, 616 p.

En outre, reflet de l'importance qu'on leur accorde, les gentilés ont fait l'objet d'études poussées, entre autres, en Espagne, en Amérique latine et aux États-Unis:

PELZING, Ernst (1976), «Das spanische Suffix im Bereich der «Gentilicios», dans *Lebende Sprachen*, Berlin, vol. 21, n° 1, p. 20-25.

SANTANO Y LEÓN, Daniel (1981), *Diccionario de gentilicios y toponimos*, Madrid, Paraninfo, 488 p.

SORGENFREI, Walter-Rasso (1977), «Gentilicios latinoamericanos», dans *Lebende Sprachen*, Berlin, vol. 22, n° 2, p. 75-79.

MENCKEN, H.L. (1955), «Names for Americans», dans *American Speech*, New York, vol. 22, n° 4, December, p. 241-256.

3. Dans le cadre d'une bibliographie qui comporte près de 850 titres et dont une partie a fait l'objet d'une publication (Dugas 1982a), nous avons pu constater que le sujet des gentilés préoccupe peu les autres provinces canadiennes si l'on en juge par le nombre de travaux qu'on y a consacré jusqu'ici, une cinquantaine tout au plus. Si la vague gentiléenne n'a pas déferlé avec autant de force au Canada qu'au Québec, d'abord faut-il observer que les conditions sociales se révèlent fort différentes. En outre, l'intérêt vif démontré par les Québécois quant à l'aspect linguistique de la recherche en matière de noms d'habitants ne comporte en aucune manière son pendant dans les provinces canadiennes extra-québécoises et peut être qualifié de presque inexistant.

Il demeure enfin singulier de se rendre compte que les principaux travaux de nature gentiléenne au Canada, à l'exception du Québec, concernent les groupes francophones résidant dans les provinces anglaises; le problème paraît davantage aigu chez les Franco-Ontariens ou Ontarois, quoiqu'il se retrouve, à un degré moindre, chez les Franco-Albertains, les Fransaskois (francophones de la Saskatchewan), les Franco-Manitobains, les Franco-Colombiens ou encore les Franco-Yukonais.

4. À cette donnée, il faut ajouter les 21 municipalités qui s'étaient déjà dotées d'un gentilé officiel en 1981 et les 72 qui avaient posé un geste similaire depuis la parution du Répertoire, mais avant la consultation, lesquelles ne nécessitaient pas d'être contactées puisque leurs citoyens disposaient déjà d'un gentilé officiel.

5. Citation extraite d'un article de POCQUELIN [pseudonyme de Pierre-Mathieu BONDET] (1983), «Étude de société. L'homme et son nom», dans *Gé-Magazine*, Paris, n° 5, p. 28.

6. BERNARD-SAMSON, Louise (1976), «Étude des toponymes à travers les récits de voyage de Cartier et de Champlain», dans *Culture tradition*, Québec, vol. 2, p. 99.

7. Gazette officielle du Québec (1982), Québec, 114ᵉ année, n° 10, 6 mars, p. 2890: «Dénomination des habitants par rapport au lieu où ils habitent (continent, pays, région, ville, village, quartier, paroisse, etc.)».

8. Paris, tome IV, Éditions Le Robert, 1985, p. 887.

9. DARBELNET, Jean (1986), *Dictionnaire des particularités de l'usage*, Québec, Presses de l'Université du Québec, p. 102.

10. Cf. Major (1977).

11. Lettre de madame Johanne Parent à la Commission de toponymie, 6 avril 1983.

12. PLANTE, Jean-Pierre et DESROSIERS, Sylvie (1984), *Le meilleur best de la presse en délire, la ville la plus drôle et d'autres folies inédites*, Montréal, Ludcom, s.p. N° hors série du magazine Croc.

13. DUVAL, Monique (1981), «Des Gaspésiens fiers de leur histoire», dans *Le Soleil*, Québec, 10 décembre, p. B-2.
14. LOUPERIVOIS [pseudonyme] (1985), «Du respect s.v.p.», dans *Le Progrès-Écho*, Rimouski, 16 janvier, p. 7.
15. F., G. (1981),«Sainte-Marguerite n'a pas perdu son identité», dans *Progrès-Dimanche*, Chicoutimi, 29 mars.
16. Les exemples qui illustrent chacune des observations quant au genre et au nombre de même que les diverses règles subséquentes proviennent, en partie, de formes attestées et qui figurent dans le présent ouvrage et, en partie, de suggestions de notre cru, mais fondées sur des toponymes québécois. De plus, toutes les propositions conservent un caractère théorique de telle sorte que certaines pourront diverger en tout ou en partie de celles qui ont été consignées dans le corps de l'ouvrage pour tel ou tel nom de lieu particulier. Enfin, on n'y trouvera pas de règles dérivatives pour les gentilés anglais, d'une part, parce qu'ils ne constituent pas la matière de ce livre au premier chef — sans qu'il faille voir dans cette observation un quelconque parti pris —, et, d'autre part, parce que notre compétence se trouve limitée sous cet aspect.
17. *Buckland* constitue la désignation courante de la municipalité, plus usitée localement que la forme officielle.
18. Cette dernière graphie pourrait également être retenue, bien que la première forme colle davantage au toponyme dont elle est issue.
19. La conservation du trait d'union, pour ce type de gentilés, semble plus fréquente. Par ailleurs, elle respecte l'une des caractéristiques essentielles de tout gentilé adéquat: le rapport étroit entre le nom du lieu et celui des gens qui y habitent.
20. Le même gentilé pourra être appliqué à l'ensemble des citoyens de l'île.
21. Adresse: Commission de toponymie
    220, Grande Allée Est
    Québec (Québec)
    G1R 2J1
    Téléphone (418) 643-8660.
22. Nous avons comptabilisé les gentilés français plus spécifiquement québécois, et les gentilés provenant de l'inuktitut et des langues amérindiennes ensemble, car compte tenu du peu d'importance quantitative de ces derniers ainsi que du moment de leur apparition qui se situe après 1950, la distinction se serait révélée fort peu significative.

    Les tranches temporelles retenues nous ont paru les plus caractéristiques quant à l'interprétation des données.
23. Bien que nous ayons procédé au dépouillement le plus large possible des sources anciennes disponibles, certaines formes pourraient être attestées sans que nous ayons pu les retracer. Cependant, il nous faut faire abstraction de cette possibilité, par ailleurs inhérente à toute recherche dans le domaine culturel, afin de tirer les conclusions les plus justes possibles, à tout le moins dans la mesure où notre corpus demeure concerné.
24. Pour connaître les modalités d'établissement des variantes, qui n'ont pas exhaustivement été retenues, ainsi que les critères d'indication des datations, on se reportera au chapitre 6, sections qui traitent des variantes et des datations.
25. Les statistiques qui figurent dans ce tableau proviennent toutes, en ce qui concerne la population et la superficie, de la source suivante: MINISTÈRE DES AFFAIRES MUNICIPALES (1986), *Répertoire des municipalités du Québec*, édition 1986, Québec, ministère des Affaires municipales, p. 35 et représentent une compilation du M.A.M. à partir des estimés de population du B.S.Q., au 1er juin 1984. Pour les fins de la présente, le terme *municipalité* recouvre l'ensemble des territoires organisés du Québec et exclut les réserves indiennes de juridiction fédérale et les territoires non organisés. Quant au nombre total de municipalités, les données étaient à jour au 1er juillet 1986. À noter que certaines données n'étant pas disponibles selon la répartition 06C, 06N et 06S, nous ne considérerons dans notre étude que les statistiques globales pour la région 06.
26. Il en va également ainsi de la constituante 06C de la région 06.
27. Nous comptabilisons à part la dénomination *Québécois* représentant le gentilé des gens de la province, étant donné qu'il ne peut être assigné à une région en particulier.
28. Comme certains gentilés anglais servent de formes parallèles à des gentilés français, le nombre total de suffixes excède celui des entrées.
29. Soulignons que le Québec ne constitue pas une exception en matière d'officialisation de gentilés, car l'État du Michigan a posé un geste similaire en 1979: «[...] the state legislature voted to make this (le gentilé *Michiganian*), the official name. The bill was introduced at the behest of newspapers editors who where confused with a variety of names, including «Michigander», «Michiganite» and «Michiganer.» (Paul DICKSON (1986), *Names*, New York, Delacorte Press, p. 255).

    En outre, les Nations Unies publient régulièrement une liste officielle des noms de pays et adjectifs de nationalité qui demeure un document faisant autorité en la matière et qui manifeste l'importance dont on entoure le domaine des gentilés dans une optique de reconnaissance administrative. Le plus récent de ces documents a paru en 1985 sous le titre *Terminology Bulletin No. 333.*
30. Un certain nombre d'exemples proviennent du *Petit Robert* (1984).

31. En vertu du caractère relativement récent du phénomène gentiléen, il nous a semblé du plus haut inté-rêt de signaler, lorsque disponible, les dates d'apparition les plus anciennes des formes parallèles, les-quelles témoignent de l'existence même sporadique et peu répandue d'appellations de ce type. La date-charnière 1950 nous a paru la plus indiquée puisque moins de 20 % de l'ensemble des variantes fran-çaises et amérindiennes de notre corpus se situent dans une fourchette temporelle antérieure.

ABRÉVIATIONS ET SIGLES

Nous avons limité le plus possible le recours à l'abréviation afin d'éviter à l'utilisateur et à l'utilisatrice d'avoir à se reporter fréquemment à cette liste. Cependant, l'économie d'espace nécessitait la présence de ce procédé, notamment en ce qui a trait à la nature de l'entité recouverte par un nom de lieu dont les très nombreuses occurrences auraient rapidement surchargé le texte.

Pour les toponymes relatifs à des municipalités nous avons, pour plus de commodité, conservé le sigle déjà retenu par le ministère des Affaires municipales, à l'exception de *réserve indienne* (*R* au lieu de *RI*). En outre, nous accompagnons chacun des sigles de nature municipale ou accolés à une entité toponymique d'une brève définition*, afin d'en éclairer davantage la teneur. À noter que les abréviations comportent la minuscule initiale - à moins qu'il ne s'agisse de formes couramment abrégées en majuscules -, et le point abréviatif si nécessaire alors que les sigles figurent tout en majuscule et leurs constituants ne sont pas accompagnés de points abréviatifs.

al. : algonquin

amér. : amérindien

angl. : anglais

A.P.I. : Association Phonétique internationale

bib. : bibliographie

B.S.Q. : Bureau de la statistique du Québec

C : canton (unité territoriale de forme généralement rectangulaire servant à la concession en tenure libre des terres publiques et à l'arpentage)

CA : campement (lieu où des personnes s'installent pour un séjour provisoire, selon l'époque de l'année)

CÉ : circonscription électorale (division du territoire politique établie en vue de l'élection de représentants. Dans l'usage, on retrouve les termes *comté* ou *district électoral* pour exprimer la même réalité)

cf. : confer (se reporter)

---

* Celles-ci proviennent, pour la grande majorité, de dossiers terminologiques élaborés à la Commission de toponymie et dont les résultats de quelques-uns ont fait l'objet d'une publication à la Gazette officielle sous forme d'avis de recommandation ou de normalisation.

coll. : collection

com. : commentaire

CT : municipalité de canton (corporation ayant juridiction sur un territoire érigé en canton)

CU : municipalité de cantons unis (corporation ayant juridiction sur un territoire regroupant plusieurs cantons)

DR : division de recensement (division territoriale établie pour les fins du recensement)

éd. : édition

H : hameau (groupement isolé de quelques maisons, en milieu rural)

id. : idem

in. : inuktitut

km : kilomètre(s)

LD : lieu-dit (lieu de faible étendue ayant reçu spontanément un nom inspiré de la géographie, de l'histoire ou du folklore)

M : monts (importantes élévations se détachant du relief environnant)

M.A.M. : ministère des Affaires municipales

mo. : mohawk

mont. : montagnais

M.R.C./MRC : municipalité régionale de comté (territoire regroupant des municipalités et, dans certains cas, des territoires non organisés, sur lequel s'exerce une autorité fixée par une loi d'application générale)

MS : municipalité scolaire (territoire érigé en municipalité pour le fonctionnement des écoles sous le contrôle de commissaires ou de syndics)

mun. : municipalité(s)

nbe : nombre

n° : numéro

nouv. : nouvelle

p. : page(s)

P : municipalité de paroisse (corporation ayant une juridiction civile sur un territoire érigé en paroisse)

PR : paroisse religieuse (circonscription ecclésiastique où s'exerce la juridiction d'un curé)

publ. : publié

Q : quartier (partie d'une agglomération ayant une certaine unité et des caractéristiques propres)

R : réserve indienne (territoire réservé aux Amérindiens en vertu de la Loi sur les Indiens)

RÉ : région administrative (division territoriale servant de cadre à l'activité des ministères et des organismes publics; il s'agit de chacune des dix grandes régions administratives du Québec fixées par un arrêté en conseil du gouvernement, le 29 mars 1966)

RG : région (territoire relativement étendu possédant des caractères particuliers qui lui confèrent une certaine unité)

s. : siècle

S : secteur (division d'une entité territoriale créée à des fins particulières)

SD : municipalité sans désignation (corporation ayant juridiction sur un territoire autre qu'une paroisse, un village, un canton ou des cantons unis)

s.é. : sans éditeur

s.l. : sans lieu de publication

s.p. : sans pagination

suff. : suffixe(s)

superf. : superficie

T.N.O. : territoires non organisés

V : municipalité de ville (corporation ayant juridiction sur une agglomération plus ou moins importante, caractérisée par un habitat concentré; le territoire visé doit comporter plus de 2 000 habitants)

var. : variante(s)

VC : municipalité de village cri (territoire sur lequel s'exerce un gouvernement local cri conformément à la Loi sur les villages cris et le village naskapi)

VI : village (agglomération rurale caractérisée par un habitat plus ou moins concentré, possédant les moyens de subvenir aux besoins de première nécessité et offrant une certaine forme de vie communautaire; le terme *localité* se retrouve fréquemment dans l'usage pour identifier cette réalité)

VK : municipalité de village naskapi (territoire sur lequel s'exerce un gouvernement local naskapi conformément à la Loi sur les villages cris et le village naskapi)

VL : municipalité de village (corporation ayant juridiction sur un territoire généralement restreint érigé en village)

VM : ville minière (territoire érigé par lettres patentes en municipalité de ville, en vue du développement d'un centre minier)

VN : municipalité de village nordique (territoire sur lequel s'exerce un gouvernement local conformément à la Loi sur les villages nordiques et l'Administration régionale Kativik)

vol. : volume

RÉPERTOIRE DES GENTILÉS

1. Abercorn VL (06S)   *Abercornien, ienne (1986)

2. Abitibi MRC (08)   *Abitibien, ienne (1986)

3. Abitibi RG (08)   Abitibien, ienne (vers 1920)/
angl. Abitibian (1983)

Var.: Abbitibbe (XIXᵉ s.); Abbitibbien (1922); Abitibibeux (XIXᵉ s.);
Outabitibeux (1673); 8 [ou] tabitibeux (vers 1671).

Com.: La totalité des variantes ont trait au groupe amérindien montagnais
des Abitibis qui ont donné leur nom à la région qu'ils fréquentaient.
Deux publications comportent ce gentilé sous forme adjectivale,
soit *Les Échos abitibiens*, hebdomadaire fondé vers 1920 et *L'Écho
abitibien* qui a pris la relève et qui paraît encore présentement. À
noter la mise sur pied toute récente d'une association qui regroupe
les anciens résidents de la région abitibienne désormais installés
en Outaouais, ceux-ci étant identifiés comme des *Abitaouais*.

4. Abitibi-Témiscamingue RÉ (08)   Témiscabitibien, ienne (1985)

Var.: Abitibi-Témiscamien.

Com.: La création récente de ce gentilé témoigne d'un souci marqué pour
fusionner en une seule dénomination les composantes de ce
régionyme et, partant, refléter ainsi une volonté d'appartenance
davantage sentie. La formation du dérivé procède de la technique
de l'emboîtement verbal, sorte de mot-valise dont on télescope les
éléments constituants en tout ou en partie; ici on a également eu
recours à l'inversion.

Voir *Abitibi RG* et *Témiscamingue RG*.

5. Acton MRC (06S)   *Actonnien, ienne (1986)

Var.: Actonien.

6. Acton Vale V (06S)   *Valois, oise (1980)

Var.: Actonvalois.

Bib.: R.,L. (1986), «Actonois plutôt qu'Actoniens?», dans *La Tribune*, Sherbrooke, 19 avril, p. A9.

7. Aguanish SD (09)   *Aguanishois, oise (1986)
[A-GWA-NI-CHOI/CHOIZ]

8. Ahuntsic Q (Montréal V, 06C)   Ahuntsicois, oise (1980)

Com.: Dénomination très fréquente qui souligne la fierté de la population locale d'être identifiée à son quartier résidentiel.

9. Akulivik VN (10)   in. Akulivimmiuq (1986)
[A-KOU-LI-VI-MI-YOUK]

Var.: Akulivimiuq (1980).

Com.: Les modalités de formation des gentilés en langue inuktitut consistent généralement à adjoindre au nom de lieu concerné le suffixe - *miuq* (variante - *miok*) au singulier, la forme plurielle étant -*miut*, avec les consonnes de passage requises. À cet égard, les spécialistes diffèrent fréquemment d'opinion quant au redoublement ou non de la consonne de passage; nous enregistrons toutefois toutes les formes attestées par écrit, telles qu'orthographiées et retenons pour gentilé figurant en entrée celle autour de laquelle semble se dégager le consensus le plus large.

10. Akwesasne R (06S)   mo. Akwesashronon (1986)
[A-KWA-SAS-LOUN]

Com.: Cette information nous a aimablement été communiquée par monsieur Françoys M. Boyer de Huntingdon. En mohawk, selon ses indications, il n'existe ni forme masculine, ni forme féminine à l'exception de la forme plurielle.

11. Albanel CT (02)   *Albanélois, oise (1986)

12. Albanel VL (02)   *Albanélois, oise (1985)

13. Alma V (02)   *Almatois, oise (1978)

Var.: Almatien.

Com.: C'est à bon escient que l'on a écarté la variante, car celle-ci suscitait des jeux de mots peu flatteurs. Par ailleurs, *Almatois* peut être relevé à des centaines d'exemplaires, ce qui dénote son adoption pleine et entière de la part des citoyens d'Alma.

14. Amos V (08)   *Amossois, oise (1978)

Var.: Amossien (1970).

Bib.: ANONYME (1980), «Saviez-vous que ...», dans *La francisation en marche en Abitibi—Témiscamingue*, Noranda, Office de la langue française, novembre, p. 2.

15. Amqui V (01)   Amquien, ienne (1977)

Var.: Amquois.

Bib.: BOUDREAULT-LAMBERT, Sylvie (1986), «Amquien-Amquiais?», dans *L'Avant-Poste Gaspésien*, Amqui, 16 avril.

_____. Ancienne-Lorette Voir *L'Ancienne-Lorette V.*

_____. Ange-Gardien Voir *L'Ange-Gardien VL.*

16. Angliers VL (08)   *Anglier, ière (1986)

Com.: Dérivé à partir du modèle de *Nord-Côtier, ière*, gentilé des habitants de la Côte-Nord.

17. Anjou V (06C)   *Angevin, ine (1977)

Com.: On ne peut s'empêcher de songer au célèbre vers de Joachim Du Bellay: «Et plus que l'air marin la douceur angevine» («Heureux, qui comme Ulysse,...»). Il s'agit du gentilé identique porté par les habitants d'Angers et de l'Anjou française. Ce dernier provient de la dérivation latine: du bas latin *Andecavinus* ou *Andegavinus*, remontant à *Andecavi* ou *Andegavi*, «les Andégaves», peuple de la Gaule romaine.

18. Annaville VL (04)   *Annavillois, oise (1986)

_____. Anse-à-Beaufils Voir *L'Anse-à-Beaufils VI.*

19. Anse-aux-Fraises LD (09)   Anse-aux-Fraisois, oise (1897)

20. Anse-aux-Gascons VI (01)   Gasconais, aise (1986)

_____. Anse-Saint-Jean Voir *L'Anse-Saint-Jean SD.*

21. Anticosti, Île d' (09)   Anticostien, ienne (1897)

22. Anticosti-Minganie RG (09)   Anticostien-Minganien, ienne (1981)

Com.: Le fait qu'on ait fait dériver le constituant *Anticosti*, alors que règle générale seul le dernier élément d'un nom de lieu composé se voit adjoindre la finale gentiléenne, témoigne selon nous que l'on considère encore les deux régions géographiques constitutives comme formant des entités séparées, non encore entièrement intégrées.

23. Antoine-Labelle MRC (07)   *Antoine-Labellois, oise (1986)

Var.: Labellois.

Bib.: THIBAULT, J.-René (1986), «Une conscience régionale, est-ce possible?», dans *La Gazette*, Maniwaki, 24 mars, p.8.

24. **Argentenay, Pointe (03)**   Argentenayen, enne (1890)

25. **Argenteuil CÉ (06N)**   Argentelain, aine (1969)

    Com.: Le gentilé des citoyens d'Argenteuil dans le Val-d'Oise français est *Argentolien* ou *Argenteuillais*. Ainsi, on a pu s'inspirer de la première dénomination qui remonte à une possible forme latine *Argentolianus*, dérivée d'*Argentolium*.

    Bib.: FERBER ET COMPAGNIE (1982), «Dans la grand-rue ... et ailleurs ...», dans *L'Argenteuil*, Lachute, 28 avril, p. 1.

26. **Argenteuil MRC (06N)**   *Argenteuillois, oise (1986)

    Com.: On a estimé que même si le gentilé *Argentelain* était en usage pour désigner le citoyen de la circonscription électorale d'Argenteuil dont le territoire correspond à celui de l'actuelle municipalité régionale de comté «Argenteuillois(e) est susceptible d'être mieux accepté par la population.»

    Bib.: DUPUIS, Pierre (1986a), «Un gentilé pour une région. Argenteuilloise, Argenteuillien, Argenteuillaise ou Argentelain?», dans *L'Argenteuil*, Lachute, 25 mars, p. A-3.

    DUPUIS, Pierre (1986b), «Argenteuillois!», dans *L'Argenteuil*, Lachute, 15 avril, p. A-5.

27. **Armagh VL (03)**   *Armageois, oise (1986)

28. **Arntfield SD (08)**   *Arntfieldois, oise (1986)
                                        [ARNT-FIL-DOI/DOIZ]

29. **Arthabaska MRC (04)**   *Arthabaskien, ienne (1986)

30. **Arthabaska V (04)**   *Arthabaskien, ienne (1979)

    Var.: Arthabaskaen; Arthabaskasien (1925).

31. **Arundel CT (06N)**   angl. Arundelite (1980)

32. **Arvida Q (Jonquière V, 02)**   Arvidien, ienne (1949)/
                                      angl. Arvidian (1926)

    Com.: Ancienne cité qui a fusionné à Jonquière. Le journal *The Arvidian* fut publié du 18 août 1927 à la fin de 1928.

33. Asbestos V (05)   *Asbestrien, ienne (1980)

Com.: Provient du terme *asbest(e)* qui signifie «amiante» auquel on a accolé *Estrien* qui marque l'appartenance de cette entité municipale à la région de l'Estrie.

Bib.: L., J.-P. (1980), «Les gens d'Asbestos sont des Asbestriens», dans *Le Citoyen*, Asbestos, 11 novembre.

34. Ascot CT (05)   *Ascotois, oise (1986)

35. Aston-Jonction VL (04)   *Astonnais, aise (1986)

36. Aubert-Gallion SD (03)   *Aubert-Gallionnais, aise (1986)

37. Audet SD (05)   Audettois, oise (1985)

38. Aumond CT (07)   *Aumondois, oise (1986)

39. Aupaluk VN (10)   in. Aupalummiuq (1980)
     [AU-PA-LOU-MI-YOUK]

Var.: Aupalumiuq.

40. Authier SD (08)   *Authiérois, oise (1986)

41. Authier-Nord SD (08)   *Authiernordois, oise (1986)

42. Avignon MRC (01)   *Avignonnais, aise (1986)

Com.: Gentilé identique à celui des résidents d'Avignon dans le Vaucluse français.

43. Ayer's Cliff VL (05)   Ayer's-Cliffois, oise (1978)
     [A-YEURS-KLI-FOI/FOIZ]/
     angl. Ayer's Cliffer (1984)

44. Aylmer V (07)   Aylmerien, ienne (1975)
     [ÉL-MOEU-RYIN/RYENNE]/
     angl. Aylmerite (1985)

Var.: Aylmeurois.

Bib.: DANIELS-CASARETTO, Lyse (1975), «M-E-R-C-I!», dans *Le Soleil d'Aylmer/The Aylmer Sun*, Aylmer, 6 novembre.

45. Bagotville Q (La Baie V, 02)   Bagotvillois, oise (1957)

Var.: Belgovalois.

Com.: Suite à une fusion, cette ville est devenue un quartier de La Baie. La forme *Belgovalois* n'a pas connu un grand succès, compte tenu de son allure peu orthodoxe en regard du toponyme dont elle provient; gentilé à connotation savante démontrant le tiède enthousiasme que suscite ce genre de dérivé auprès des intéressés eux-mêmes.

46. Baie-Comeau V (09)   Baie-Comien, ienne (1979)

Var.: Baie-Comelien; Baie-Comellien; Baiecomien; Baie-Comois.

Com.: Les difficultés soulevées par la dérivation expliquent l'utilisation parallèle de plusieurs variantes. Toutefois, *Baie-Comien* constitue nettement la forme en émergence et *Baie-Comellien* le gentilé qui a connu son heure de gloire en 1981 et 1982, mais qui n'est guère plus usité. Nous avons également recueilli l'appellation *Papalugr(a)in* (**pap**ier, **alu**minium et **grain**) qui reflète les principales ressources baie-comiennes; il s'agit cependant d'un blason populaire bien que certaines sources le fournissent comme gentilé.

Bib.: ANONYME (1981), «Beau comme moi!», dans *La francisation en marche sur la Côte-Nord*, Hauterive, Office de la langue française, octobre, p. 3.

HOVINGTON, Raphaël (1984), «Chacun son tour», dans *Plein Jour sur la Manicouagan*, Baie-Comeau, 18 avril, p. 15.

47. Baie-de-Shawinigan VL (04)   Shawiniganais, aise (1983)

48. Baie-des-Sables SD (01)   *Baie-des-Sablien, ienne (1978)

Var.: Sabléen.

Com.: En dépit de la présence de l'article pluriel *des*, il convient de prendre soin de ne pas adjoindre un *-s* final à *Sablien* au singulier, car c'est l'ensemble du gentilé qu'il faut considérer et non pas chacun de ses constituants individuellement.

49. Baie-d'Urfé V (06C)   angl. Baie d'Urfeite (1984)

50. Baie-James SD (10)   *Jamésien, ienne (1981)

Var.: Jamesien (1976)

Com.: Lors de la création d'un journal devant desservir la population de la Baie-James, les responsables de la Société de développement de la Baie James ont lancé un concours qui a généré pas moins de 260 suggestions parmi lesquelles *Le Jamésien* a été retenue, parce que «Le Jamésien c'est aussi l'être neuf, entreprenant, volontaire; celui qui met tout son talent au service d'un coin de terre déshéritée, ... »(Françoise Gilbert).

Bib.: GILBERT, Françoise (1981), «Pourquoi le Jamésien?», dans *Le Jamésien*, Baie-James, vol. 1, n° 1, avril, p. 2.

51. Baie-Jolie VI (04)   Baie-Jolien, ienne (1985)

52. Baie-Sainte-Catherine SD (03)   *Baie-Catherinois, oise (1986)

53. Baie-Saint-Paul P (03)   *Montagnorois, oise (1986)

Com.: En raison de l'importante présence de la montagne dans le paysage de la municipalité de paroisse de Baie-Saint-Paul dont plus de 90 % du territoire se situe en terrain montagneux, on a voulu signaler cet aspect majeur via le gentilé. *Montagnois* a été écarté en vertu de sa proximité lexicale avec *Montagnais.*

54. Baie-Saint-Paul V (03)   *Baie-Saint-Paulois, oise (1978)

Var.: Saint-Paulien (époque inconnue); Saint-Paulois (1969).

55. Baie-Trinité VL (09)   *Baie-Trinitois, oise (1986)

56. Baieville VI (04)   Baievillien, ienne (1978)

Var.: Baievillois.

Com.: Avec Saint-Antoine-de-la-Baie-du-Febvre et Saint-Joseph-de-la-Baie-du-Febvre, Baieville a contribué à former, il y a quelques années, la municipalité sans désignation de Baie-du-Febvre. Par ailleurs, anciennement Baieville portait précisément le nom de Baie-du-Febvre.

57. Barford CT (05)   *Barfordois, oise (1986)
                                  [BAR-FOEUR-DOI/DOIZ]

58. Barkmere V (06N)   angl. Bark Laker (1983)

Com.: Le gentilé doit sans doute sa forme au fait que Barkmere est située sur le bord du lac des Écorces, dénommé Bark Lake en anglais, *bark* ayant pour sens «écorce».

59. Barnston CT (05)   *Barnstonnien, ienne (1986)

60. Barraute VL (08)   *Barrautois, oise (1980)

Com.: Une suggestion pour dénommer *Nataganois* les citoyens de Barraute a déjà été effectuée, en raison de l'ancien nom du village Natagan, mais n'a vraisemblablement jamais connu de suite concrète (voir la référence ci-dessous).

Bib.: BÉDARD, Jean-Jacques (1979), «Parlons de toponymie en Abitibi— Témiscamingue», dans *L'Écho d'Amos*, Amos, 14 novembre, p. 66.

61. Bas-de-Québec RG (03)   Bas-Québécois, oise (1920)

Var.: Bas-Kébecois (1935).

62. Bas-du-Fleuve RG (01)   Bas-du-Fleuvien, ienne (1972)

Var.: Basdufleuvien.

____. Basques Voir *Les Basques MRC*.

____. Bas-Richelieu Voir *Le Bas-Richelieu MRC*.

63. Bas-Saguenay RG (02)   Bas-Saguenayen, enne (1953)

64. Bas-Saint-Laurent RG (01)   Bas-Laurentien, ienne (1915)

Var.: Baslaurentien; Bas St-Laurentien.

Com.: Le gentilé *Bas-Laurentien* demeure très répandu et marque un fort sentiment d'appartenance de la population locale à une partie de la région du Bas-Saint-Laurent—Gaspésie. À cet égard, *Gaspésien* joue un rôle similaire.

Voir *Gaspésie RG*.

65. Basse-Côte-Nord RG (09)   Bas-Côtier, ière (1980)

Com.: Territoire qui couvre tout le littoral labradorien depuis la localité de Kegaska jusqu'à Blanc-Sablon. Ce gentilé module avec plus de précision *Nord-Côtier* qui coiffe la population de toute la région de la Côte-Nord.

66. Basse-Ville Q (Québec V, 03)   Basse-Vilain, aine (1935)

Com.: Peut-être se profile-t-il derrière cette dénomination une intention flétrissante que *Basse-Villois* ou *Basse-Villien* écarterait? Par ailleurs, la présence d'un *l* unique paraît révélatrice à cet égard. Cette dénomination se situe à la frontière du gentilé et du blason populaire.

67. Bassin VI (01) Bassinier, ière (1920)

Com.: Il semblerait qu'un bateau ait également porté le nom de *Le Bassinier* à une certaine époque.

68. Batiscan VI (04) Batiscanais, aise (1969)

Var.: Batiscannais (1933).

69. Beaconsfield V (06C) angl. Beaconsfielder (1984)

Var.: B'fielder.

Com.: La langue anglaise demeure parsemée de formes abréviatives relatives à certains noms de lieux comme NDG (Notre-Dame-de-Grâce), TMR (Town of Mont Royal), DDO (Dollard-des-Ormeaux), CSL (Côte-Saint-Luc), etc.

70. Béarn SD (08) *Béarnais, aise (1980)

Var.: Béarnois.

Com.: Gentilé identique à celui des habitants de la région du Béarn, en France.

71. Beauce RG (03) Beauceron, onne (1897)

Var.: Beauçois (date indéterminée).

Com.: La Beauce française a suscité le gentilé *Beauceron*, sans aucun doute transplanté en terre québécoise lors du transfert dénominatif, mais relevé tardivement dans les sources écrites.

72. Beauce-Sartigan MRC (03) *Beauceron, onne (1986)

Bib.: ROY, Michel (1986), «Beauceron point à la ligne», dans *L'Éclaireur-Progrès*, Sainte-Marie, 5 mars, p. A6.

73. Beauceville V (03) *Beaucevillois, oise (1978)

74. Beaudry SD (08) *Beaudryen, enne (1986)

75. Beauharnois V (06S) Beauharlinois, oise (1978)

Var.: Beauharnaisien (1976); Béharnais.

Com.: Il demeure possible que la présence du *-li-* intercalaire vise à éviter la non-distinction, au masculin, entre le gentilé et le nom de la ville.

76. Beaulac VL (03)   *Beaulacquois, oise (1986)

   Bib.: R(OYER), M(ario) (1986), «Les Beaulacquois inscrits au répertoire des gentilés», dans *Courrier Frontenac*, Thetford Mines, 10 février, p. B9.

77. Beaumont VI (03)   Beaumontois, oise (1898)

78. Beauport V (03)   Beauportois, oise (1934)

79. Beaupré V (03)   *Beaupréen, enne (vers 1880)

80. Beauval, Lac (08)   Beauvallois, oise (1921)

   Com.: Même s'il s'agit d'un lac, le gentilé s'applique aux gens installés de façon temporaire sur ses rives.

81. Beaux-Rivages SD (07)   *Beaux-Rivageois, oise (1986)

82. Bécancour V (04)   *Bécancourois, oise (1984)

   Var.: Bécancourais; Bécancourien (1977).

   Com.: On a même avancé la dénomination *Bécancoureur*, laquelle véhicule un certain relent sportif!

   Bib.: ANONYME (1984), «Les Bécancoureurs», dans *Le Nouvelliste*, Trois-Rivières, 6 octobre, p. 24.

      LEVASSEUR, Roger (1986) «Affaires municipales. Bécancour», dans *Le Nouvelliste*, Trois-Rivières, 17 mai, p. 44.

83. Bedford V (06S)   *Bedfordois, oise (1984)/
                                  angl. Bedfordite (1984)

84. Bégin SD (02)   *Béginois, oise (1978)

85. Belcourt SD (08)   *Belcourtois, oise (1986)

86. Belle-Anse VI (01)   Belle-Ansois, oise (1957)

_____ .Belleau Voir *Saint-Alexis-des-Monts P.*

87. Bellechasse CÉ (03)

Beauchasseur, Bellechasseresse (1975)

Var.: Belchassan (1969).

Com.: Deux seules occurrences du gentilé *Beauchasseur* ont été relevées à ce jour, ce qui manifeste son peu d'implantation dans l'usage. Peut-être que le rapprochement avec le sens général a joué un rôle non négligeable sous cet angle. Le recours à des dénominations plus classiques comme *Bellechassois* ou *Bellechassien* pourrait possiblement pallier ce manque d'enthousiasme.

88. Bellecombe SD (08)

*Bellecombien, ienne (1986)

89. Bellefeuille P (06N)

*Bellefeuillois, oise (1983)

90. Belleterre V (08)

*Belleterrien, ienne (1980)

Var.: Belleterrois.

91. Belmont RG (03)

Belmontois, oise (1976)

Com.: Nom de lieu formé à partir de **Bel**lechasse et de **Mont**magny; découpage de nature administrative créé à des fins de structuration récréative. La côte de Belmont désigne la façade littorale des circonscriptions électorales de Bellechasse et de Montmagny-L'Islet. Voir également *Jal RG*.

92. Beloeil V (06S)

Beloeillois, oise (1972)

93. Bergeronnes CT (09)

*Bergeronnais, aise (vers 1944)

Var.: Bergeronnet.

Com.: La variante *Bergeronnet* semble vraisemblablement inspirée par Champlain lui-même qui mentionne dans son récit de voyage la bergeronnette, soit l'hirondelle de mer, dont Bergeronnes tire par ailleurs son origine. Notons l'identité phonique au masculin des deux gentilés.

Bib.: HOVINGTON, Raphaël (1984), «Chacun son tour», dans *Plein Jour sur la Manicouagan*, Baie-Comeau, 18 avril , p. 15.

94. Bernières SD (03)

*Berniérois, oise (1984)

95. Bernierville VL (03)

*Berniervillois, oise (1986)

96. Berry SD (08)

*Berryen, enne (1986)

97. Berthier CÉ (06N)   Berthelais, aise (1984)

Var.: Berthelois (1981).

98. Berthier VI (06N)   Berthelais, aise (1972)

Var.: Berthelet; Berthelois; Berthiérain (1917).

Com.: Nous n'avons pu retracer le motif de dérivation de ce gentilé, cependant d'usage courant. Un journal, *Le Berthelais*, a paru localement
de 1938 à 1967 et une troupe de théâtre des années 80 a pour nom
Le Berthelineault. Se reporter également à *Berthier-sur-Mer P* et
à *Berthierville V*.

99. Berthier-sur-Mer P (03)   *Berthelet, ette (1986)

Voir *Berthier VI* et *Berthierville V*.

100. Berthierville V (06N)   Berthelais, aise (1931)

Var.: Berthelet; Berthevillois; Berthiervillois; Berthois.

Com.: En raison de la présence du suffixe -*ville*, la forme *Berthiervillois*
paraîtrait plus «naturelle» ou prévisible. Une revue intitulée *La Vie
Berthelaise* a paru du début des années 1960 jusqu'à tout récemment.

Voir *Berthier VI* et *Berthier-sur-Mer P*.

101. Béthanie SD (06S)   *Béthanien, ienne (1986)

_____. Bic Voir *Le Bic SD*.

102. Biencourt SD (03)   *Biencourtois, oise (1976)

103. Bishopton VL (05)   *Bishoptonnien, ienne (1985)
                                   [BI-CHOP-TO-NYIN/NYENNE]/
                                   angl. *Bishoptoner (1985)

104. Black Lake V (03)   *Black-Lakien, ienne (1986)
                                   [BLAK-LÉ-KYIN/KYENNE]

105. Blainville V (06N)   *Blainvillois, oise (1975)

Bib.: ANONYME (1986), «Gentilé: Blainvillois», dans *Courrier de Groulx*,
Laval-des-Rapides, 9 mars.

106. Blanc-Sablon VI (09)   Blanc-Sablonnais, aise (1970)

Var.: Blancsablonnais (1968); Blanc-Sablonnien.

107. Blue Sea SD (07)   *Blueseabien, ienne (1984)
[BLOU-SI-BYIN/BYENNE]

108. Boisbriand V (06N)   Boisbriannais, aise (1980)

Com.: La conservation du -*d* final suscitant des formes peu euphoniques,
c'est sans doute pour ce motif que l'on a opté pour le redoublement du *n*.

_____. Boischatel Voir *Saint-Jean-de-Boischatel VL.*

109. Bois-des-Filion V (06N)   Filionnais, aise (1984)

Var.: Bois-des-Filionais (1983); Bois-des-Filionnais; Boisdesfillionnais.

Bib.: GOYETTE, Réjean (1986), «Des Boisdesfillionnais et des Boisdes-
fillionnaises», dans *Le Nor-Info*, Sainte-Thérèse, 18 février, p.3.

110. Bois-Francs RG (04)   Sylvifranc, anche (1969)

Var.: Bois-Francien; Bois-François; Francsilvain; Francsylvain; Silvifranc.

Com.: Compte tenu des difficultés que suscite la dérivation d'un nom de
lieu de cette nature, on a opté pour la forme latine du vocable «bois»,
silva, qui signifie également «forêt», à laquelle on a adjoint la voyelle
de passage *i*. La variante *Francsilvain* sonne agréablement à l'oreille
et s'inscrit dans la foulée des gentilés tirés de permutations comme
Louperivois (Rivière-du-Loup), *Magnymontois* (Montmagny), *Montvalois* (Val-des-Monts), etc.

Bib.: DUGAS, Jean-Yves (1985), «Les citoyens des Bois-Francs: des
Francsilvains?», dans *Aux sources des Bois-Francs*, Victoriaville, vol.
3, n° 3, mars, p. 89-90.

111. Bolton-Est SD (06S)   angl. *East Boltoner (1986)

112. Bonaventure CÉ (01)   Bonaventurien, ienne (1970)

113. Bonaventure SD (01)   Bonaventurien, ienne (1861)

114. Boucher SD (04)   *Boucherois, oise (1986)
[BOU-CHÉ-ROI/ROIZ]

115. Boucherville V (06S)   Bouchervillois, oise (1891)
[BOU-CHER-VI-LOI/LOIZ]

116. Bouchette SD (07)   *Bouchettois, oise (1986)

   Bib.: M(ILLAR), C(harles) (1986), «Les gens de Bouchette sont maintenant des Bouchettois», dans *La Gazette*, Maniwaki, 10 mars, p.5.

117. Bourget VI (02)   Bourgetain, aine (1978)

118. Bourlamaque Q   Bourlamaquais, aise (1938)
(Val-d'Or V, 08)

   Com.: Municipalité désormais devenue un quartier de la ville de Val-d'Or.

119. Bout-de-l'Île S   Bout-de-l'Îlien, ienne (1980)
(Pointe-aux-Trembles Q, 06C)

120. Bowman SD (07)   *Bowmanois, oise (1986)

_____. Breakeyville Voir *Sainte-Hélène-de-Breakeyville P.*

121. Brébeuf P (06N)   *Brégeois, oise (1986)

   Com.: Gentilé qui provient de l'emboîtement de **Bré**beuf et de Rivière Rou**ge**, laquelle coule au centre du village, auxquels le suffixe *-ois* a été adjoint. Cette appellation a été fixée suite à un concours lancé au sein de la population locale.

   Bib.: ANONYME (1986), «Le nouveau nom des résidents du village de Brébeuf sera: Brégeois!», dans *L'Information du Nord*, Saint-Jovite, 12 mai.

122. Brion CA (10)   Brionnais, aise (1979)

   Com.: Campement temporaire regroupant 135 hommes et 5 femmes, situé dans le secteur du chantier de Caniapiscau de 1977 à 1980 et qui a été démantelé par la suite.

123. Brome-Missisquoi MRC (06S)   *Bromisquois, oise (1986)

   Com.: Formation-gigogne qui consiste à télescoper deux constituants du toponyme souche pour obtenir le gentilé.

124. Bromont V (06S)   *Bromontois, oise (1972)

125. Brompton Gore SD (05)   *Gorois, oise (1986)

126. Bromptonville V (05)   *Bromptonvillois, oise (1978)

127. Brossard V (06S)   *Brossardois, oise (1982)/
                                          angl. Brossardian (1967)

Var.: Brossardien (1967).

Bib.: ANONYME (1986), «Le gentillé*(sic)* de Brossard», dans *Brossard-
Éclair*, Brossard, 24 février.

128. Brownsburg VL (06N)   *Brownsbourgeois, oise (1983)/
                                          angl. Brownsburger (1983)

Var.: Brownsburgeois (1978).

*Com.:*On assiste à la francisation du constituant *-burg* en *-bourg*.

129. Bruchési S   Bruchésien, ienne (1985)
**(Sainte-Anne-des-Plaines P,
06N)**

Com.: Un journal qui dessert le secteur Bruchési porte le nom de *Le
Bruchésien*.

130. Buckingham V (07)   Buckinois, oise (1980)/
                                          angl. Buckinghamer (1981)

Var.: Buckinghamois.

Com.: Le processus moderne qui consiste à abréger le plus possible les
appellations trouve ici son expression achevée, car la forme *Buckinois* a été relevée plus de trente fois en ce qui concerne les occurrences identifiées.

131. Bury SD (05)   *Buryen, enne (1979)
                                    [BU-RYIN/RYENNE]

132. Cabano V (03)   *Cabanois, oise (1978)

133. Cacouna VI (03)   Cacounais, aise (1872)

Var.: Cacounachon (1912); Cacouniais (1870); Cacounien; Cacounois.

Com.: Les variantes *Cacounachon* et *Cacouniais* véhiculent une connotation humoristique, voire gouailleuse. *Cacounois* constitue la forme
alternative la plus usitée.

Bib.: LEBEL, Réal (1975), *Au pays du porc-épic. Kakouna 1673-1975*,
Cacouna, Comité des fêtes de Cacouna, 296 p.

134. Cadillac V (08)   *Cadillacois, oise (1978)
                                            [KA-DI-LA-KOI/KOIZ]

135. Calixa-Lavallée P (06S)   *Calixois, oise (1986)

136. Calumet VL (06N)   *Calumetois, oise (1986)

  Bib.: EDGERTON, Jeannine (1986), «Argenteuil-Ouest. Calumetois, Calu-
  metoises», dans *L'Argenteuil*, Lachute, 8 avril, p. A-12.

137. Candiac V (06S)   Candiacois, oise (1982)

138. Caniapiscau MRC (09)   *Caniapiscain, aine (1986)

139. Caniapiscau VI (09)   Caniapiscain, aine (1980)

  Var.: Caniapiscois.

140. Cantley VI (07)   angl. Cantleyite (1986)

141. Cantons-de-l'Est RG (05)   Cantonnier, ière (1960)/
                                            angl. Townshipper (1980)

  Var.: Cantonnier-de-l'Est.

  Com.: Les Cantons-de-l'Est constituent une région dont les limites géographiques excèdent historiquement celles de l'Estrie. Quoique peu
  répandu, le gentilé *Cantonnier* peut être relevé sporadiquement.
  Quant à l'équivalent anglais *Townshipper*, il provient de la forme
  originale de *Cantons-de-l'Est*, soit *Eastern Townships*, le canton
  coiffant un type de structuration de l'espace mis en place aussi tôt
  que 1792.

  Voir *Estrie RÉ.*

142. Cap-à-l'Aigle VL (03)   Aiglon, onne (1985)

  Com.: La proximité homonymique entre ce gentilé et le terme qui désigne le petit de l'aigle risque de susciter des jeux verbaux.

143. Cap-aux-Meules VL (01)   *Cap-aux-Meulois, oise (1986)

144. Cap-Chat V (01)   Cap-Chatien, ienne (1975)

  Var.: Capechatien (1969).

145. Cap-de-la-Madeleine V (04)   Madelinois, oise (1970)

Var.: Capéen; Capétien; Capien; Capon (1930); Cappon; Carpon; Madelinien (1937).

Com.: La réduction du graphème [*ei*] à [*i*] obéit sans doute à des considérations de prononciation. Ne pas confondre le gentilé des citoyens de Cap-de-la-Madeleine avec celui des habitants des îles de la Madeleine, *Madelinot, Madelinienne.*

Bib.: HAMELIN, Louis-Edmond (1983), «Chronologie des toponymes métropolitains en basse Mauricie», dans *En Vrac*, Trois-Rivières, n° 17, p. 37-52.

146. Cap-des-Rosiers VI (01)   Capien, ienne (1980)

Com.: Le gentilé ne se révèle pas très particularisant, étant donné que tous les toponymes relatifs à des lieux habités qui comportent le constituant *cap* pourraient susciter une appellation identique. Le phénomène doit être rapproché de celui qui consiste à identifier comme *insulaires, riverains* ou *communards* les gens qui habitent un endroit dont le nom comprend les constituants respectifs *île, rive* ou *commune.*

147. Caplan SD (01)   *Caplinot, ote (1980)

Var.: Capinaud; Capinot; Caplinois.

Com.: La substitution du *i* au second *a* du toponyme vise probablement à une meilleure qualité euphonique du gentilé.

148. Cap-Rouge V (03)   *Carougeois, oise (1974)

Var.: Cap-Rougien.

Com.: Le gentilé a été formé sur une ancienne graphie *Carouge* que l'on retrouve, entre autres, dans une acte de baptême du 12 février 1673, dans un acte de mariage de 1680 et dans le *Quebec Directory and Stranger's Guide to the City and Environs* d'Alfred Hawkins, publié en 1844. En outre, sur une carte de 1709, dressée par Jean-Baptiste Decouagne, on relève «R. (ivière) du Cas Rouge», cette indication nous ayant été aimablement fournie par notre collègue Jean Poirier. Quant à l'origine de la disparition du *p*, on se perd en conjectures, bien qu'il puisse paraître plausible qu'elle provienne d'une prononciation particulière ancienne du toponyme. Rien ne permet de croire à un quelconque lien avec l'oiseau dénommé *carouge*. Le nom de lieu *Carouge* se retrouve, par contre, comme nom de faubourg en Suisse et a été attribué à quelques lieux-dits de France.

149. Cap-Saint-Ignace SD (03)   *Capignacien, ienne (1986)

150. Cap-Santé SD (03)   *Capsantéen, enne (1979)
    Var.: Cap-Santéen.

151. Carignan VL (06S)   *Carignanois, oise (1985)
    Var.: Carignannois.

152. Carillon VL (06N)   *Carillonnais, aise (1985)

153. Carleton V (01)   *Carletonnais, aise (1979)
_____. Caughnawaga Voir *Kahnawake R.*

154. Causapscal V (01)   *Causapscalien, ienne (1928)
    Bib.: THIBEAULT, Louise B. (1986), «Causapscal: affaires municipales.
       Toponymie», dans *L'Avant-Poste Gaspésien*, Amqui, 26 février, p. 14.
_____. Centre-de-la-Mauricie Voir *Le Centre-de-la-Mauricie MRC.*

155. Chambly V (06S)   Chamblyen, enne (début du XXe s.)
    Var.: Chamblien; Chamblisard; Chamblyien; Chamblysard; Chamblysien.
    Com.: Le grand nombre de variantes marquent les hésitations de l'usage
       à se fixer, bien que *Chamblyen* soit régulièrement utilisé. De récents
       articles invitant la population à se prononcer ne semblent pas
       encore avoir éveillé d'échos significatifs. Le suffixe *-ard* ne com-
       porte pas, ici, la connotation foncièrement péjorative qu'il véhicule
       généralement.
    Bib.: DUGAS, Jean-Yves (1985), «Pourquoi pas Chamblien, Chamblien-
       ne?», dans *Le Journal de Chambly*, Chambly, 13 août, p. 4.

       FILION, Mario (1985), «Le nom des habitants de Chambly», dans *Le
       Journal de Chambly*, Chambly, 18 juin, p. 5.

156. Chambord SD (02)   *Chambordais, aise (1957)

157. Champlain SD (04)   *Champlainois, oise (1933)
    Var.: Champlainien; Champlainin; Champlenois (1915).
    Com.: À l'occasion du tricentenaire de la municipalité en 1979, un orga-
       nisme dénommé «Le Comité Trichamplainois» a été mis sur pied.

158. Chandler V (01)   *Chandlerois, oise (1986)

159. Chapais V (02)   *Chapaisien, ienne (1975)

160. Charette SD (04)   *Charettois, oise (1986)

Bib.: ANONYME (1986), «Échos municipaux. Charette», dans *L'Écho de Louiseville*, Louiseville, 19 février, p. 14.

161. Charlemagne V (06N)   *Charlemagnois, oise (1983)

Var.: Charlemagnais; Charlemenois.

Bib.: VAILLANCOURT, Alain (1986), «Muni-chroniques. Charlemagnois et Charlemagnoises», dans *L'Avenir de l'Est*, Montréal, 11 mars, p. 10.

162. Charlesbourg V (03)   *Charlesbourgeois, oise (1876)

163. Charlevoix RG (03)   Charlevoisien, ienne (1876)

Var.: Carlovisien; Carolivicien; Carolivocien; Carolovicien.

Com.: Toutes les variantes entretiennent un certain lien avec l'équivalent latin de Charles, *Carolus*, parfois réduit, comme en ancien français, à *Carle*.

164. Charlevoix-Est MRC (03)   *Charlevoisien, ienne-de-l'Est (1986)

165. Charny V (03)   *Charnycois, oise (1984)
[CHAR-NI-KOI/KOIZ]

Var.: Charnicois; Charnien (1928).

Com.: Bien que la forme ancienne *Charnien* ait été relativement en usage, celle-ci entretient une proximité gênante avec le terme *charnier*, d'où le désir de certains citoyens de procéder à son remplacement par *Charnycois*. Ce gentilé identifie déjà les citoyens français d'une ville homonyme de l'Yonne et est tiré morphologiquement de la forme latine du toponyme *Charny*, soit *Carniacum*, *Carnacium* ou *Carnacum*, avec conservation de l'*y* de la forme actuelle du nom de la ville. Le passage de *K* (noté *C*) à *CH* devant *A* demeure tout à fait classique en phonétique historique.

À l'été de 1986, les autorités municipales locales ont institué la Fête des Charnycois, fête populaire établie sur une base annuelle.

166. Chartierville SD (05)   *Chartiervillois, oise (1986)

167. Châteauguay RG (06S)   Châteauguois, oise (1983)

168. Châteauguay V (06S)   *Châteauguois, oise (1979)
Var.: Châteauguayen; Châtelois.

Bib.: SYLVESTRE, Roger (1984), *Aperçu historique sur Châteauguay*, Châteauguay, Centre culturel Vanier, 17 p.

_____. Châteauguay, Vallée de la Voir *Vallée-de-la-Châteauguay RG*.

169. Chazel C (08)   Chazelois, oise (1984)

170. Chénéville VL (07)   *Chénévillois, oise (1981)

171. Chester-Est CT (04)   *Chesterestois, oise (1986)
_____. Chester-Ouest Voir *Chesterville SD*.

172. Chesterville SD (04)   *Chestervillois, oise (1986)

173. Chibougamau V (02)   Chibougamois, oise (1974)
Var.: Chibougamauite (1956).

174. Chibougamau-Chapais RG (02)   Chibougamo-Chapien, ienne (1982)
Com.: La terminaison -*o* provient de composés savants comme *néo-latin*, *pseudo-prophète*, etc. où celle-ci est normale. En français moderne, on a attribué cette même terminaison à des vocables comme *anglo-canadien*, *russo-japonais*, *helvéto-allemand*, ...

175. Chicoutimi V (02)   *Chicoutimien, ienne (1709)
Var.: Chekoutimien (1744); Chékoutimien (1913); Chicoutimeux (1894); Chicoutimiaux (1894); Chicoutiminois (1896); Chicoutimois (1894).

Com.: Le gentilé le plus ancien fait référence à un groupe amérindien. La question de la dénomination des citoyens de Chicoutimi a provoqué d'orageux débats, surtout à la fin du XIXe s.

Bib.: RUTHBAN, Denis [pseudonyme d'Adjutor RIVARD] (1894), «Chicoutimois vs Chicoutimien», dans *Alma Mater*, Chicoutimi, vol. 11, n° 21, 29 décembre, p. 84-85.

TREMBLAY, Victor (1943), «Chicoutimien», dans *Bulletin des recherches historiques*, Lévis, n° 49, p. 172-175.

176. Chisasibi VI (10)   Chisasibien, ienne (1981)
                          [CHI-SA-SI-BYIN/BYENNE]

177. Chute-aux-Outardes VL (09) *Outardois, oise (1986)

178. Clarenceville VL (06S) *Clarencevillois, oise (1986)

179. Cléricy VI (08) Clériçois, oise (1981)

180. Clermont CT (08) *Clermontain, aine (1986)

181. Clermont V (03) *Clermontois, oise (1980)
Var.: Clermontain (1978); Clermontais.
Com.: Monseigneur Félix-Antoine Savard a composé un conte-souvenir dédié aux gens de Clermont exclusivement et intitulé «Conte pour les Clermontois» (ANONYME (1981), *Livret-souvenir de nos fêtes du 50ᵉ, Clermont 1931-1981*, Clermont, p. 35-39).

182. Clerval SD (08) *Clervalois, oise (1986)

183. Cloridorme CT (01) *Cloridormien, ienne (1986)

184. Coaticook MRC (05) *Coaticookois, oise (1986)

185. Coaticook V (05) *Coaticookois, oise (1976)

186. Colombier SD (09) *Colombien, ienne (1986)
Var.: Colombiérois.

187. Colombourg SD (08) *Colombourgeois, oise (1986)

188. Compton CT (05) *Comptonnois, oise (1986)
Com.: Dans ce cas, le redoublement de la consonne *n* semble facultatif, car on observe le recours à l'une ou l'autre formes dans des recueils de gentilés de France.

189. Compton VL (05) *Comptonois, oise (1986)/ angl. Comptonnian (1983)
Var.: Comptonien (1981).

190. Compton Station SD (05) *Comptonois, oise (1984)

191. Contrecoeur SD (06S)   Contrecoeurois, oise (1978)

192. Cookshire V (05)   *Cookshirois, oise (1986)

193. Coteau-Landing VL (06S)   *Coteau-Landais, aise (1986)

194. Coteau-Station VL (06S)   *Stationnois, oise (1986)

_____. Côte-de-Gaspé Voir *La Côte-de-Gaspé MRC.*

195. Côte-des-Neiges Q   Côte-des-Neigien, ienne (1986)
(Montréal V, 06C)

Var.: Côtedeneigien (1954); Côte-des-Neigeois; Neige-Côtier.

Bib.: ANONYME (1986), «Un gentilé pour CDN», dans *Côte-des-Neiges*, Montréal, 28 mai.

196. Côte-Nord RÉ (09)   Nord-Côtier, ière (1961)/
          angl. Coaster (1969)

Var.: Côtenordien; Côtier; Nordcôtien; Nordcôtier; Nord-Côtois; Nordien.

Com.: Malgré les efforts déployés par un quotidien pour substituer le gentilé *Nordcôtien* à *Nord-Côtier*, cette dernière forme s'est imposée très nettement, probablement sur le modèle de *côte → côtier.* Vers 1970, un journal portant le titre de *Le Côtier des Escoumins* desservait une bonne partie de la Côte-Nord; un autre du nom du *Côtier/The Coaster* a également existé sans que nous puissions fixer à quelle époque précise. La dénomination courante de la région, la Côte, a vraisemblablement inspiré ces dernières appellations.

Bib.: ANONYME (1981), «Nord-Côtier, Nordcôtien», dans *Le Nordic*, Baie-Comeau, 27 novembre, p. 3.

HAMELIN, Louis-Edmond (1977), *Le Nord et son langage*, t. 1, Québec, Office de la langue française, coll. «Néologie en marche, série b: langues de spécialités», n° 5, p. 85.

197. Côte-Nord-du-Golfe-   *Golfien, ienne (1986)
Saint-Laurent SD (09)

198. Côte-Saint-Luc V (06C)   angl. Côte Saint-Lucer (1981)

Var.: Côte-Saint-Lucer.

199. Coudres, Île aux (03) Coudrien, ienne (1983)

Var.: Îlien; Insulaire (1880).

Com.: Les deux variantes signalées ne constituent pas au sens strict des gentilés, car il s'agit de termes de la langue générale qui désignent toute personne qui vit sur une île. Elles sont mentionnées en raison de leur fréquence, notamment pour *insulaire*, et parce que, dans certains cas, on leur attribue un rôle de quasi-gentilé. Le blason populaire fort connu *Marsouins* qui caractérise les gens de l'île demeure présenté à quelques reprises comme la dénomination neutre des gens de l'île.

200. Courcelles P (03) *Courcellois, oise (1982)

Var.: Courcellien (1953).

Bib.: ANONYME (1986), Sans titre, dans *Le Progrès de Thetford Mines*, Thetford Mines, 19 février.

201. Courville Q (Beauport V, 03) Courvillien, ienne (1955)

202. Cowansville V (06S) Cowansvillois, oise (1976)

203. Danville V (05) Danvillois, oise (1983)

Com.: Un journal communautaire local a pour titre *Le Danvillois* (1986).

204. D'Autray MRC (06N) *D'Autréen, enne (1986)

205. Daveluyville VL (04) Daveluyvien, ienne (1978)

Com.: Étant donné la facture du nom du village une forme comme *Daveluyvillien, ienne* ou *Daveluyvillois, oise* paraîtrait davantage indiquée, quoique le gentilé en usage demeure possible morphologiquement.

Bib.: ANONYME (1986), «Appellation», dans *Le Nouvelliste*, Trois-Rivières, 22 février.

DOLAN-CARON, Rita (1986), «Affaires municipales. Nicolet», dans *Le Nouvelliste*, Trois-Rivières, 12 février, p. 46.

206. Deauville VL (05) *Deauvillois, oise (1978)

207. Dégelis V (03) *Dégelisien, ienne (1977)

———. De Grasse Voir *Moisie V.*

208. Déléage SD (07)   *Déléageois, oise (1986)

> *Bib.:* M(ILLAR), C(harles) (1986), «Si vous parlez des gens de Déléage, dites: «Déléageois», dans *La Gazette*, Maniwaki, 9 juin, p. 3.

209. Delisle SD (02)   Delislois, oise (1984)

> *Var.:* Mistoukois.

> *Com.:* Delisle a été constituée pour une bonne part du territoire de la municipalité de Saint-Coeur-de-Marie, auparavant dénommée Mistook ou Mistouk, du nom de la rivière Mistook qui la borde. Les gens sont encore dénommés ou surnommés couramment *Mistoukois*. Voir *Saint-Coeur-de-Marie VI*.

210. Delson V (06S)   *Delsonnien, ienne (1986)

211. Denholm CT (07)   *Denholmien, ienne (1986)

212. De Quen-Nord VI (02)   Dequenais, aise (1973)

213. Desbiens V (02)   *Desbienois, oise (1978)

214. Deschaillons-sur-   *Deschaillonnais, aise (1986)
Saint-Laurent VL (04)

215. Deschambault VL (03)   Deschambaultien, ienne (1979)
                                              [DÉ-CHAN-BO-TYIN/TYENNE]

216. Deschênes VI (07)   angl. Deschener (1986)

217. Desjardins MRC (03)   *Desjardinois, oise (1986)

218. Des Ruisseaux SD (07)   Desruisselien, ienne (1981)

> *Com.:* Les modalités d'élaboration du gentilé semblent tenir compte de la dérivation en langue générale où *ruisseau*, anciennement *ruissel*, donne naissance à *ruisseler*, *ruisselet*, etc.

219. Destor SD (08)   *Destorois, oise (1986)

220. Deux-Montagnes V (06N)   Deux-Montagnais, aise (1980)

221. Disraeli P (03)   *Disraélois, oise (1986)

Com.: Se reporter à *Disraeli V* pour l'explication quant à la présence de l'accent.

222. Disraeli V (03)   *Disraelois, oise (1982)
[DIS-RA-É-LOI/LOIZ]

Var.: Disraélois.

Com.: La graphie qui ne comporte pas d'accent se distribue presque à égalité avec la forme qui en comprend un, mais présente l'avantage de mieux refléter la dénomination exacte de la ville. À noter que le nom de Benjamin Disraeli (1804-1881), homme politique anglais dont le patronyme a été attribué à cette municipalité de la région de Québec, se rencontre fréquemment affublé d'un accent ou encore d'un tréma sur le *e*.

223. Dixville VL (05)   *Dixvillois, oise (1986)
[DI-VI-LOI/LOIZ]

224. Dolbeau V (02)   *Dolbien, ienne (1978)

Com.: Gentilé très répandu et couramment utilisé dans la presse régionale.

Bib.: ROY, Michel (1979), «Les citoyens de Dolbeau sont des Dolbiens», dans *Le Point*, Dolbeau, 17 janvier, p. 14.

225. Donnacona V (03)   Donnaconien, ienne (1981)

226. Dorion V (06S)   *Dorionnais, aise (1983)

227. Dorval V (06C)   Dorvalois, oise (1984)

228. Douglastown VI (01)   Douglastownien, ienne (1983)

229. Drummondville V (04)   *Drummondvillois, oise (1931)/
angl. Drummondviller (1956)

Bib.: F(ORCIER), R(aynald) (1986) «Conseil en bref. Gentilé officiel», dans *La Parole*, Drummondville, 20 février, p. 9.

230. Dubuisson SD (08)   *Dubuissonnais, aise (1985)

Bib.: ANONYME (1985), «Dubuissonnais», dans *L'Écho abitibien*, Val-d'Or, 2 avril, p. 25.

231. Dudswell CT (05)   *Dudswellois, oise (1985)
                                               [DODZ-WEL-LOI/LOIZ]

232. Duhamel SD (07)   *Duhamellois, oise (1981)

233. Duhamel-Ouest SD (08)   *Duhamellois, oise-de-l'Ouest (1986)

Com.: En dépit de son ampleur, ce gentilé s'inscrit dans une optique de correction linguistique puisque les spécialistes déconseillent l'utilisation de la structure permutée comme dans *Centre-Américain*, *Nord-Vietnamien*, *Sud-Coréen*, etc., laquelle est considérée comme un anglicisme; on devrait dire *Américain du Centre*, *Vietnamien du Nord*, *Coréen du Sud*. Cependant, la présence de traits d'union entre les constituants assure au gentilé une plus grande cohésion, une meilleure unité syntagmatique.

234. Dunham V (06S)   *Dunhamien, ienne (1986)

235. Dunkin VI (06S)   angl. Dunkinite (1977)

236. Duparquet V (08)   *Duparquetois, oise (1986)

237. Durham-Sud SD (04)   *Durhamien, ienne (1986)

238. East Angus V (05)   *Angussien, ienne (1986)

239. East Broughton SD (03)   *Broughtonnais, aise (1980)

240. East Broughton Station   *Broughtonnois, oise (1986)
VL (03)

Bib.: GAGNON, Jules-Henri (1986), «East-Broughton Station», dans *La Vallée de la Chaudière*, Saint-Joseph, 22 avril, p. B-10.

241. East Cape VI (01)   angl. East Caper (1984)

242. East End Q   angl. East Ender (1983)
(Montréal V, 06C)

Var.: East-Ender.

243. East Farnham VL (06S)   *Eastfarnhamien, ienne (1986)

244. East Hereford SD (05)   *Herefordéen, enne (1986)
[IR-FORD-DÉ-IN/ENNE]

245. Eastman VL (06S)   *Eastmanois, oise (1986)

246. Eaton CT (05)   *Eatonois, oise (1986)

247. Egan-Sud SD (07)   *Eganois, oise (1986)
[I-GA-NOI/NOIZ]

248. Elgin CT (06S)   angl. Elginite (1981)

249. Entrelacs SD (06N)   *Entrelacois, oise (1984)

_____. Escoumins Voir *Les Escoumins SD.*

250. Estérel V (06N)   *Estérellois, oise (1986)

251. Estrie RÉ (05)   Estrien, ienne (1946)

Bib.: LAPORTE, Pierre (1961), «Il est temps d'accepter officiellement le mot Estrie», dans *Le Devoir*, Montréal, 26 octobre, p. 4.

O'BREADY, Maurice (1946), «L'Esterie», dans *Le Messager de Saint-Michel*, Sherbrooke, 20 juillet.

Voir *Cantons-de-l'Est RG.*

252. Etchemin RG (03)   Etcheminois, oise (1984)

_____. Etchemins Voir *Les Etchemins MRC.*

253. Évain SD (08)   *Évainois, oise (1982)

254. Farnham V (06S)   *Farnhamien, ienne (1976)

Bib.: ANONYME (1986), «Échos du conseil municipal de Farnham. Choix d'un gentilé», dans *Le Guide*, Cowansville, 11 mars.

255. Fassett SD (07)   *Fassettois, oise (1986)

256. Ferland-et-Boilleau SD (02)   *Ferboillien, ienne (1986)
[FER-BOI-LYIN/LYENNE]

Com.: Gentilé fixé à la suite d'une consultation populaire par soudage d'une partie des éléments constituants: **Fer**(land) et **Boill**(eau) auxquels le suffixe *-ien*, *-ienne* a été adjoint.

257. Ferme-Neuve P (07)   *Fermeneuvien, ienne (1986)

258. Ferme-Neuve VL (07)   Ferme-Neuvien, ienne (1978)

Var.: Fermeneuvan (1969).

259. Fermont V (09)   *Fermontois, oise (1975)

Var.: Fermontais.

260. Fiedmont-et-Barraute SD (08)   *Barrautois, oise (1982)

Com.: La dénomination courante à laquelle les gens s'identifient est *Barraute*.

_____. Fjord-du-Saguenay Voir *Le Fjord-du-Saguenay MRC*.

261. Fleurimont SD (05)   *Fleurimontois, oise (1981)

262. Fontainebleau SD (05)   *Bellifontain, aine (1985)

Com.: Gentilé identique à celui généré par le Fontainebleau français. Toutefois, la formation latine sur laquelle il repose témoigne d'une étymologie inexacte. En effet, *Bellifontain* suggère que le nom de la ville est dû à la Fontaine-Belle-Eau (*fontaine* provenant du latin *fons*, *fontis*, «la source, la fontaine» auquel le suffixe à valeur collective *-anum* a été accolé et *belle* remontant à la forme latine féminine *bella*). Or, il s'agit en fait de Fontaine Bliaud (anciennement Blitwald), devenue Fontainebleau par agglutination, la famille des Bliaud possédant en forêt de Bière un domaine situé près d'une fontaine. En conséquence, si l'on recherchait une forme qui témoigne d'une étymologie correcte, il faudrait recourir au gentilé *Fontainebleaudien*.

263. Fontanges CA (10)   Fontangeois, oise (1982)

264. Forestville V (09)   *Forestvillois, oise (1978)

265. Fort-Coulonge VL (07)   *Coulongien, ienne (1986)

266. Fortierville VL (04)   *Fortiervillois, oise (1986)

267. Francheville MRC (04)   *Franchevillois, oise (1986)

Bib.: AUBRY, Marcel (1986), «Les gens de la MRC de Francheville sont maintenant des Franchevillois!», dans *Le Nouvelliste*, Trois-Rivières, 2 juillet, p. 38.

268. Franklin SD (06S)   *Franklinois, oise (1986)/
angl. Frankliner (1984)

269. Franquelin SD (09)   *Franquelinois, oise (1980)

270. Frelighsburg SD (06S)   *Frelighsbourgeois, oise (1986)

Com.: Francisation de *-burg* en *-bourg*.

271. Frontenac SD (05)   *Frontenacois, oise (1985)

272. Fugèreville SD (08)   *Fugèrevillois, oise (1986)

273. Gagnon V (09)   Gagnonais, aise (1979)

Var.: Gagnonnais.

Com.: Ville officiellement fermée par les autorités gouvernementales le 1er juillet 1985. La très grande majorité des formes relevées ne comportent qu'un seul *n* et quatre occurrences un *n* redoublé. Cette dernière graphie apparaît comme davantage prévisible sinon plus juste.

274. Gallix SD (09)   *Gallixois, oise (1986)

275. Gaspé V (01)   Gaspésien, ienne (1896)/
angl. Gaspesian (1979)

Var.: Gasponien (1880).

Com.: La variante *Gasponien* demeure morphologiquement inhabituelle et inexplicable lexicalement. Il s'agit peut-être d'une dénomination qui se situe à la frontière du blason populaire et du gentilé qui provient de l'auteur anonyme d'un feuilleton intitulé «Récits d'autrefois. Histoires et légendes du Bas-Saint-Laurent» et paru dans le *Nouvelliste* de Rimouski du 12 août au 14 octobre 1880.

276. Gaspé-Nord CÉ (01)   Gaspénordien, ienne (1979)

Var.: Gaspé-Nordien.

Com.: La circonscription électorale de Gaspé-Nord qui, avec celle de Gaspé-Sud, couvraient l'ensemble de la Gaspésie ont cédé leur place à la circonscription électorale de Gaspé en 1985.

277. Gaspésie RG (01)   Gaspésien, ienne (1668)/
angl. Gaspesian (1905)

Var.: Gaspeiquois (XVIIe s.).

Com.: À l'origine, il s'agit du nom attribué par les Blancs aux Micmacs installés sur le territoire gaspésien. On le relève déjà dans les ouvrages de Chrestien Le Clerq, Sixte Le Tac, Charlevoix, etc. Le gentilé a également été mis à contribution dans la dénomination d'un bateau *Le Gaspésien* (XIXe s.) et d'une voie de communication, la Transgaspésienne. En outre, *La Voix Gaspésienne* dessert le secteur nord de la Gaspésie depuis 1955 alors que le territoire matapédien est desservi par *L'Avant-Poste Gaspésien*, fondé en 1944. Par le passé, *Le Gaspésien* (1930-1937) et *La Chronique Gaspésienne* (1968-1970) ont constitué deux hebdomadaires importants de la Gaspésie.

278. Gaspésie-du-Nord RG (01)   Gaspésien, ienne du Nord (1944)

Com.: La graphie du gentilé a été scrupuleusement respectée.

279. Gaspésie-du-Sud RG (01)   Gaspésien, ienne du Sud (1944)

Voir *Gaspésie-du-Nord RG.*

280. Gatineau CÉ (07)   Gatinois, oise (1978)

281. Gatineau RG (07)   Gatinois, oise (1978)

Var.: Gatineois; Gatinien.

282. Gatineau V (07)   *Gatinois, oise (1976)

Com.: Depuis 1983, on célèbre la Journée du Gatinois et de la Gatinoise en honorant de façon particulière certain(e)s citoyen(ne)s qui se sont distingué(e)s. En outre, le bulletin d'information municipale institué en 1978 s'intitule *Le Gatinois*.

Bib.: ANONYME (1986), «Officialisation d'un gentilé», dans *La Revue de Gatineau*, Gatineau, 25 mars.

283. Gentilly VI (04)

Gentillois, oise (1976)
[JAN-TIY-OI/OIZ]

Var.: Gentillais; Gentyllais.

Com.: Village fusionné à Bécancour depuis quelques années.

284. Giffard Q (Beauport V, 03)

Giffardois, oise (1979)

285. Girardville SD (02)

*Girardvillois, oise (1978)

Bib.: ANONYME (1985), «Des Girardvillois et des Didymiens», dans *Le Point*, Dolbeau, 30 avril.

286. Glenmount Q (Montréal V, 06C)

angl. Glenmounter (1984)

287. Godbout VL (09)

*Godboutois, oise (1985)

288. Godmanchester CT (06S)

*Godmancastrien, ienne (1986)

Com.: Le nom de cette municipalité fait référence à celui d'une ville d'Angleterre. Or, la dénomination la plus ancienne relative à Godmanchester est *Gormon Castria*. En Angleterre, pratiquement tous les lieux géographiques ayant comporté le mot *Castria* au temps de l'occupation romaine ont vu celui-ci, remontant à *castra*, «camp», devenir élément constitutif sous la forme de *-chester*. Ainsi, le gentilé marque un retour à l'origine latine du nom et contribue à une consonance française en harmonie avec l'esprit de la langue de Molière.

Bib.: ANONYME (1986), «Un «godmancastrien»», dans *The Gleaner/La Gazette*, Huntingdon, 6 juillet, p. 15.

289. Goose Village Q (Montréal V, 06C)

angl. Goose Villager (1983)

Com.: Quartier situé entre la rue Bridge et l'autoroute Bonaventure dont le nom remonte à une époque où le territoire présentait l'aspect d'un marais largement fréquenté par les chasseurs.

290. Goynish C (09)

Goynishois, oise (1897)
[GOI-NI-CHOI/CHOIZ]

291. Gracefield VL (07)

Gracefieldois, oise (1986)
[GRÉS-FIL-DOI/DOIZ]

_____. Granada Voir *Saint-Guillaume-de-Granada SD*.

292. Granada VI (08)   Granadien, ienne (1986)

293. Granby V (06S)   *Granbyen, enne (vers 1960)
[GRAN-BYIN/BYENNE]/
angl. Granbyan (1981)

> *Var.:* Granbéen; Granbien (1949); Granbygeois (1930); Granbyien; Grand-bien (1951).

> *Com.:* On peut observer certaines hésitations quant à l'orthographe de ce gentilé qui aurait été attribué à la population par le célèbre Maurice Chevalier à l'occasion d'un concert qu'il donnait dans cette ville. Nous estimons que la prononciation à l'anglaise ou à la française du toponyme joue un rôle important à cet égard.

> *Bib.:* GRANDVILLE (1949), «Dira-t-on: les «Granbiens»...», dans *Le Devoir*, Montréal, 19 janvier, p. 1.

294. Grand-Calumet CT (07)   *Calumettan, ane (1984)

> *Com.:* Ce gentilé existe «depuis très longtemps» selon la secrétaire-trésorière, madame Madeleine Gravel, qui signale dans une lettre qu'elle nous adressait le 6 février 1986, que le «feu ayant détruit beaucoup de documents», il demeure impossible de fixer la date de la première attestation. Celle qui figure à l'entrée constitue la datation la plus ancienne identifiée.

295. Grand Calumet, Île du (07)   angl. Islander (1885)

296. Grande-Cascapédia SD (01)   Cascapédiac, aque (1866)

> *Com.:* Facture gentiléenne peu courante, mais que peut expliquer son ancienneté. La forme ancienne du nom de la municipalité était précisément *Cascapédiac*.

297. Grande-Île SD (06S)   Grand-Îlain, aine (1822)

> *Var.:* Grande-Îlois; Grandilois.

> *Com.:* La suppression du e du constituant *Grande* a sans doute été motivée par la prédominance du genre masculin, particulièrement au pluriel.

298. Grandes-Bergeronnes VL (09)   *Bergeronnais, aise (1978)

299. Grandes-Piles P (04)   *Granpilois, oise (1986)

300. Grande-Vallée P (01)   *Grande-Valléen, enne (1982)

301. Grand-Mère V (04) *Grand-Mérois, oise (1981)

Var.: Grandméraud (1969); Grand-Méraud; Grand'Mérien; Grandmérois; Grand'mérois; Grand'Mérois; Grandmèrois; Grand'Mèrois; Grand-Merrien.

Com.: L'orthographe qui comporte une apostrophe à la place d'un trait d'union entre les constituants reflète une pratique désuète.

Bib.: ANONYME (1982), «Grand-Mérois(e) ou grand-Méraud», dans *L'Hebdo du Saint-Maurice*, Shawinigan, 18 août.

GRAND-MERRIENNE (1982), «Grand-Mère et Grand-Merriens», dans *Le Nouvelliste*, Trois-Rivières, 2 septembre, p. 10.

302. Grand-Métis SD (01) *Grand-Métissien, ienne (1986)

303. Grand-Remous CT (07) *Grand-Remoussois, oise (1986) [GRAND-RE-MOU-SOI/SOIZ]

304. Grand-Saint-Esprit SD (04) *Esprien, ienne (1986)

305. Grantham-Ouest SD (04) *Granthamien, ienne (1986)

306. Grenville VL (06N) *Grenvillois, oise (1973)

Bib.: EDGERTON, Jeannine (1986), «Gleanings from Grenville. Collective names», dans *The Watchman*, Lachute, 8 avril.

307. Grondines SD (03) *Grondinois, oise (1980)

Var.: Grondinien (1979).

308. Grosse-Île SD (01) Grosse-Islois, oise (1978)/ angl. Grosse Isler (1978)

Com.: La graphie du gentilé est calquée sur l'ancienne orthographe du nom de la municipalité. En ancien et en moyen français, le mot *île*, dérivé du latin *insula*, était orthographié *isle*.

309. Grosses-Roches SD (01) Rochelois, oise (1981)

310. Groulx CÉ (06N) Groulxois, oise (1984) [GROU-OI/OIZ]

Bib.: FALLU, Élie (1984), «Chronique du député de Groulx. Salut Groulxois, Groulxoises!», dans *La Voix des Mille-Îles*, Sainte-Thérèse, 14 mars, p. 6.

311. Guérin CT (08)   Guérinois, oise (1972)

312. Halifax-Nord CT (04)   *Halifaxois, oise (1986)

313. Halifax-Sud CT (03)   *Halifaxois, oise-du-Sud (1986)

314. Hampden CT (05)   *Hampdenois, oise (1986)

315. Hampstead V (06C)   angl. Hampsteader (1981)

Com.: Jadis un journal local portait le nom *The Hampsteader*.

316. Harrington CT (06N)   *Harringtonois, oise (1986)

317. Haute-Beauce RG (03)   Haut-Beauceron, onne (1982)

Com.: Sans doute la gêne provoquée par la forme un *Haute-Beauceron* a-t-elle milité en faveur de la disparition du *e* trop identifié au féminin. Cependant, nous n'avons relevé aucune attestation relative à l'équivalent au féminin du gentilé.

Voir *Haute-Mauricie SD*.

_____. Haute-Côte-Nord Voir *La Haute-Côte-Nord MRC*.

318. Haute-Gatineau RG (07)   Haute-Gatinois, oise (1982)

Var.: Haut-Gatineois.

Bib.: THIBAULT, J.-René (1986), «Une conscience régionale pour les Haut-Gatinois est-ce possible?», dans *La Gazette*, Maniwaki, 24 mars, p. 8.

319. Haute-Mauricie RG (04)   Haut-Mauricien, ienne (1971)

Com.: Voir *Haute-Beauce RG*.

320. Haute-Mauricie SD (04)   *Haut-Mauricien, ienne (1984)

Com.: Voir *Haute-Beauce RG*.

Bib.: ROCHETTE, Marc (1986), «Haut-Mauricien?», dans *L'Écho de La Tuque*, 18 février, p. 17.

321. Hauterive Q   *Hauterivien, ienne (1978)
(Baie-Comeau V, 09)

Com.: Cette ex-ville a fusionné avec Baie-Comeau en août 1982.

322. Haute-Ville Q (Québec V, 03)   Haute-Villois, oise (1935)

_____. Haute-Yamaska Voir *La Haute-Yamaska MRC.*

_____. Haut-Richelieu Voir *Le Haut-Richelieu MRC.*

323. Haut-Richelieu RG (06S)   Haut-Richelain, aine (1978)

_____. Haut-Saint-François Voir *Le Haut-Saint-François MRC.*

324. Havelock CT (06S)   *Havelockois, oise (1986)

325. Havre-aux-Maisons SD (01)   *Maisonnois, oise (1986)

326. Havre-Saint-Pierre SD (09)   *Cayen, enne (1885)/
                                         mont. Hâhkanâtshu (1981)

Var.: Caien; Havre-Saint-Pierrois.

Com.: La forme ici retenue pour le gentilé constitue en son genre une
exception. En effet, elle fait davantage figure de blason populaire,
de sobriquet collectif qui rappelle les origines des premiers habitants des Acadiens, nom dont *Cayen* a été tiré par contraction:
Cadien, puis *Cayen*. L'utilisation systématique qu'on en fait pour
identifier les citoyens de cette municipalité, laquelle aurait été créée
par des pêcheurs français, promeut cette appellation au rang de
gentilé. La variante *Havre-Saint-Pierrois* ne fait l'objet d'une utilisation que sur une base fort sporadique. Quant à l'équivalent montagnais *Hâhkanâtshu*, il a pour sens «celui qui roule; celui qui arrive
sur les vagues», allusion éclairante au capelan qui roule et dont
les habitants demeurent particulièrement friands.

Bib.: ST-PIERRE, Marc (1986), «Cayens et Cajuns, la même souche», dans
Le Soleil, Québec, 8 juin, p. B-16.

TURBIS, David (1986), «Cayen ou Havre-Saint-Pierrois?», dans *Le
Postillon*, Sept-Îles, 12 mars, p. 5.

327. Hébertville SD (02)   *Hébertvillois, oise (1973)
Var.: Hébertvillien (1934).

328. Hemmingford CT (06S)   *Hemmingfordien, ienne (1986)

329. Hemmingford VL (06S)   *Hemmingfordien, ienne (1986)

330. Henryville VL (06S)   Henryvillois, oise (1978)
                                           [EN-RÉ-VI-LOI/LOIZ]

_____. Hereford Voir *East Hereford SD.*

331. Hérouxville P (04)   *Hérouxvillois, oise (1986)

   Var.: Timotois (1978).

   Com.: La variante fait référence à l'ancienne dénomination d'Hérouxville, Saint-Timothée.

   Bib.: FERNET-GERVAIS, Solange (1986), «Hérouxville», dans *Le Dynamique de la Mauricie*, Saint-Tite, 4 mars, p. 1.

332. Highwater VI (06S)   angl. Highwaterite (1977)

333. Hinchinbrook CT (06S)   angl. Hinchinbrooker (1984)

334. Hochelaga Q   Hochelagais, aise (1972)
(Montréal V, 06C)   [O-CHE-LA-GUÈ/GUÈZ]

   Var.: Hochelagan (1957).

335. Honfleur SD (03)   *Honfleurois, oise (1986)

336. Hope CT (01)   *Hopien, ienne (1986)

337. Howick VL (06S)   Howickois, oise (1978)

   Var.: Howicain; Howicais.

   Bib.: LEFEBVRE, Marc (1985), «Quel est votre gentilé?», dans *Journal annuel de la Société historique de la Vallée de la Châteauguay*, Howick, The Huntingdon Gleaner, p. 13-16.

338. Huberdeau SD (06N)   *Huberdois, oise (1986)

339. Hudson V (06S)   angl. Hudsonite (1985)

340. Hull V (07)   *Hullois, oise (1911)
                                          [U-LOI/LOIZ]

   Com.: Les autorités municipales locales ont récemment procédé à la création d'un Office de l'identité hulloise qui a pour mission, entre autres, de les conseiller quant au choix de noms de lieux hullois.

341. Hull-Partie-Ouest CT (07) Hullois, oise (1981)
[U-LOI/LOIZ]

342. Hunterstown CT (04) *Hunterstownais, aise (1986)

343. Huntingdon V (06S) *Huntingdonnais, aise (1975)

Bib.: ALARY, Cyril (1986), «À Huntingdon: un citoyen se nomme un «huntingdonnais», dans *La Gazette/The Gleaner*, Huntingdon, 12 mars, p. 15.

344. Iberville CÉ (06S) Ibervillois, oise (1978)

345. Iberville V (06S) *Ibervillois, oise (1959)

Bib.: TRÉPANIER, Marc-O. (1986), «Au tour des «Ibervillois», dans *Le Canada français*, Saint-Jean, 5 mars, p. A-16.

_____. Île-Cadieux Voir *L'Île-Cadieux V*.

_____. Île d'Anticosti Voir *Anticosti, Île d'*.

_____. Île-d'Anticosti Voir *L'Île-d'Anticosti SD*.

346. Île-du-Grand-Calumet VI (07) Calumettan, ane (1971)

Var.: Insulaire.

_____. Île-du-Havre-Aubert Voir *L'Île-du-Havre-Aubert SD*.

347. Île-Népawa VI (08) *Népawasien, ienne (1986)

Com.: Gentilé officialisé par les autorités municipales de Clerval SD.

_____. Île-Perrot Voir *L'Île-Perrot V*.

_____. Îles de la Madeleine Voir *Madeleine, Îles de la*.

_____. Îles-de-la-Madeleine Voir *Les Îles-de-la-Madeleine MRC*.

348. Inukjuak VN (10) in. Inukjuamiuq (1984)
[I-NOUK-DJOU-WA-MI-YOUK]

Var.: Inujjuamiuq (1975).

Com.: Le nom de la municipalité a subi quelques modifications graphiques au cours des ans: *Inujjuaq* à l'origine.

349. Inverness CT (03)   *Invernois, oise (1986)

350. Inverness VL (03)   *Invernois, oise (1984)

351. Iqaluit CA (10)   in. Iqalummiuq (1986)
                                        [I-KA-LOU-MI-YOUK]

_____. Ireland-Partie-Nord Voir *Saint-Adrien-d'Irlande SD.*

352. Ivry-sur-le-Lac SD (06N)   *Ivryen, enne (1986)

353. Ivujivik VN (10)   in. Ivujivimmiuq (1974)
                                        [I-VOU-YI-VI-MI-YOUK]

    Var.: Ivujivimiuq (1971).

354. Jal RG (03)   Jalois, oise (1973)

    Var.: Jallois.

    Com.: Ce sigle identifie une région géographique dont le territoire couvre
    l'est du lac Témiscouata; il est constitué des initiales des localités
    de Saint-Juste-du-Lac, Auclair et Lejeune. Ces municipalités de
    l'arrière-pays du Bas-Saint-Laurent se sont regroupées à des fins
    économico-administratives, sous forme d'une coopérative d'amé-
    nagement territorial. Un périodique dénommé *Le Jalon* informe la
    population du Jal.

    Voir *Belmont RG.*

355. Jamésie RG (10)   Jamésien, ienne (1981)/
                                        angl. Jamesian (1981)

    Var.: Jamesien (1971).

    Com.: Nom proposé par le géographe Camille Laverdière pour identifier
    les terres qui «jouxtent la baie de James» (*Cahiers de géographie
    du Québec* (1981), Québec, vol. 25, n° 66, décembre, p. 436).

    Bib.: ANONYME (1981), «La Jamésie existe ... pour le moment», dans *En
    Grande*, Montréal, vol. 8, n° 2, début février, p. 26.

_____. Jardins-de-Napierville Voir *Les Jardins-de-Napierville MRC.*

356. Johnson CÉ (06S)   angl. Johnsonite (1978)

357. Joliette V (06N)   *Joliettain, aine (1884)

Var.: Joliétain (1930); Joliettois (1884).

_____. Joly Voir *Saint-Janvier-de-Joly SD.*

358. Jonquière V (02)   *Jonquiérois, oise (1951)

Var.: Jonquiérien (1910); Jonquièrois.

359. Joutel VM (08)   Joutellois, oise (1979)

360. Kahnawake R (06S)   mo. Kahnawakeronon (1985)/
   angl. Caughnawagan (1903)

Var.: Caughnawaguien (1935).

Com.: Cette réserve indienne dont le nom doit être prononcé [KA-NA-WA-
   GUÉ] avait anciennement pour nom *Caughnawaga.* En langue
   mohawk, il n'existe pas de genre.

361. Kamouraska MRC (03)   Kamouraskois, oise (1986)

362. Kamouraska VL (03)   *Kamouraskois, oise (1863)

Var.: Kamouracien; Kamouraskaïen (1866); Kamouraskien; Kamouras-
   quois.

363. Kangiqsualujjuaq VN (10)   in. Kangiqsualujjuamiuq (1984)
   [KAN-GUIK-SOU-A-LOU-DJOU-WA-
   MI-YOUK]

364. Kangiqsujuaq VN (10)   in. Kangiqsujuamiuq (1986)
   [KAN-GUIK-SOU-DJOU-WA-MI-
   YOUK]

Var.: Kangiqsujuarmiuq; Kangirsujuaamiuq (1967); Kangirsujuarmiuq.

Com.: Les diverses variantes sont redevables aux transformations graphiques subies par le nom de la municipalité.

365. Kangirsuk VN (10)   in. Kangiqsumiuq (1984)
   [KAN-GUIK-SOU-MI-YOUK]

Var.: Kangirsumiuq (1967).

366. Katevale VI (05)   Katevalois, oise (1985)
   [KÉT-VA-LOI/LOIZ]

**367. Kénogami Q
(Jonquière V,02)**　　　Kénogamien, ienne (1947)

368. Keyano VI (10)　　　Keyanien, ienne (1984)
　Var.: Keyannien.

369. Kiamika CT (07)　　　*Kiamikois, oise (1986)
　Var.: Kiamikain (1907).

370. Killiniq, Île (10)　　　in. Killinirmiuq (1982)
　　　　　　　　　　　　　[KI-LI-NIR-MI-YOUK]
　Var.: Killiniqmiuq.

371. Kingsey Falls VL (04)　　　*Kingsey-Fallois, oise (1986)

372. Kinnear's Mills SD (03)　　　*Kinnearois, oise (1986)
　　　　　　　　　　　　　[KI-NIR-OI/OIZ]

373. Kipawa VI (08)　　　Kipawais, aise (1981)
　Var.: al. Kipawawini.
　Com.: Le sens de la dénomination en algonquin est «peuple du lac fermé».

374. Knowlton VI (06S)　　　angl. Knowltonite (1985)

375. Kuujjuaq VN (10)　　　in. *Kuujjuamiuq (1986)
　　　　　　　　　　　　　[KOU-OU-DJOU-WA-MI-YOUK]
　Var.: Kuujjuaqmiuq; Kuujjuarmiuq (1979).

376. Kuujjuarapik VN (10)　　　in. Kuujjuaraapimmiuq (1986)
　　　　　　　　　　　　　[KOU-OU-DJOU-WA-RA-PI-MI-
　　　　　　　　　　　　　YOUK]
　Com.: Gentilé formé sur la variante *Kuujjuaraapik*, relevée sporadique-
　　　ment.

377. La Baie V (02)　　　*Baieriverain, aine (1981)
　Var.: Baieriverin.
　Com.: Le constituant *riverain* souligne la position géographique de la ville
　　　sise sur le bord de la rivière Saguenay et s'inscrit dans la foulée

d'autres gentilés obéissant à la même intention comme *Mariverain* (Sainte-Marie en Beauce), *Roserain* (Sainte-Rose-du-Nord au Saguenay), *Charlerivain* (Saint-Charles-sur-Richelieu),...

Bib.: L(ALANCETTE), G(illes) (1981), «Parlons maintenant des Baieriverains», dans *Le Quotidien*, Chicoutimi, 11 juin.

378. Labelle SD (06N) *Labellois, oise (1956)

379. Labrador RG (10) Labradorien, ienne (1863)/
angl. Labradorian (1982)

Var.: Labradoréen.

Com.: On se réfère ici à une entité géographique qui ne comporte pas encore de limites précises définitives. La variante *Labradoréen* ne se rencontre que très exceptionnellement.

380. Labrecque SD (02) *Labrecquois, oise (1986)

381. Lac-à-la-Croix SD (02) *LaCroisien, ienne (1985)

Var.: Lacroisien.

382. Lac-à-la-Tortue SD (04) *Tortulinois, oise (1986)

Var.: Théophilien (1978).

Com.: En 1981, cette municipalité a vu sa dénomination modifiée de Saint-Théophile à Lac-à-la-Tortue.

Bib.: D(IONNE), J.-A(ndré) (1986), «Tortulinois-Tortulinoises», dans *Le Nouvelliste*, Trois-Rivières, 14 mai, p. 33.

383. Lac-au-Saumon VL (01) *Saumonois, oise (1986)

Bib.: ANONYME (1986), «Lac-au-Saumon: Affaires municipales», dans *L'Avant-Poste Gaspésien*, Amqui, 23 avril, p. 18.

384. Lac-aux-Sables P (04) *Sablois, oise (1985)

385. Lac-Bouchette VL (02) *Lac-Bouchettien, ienne (1981)

386. Lac-Brome V (06S) *Bromois, oise (1986)

Bib.: B(EAUREGARD), C(laude) (1986), «Bromois et Bromoises», dans *La Voix de l'Est*, Granby, 13 février, p. 12.

387. Lac-Carré VL (06N)   *Lac-Carréen, enne (1986)

388. Lac-Delage V (03)   Delageois, oise (1981)

   Com.: La ville a disposé pendant quelques années d'un journal munici-
      pal répondant au nom de *Delageois.*

_____. Lac-des-Écorces Voir *Beaux-Rivages SD.*

389. Lac-des-Plages SD (06N)   *Plageois, oise (1986)

390. Lac-des-Seize-Îles SD (06N)   *Seizilien, ienne (1980)

391. Lac-Drolet SD (03)   Droletois, oise (1985)
                                        [DRO-LÈ-TOI/TOIZ]

392. Lac-du-Cerf SD (07)   *Cervois, oise (1986)

   Com.: Le vocable *cerf* provient du latin *cervus*, ce qui explique le passage
      de *f* à *v* lors de la création du gentilé. Par ailleurs, il convient de
      rapprocher cette forme de *cervidés* qui désigne une «famille de
      mammifères ongulés ruminants dont les mâles portent des bois».
      La justification se situe exclusivement ici sur un plan structurel et
      aucune relation ne doit être établie entre l'animal concerné et le
      résident de la municipalité!

393. Lac-Etchemin V (03)   *Lacetcheminois, oise (1986)

   Var.: Etcheminois.

394. Lac-Frontière SD (03)   *Frontiérois, oise (1986)

395. Lachenaie V (06N)   *Lachenois, oise (1981)

   Var.: Chenois; Chênois.

   Com.: Les variantes entretiennent un rapport étroit avec l'étymologie du
      nom de la ville, une chênaie consistant en une plantation de chê-
      nes, arbres abondant sur le territoire. À noter que le journal muni-
      cipal a porté un temps le titre de *Le Chêne.*

   Bib.: D(USSAULT), L(ouise) (1982a), «Lachenois ou Chenois ?», dans *Le
      Trait d'union*, Mascouche, 20 janvier.

      D(USSAULT), L(ouise) (1982b), «Le conseil de Lachenaie officialise
      Lachenois», dans *Le Trait d'union*, Mascouche, 10 mars.

396. Lachine V (06C) Lachinois, oise (vers 1900)/
angl. Lachiner (1983)

Com.: Le frère Stanislas, dans son *Historique de la ville de La Salle* parue en 1950, signale que Robert Cavelier de La Salle cherchant la route de la Chine s'arrêta sur le territoire actuel de Lachine, croyant avoir atteint le pays fabuleux, d'où les noms de *La Petite Chine*, *La Chine* et *Lachine* successivement attribués à l'endroit. Pour le tourner en dérision de même que ses compagnons, on les dénommera «les Chinois». Le gentilé narquois a toutefois perdu, grâce au phénomène de désémantisation, sa connotation ironique.

_____. Lac-Humqui Voir *Saint-Zénon-du-Lac-Humqui P.*

397. Lachute V (06N) *Lachutois, oise (1973)

Var.: Lachutien (1969).

398. Lac-Mégantic V (05) *Méganticois, oise (1970)

Var.: Mégantiquois (1949).

Bib.: ANONYME (1986), «Fenêtre ouverte sur la vie municipale. Totalement «Méganticois», dans *L'Écho de Frontenac*, Lac-Mégantic, 25 février, p.A-7.

399. Lac-Nominingue SD (07) Nomininguien, ienne (1974)

400. Lacolle VL (06S) *Lacollois, oise (1978)

Var.: Lacollais.

401. La Conception SD (06N) *Conceptionnois, oise (1986)

402. La Corne SD (08) *Lacornois, oise (1985)

403. La Côte-de-Gaspé MRC (01) *Gaspécôtois, oise (1986)

404. Lac-Paré P (06N) *Paréen, enne (1986)

405. Lac-Poulin VL (03) *Lac-Poulinois, oise (1986)

406. Lac-Saguay SD (07) *Lac-Saguayen, enne (1986)
[LAK-SA-GUÉ-IN/ENNE]

407. Lac-Saint-Jean RG (02)   Jeannois, oise (1963)

Var.: Jeannais; Lac-Saint-Jeannois; Piékouagan.

Com.: Dans un document conservé au fonds Victor-Tremblay à la Société
historique du Saguenay, l'historien saguenéen, dans une lettre en
réponse à une interlocutrice s'identifiant comme «Madame Jeannoise», lui recommandait: «(...) et ne vous affublez pas vous-même
de ce qualificatif de «Jeannoise», qui n'a rien de distinctif et peut
s'appliquer à bien d'autres, partout où il y a des Saint-Jean.» En
dépit de cette mise en garde, *Jeannois* s'est imposé d'emblée pour
identifier les citoyens du Lac-Saint-Jean, encore qu'il ait eu partiellement raison quant à une éventuelle homonymie. Vers 1966,
une véritable polémique s'est élevée autour de ce gentilé, d'aucuns
soutenant même qu'il faille recourir pour le former au nom amérindien du lac Saint-Jean, *Piekouagami*.

Bib.: BERGERON, Thomas-Louis (1966), «Deux noms me pèsent sur la
conscience: «Mont-Plaisant» et «Jeannois», dans *L'Étoile du Lac*,
Roberval, 31 août, p. 7-8.

ST-PIERRE, Jean-Claude (1966), «Jeannois: un terme qui nous plait
(*sic*)!» dans *L'Étoile du Lac*, Roberval, 17 août, p. 4.

VILLENEUVE, Georges (1966), «Piékouagami est un souvenir tout
comme Hochelaga (Montréal), le terme «Jeannois» est une réalité»,
dans *L'Étoile du Lac*, Roberval, 31 août, p. 7.

408. Lac-Saint-Paul SD (07)   *Paulacquois, oise (1986)

409. Lac-Sergent V (03)   *Sergentois, oise (1986)

410. Lac-Simon SD (07)   Simonet, ette (1978)

Com.: Forme isolée à titre de gentilé et plutôt de nature de diminutif; *Simonois* ou *Lac-Simonois* constitueraient des dénominations davantage
orthodoxes.

411. Lac-Tremblant-Nord   *Nord-Tremblantois, oise (1986)
SD (06N)

Com.: En dépit du fait que la séquence point cardinal-dérivé soit considérée comme anglicisme par la majorité des spécialistes, dans certains cas comme ici elle permet de créer un gentilé plus bref et
moins lourd d'allure.

412. La Doré P (02)   *Doréen, enne (1986)

413. La Durantaye P (03)   *Ladurantois, oise (1986)

414. Lafontaine CÉ (06C)   Lafontainois, oise (1985)

415. Lafontaine VL (06N)   *Lafontainois, oise (1983)

Bib.: L'ÉQUIPE (1983), «Sens dessus dessous», dans *Le Mirabel*, Saint-Jérôme, 10 mai, p. 10.

416. Laforce SD (08)   *Laforçois, oise (1986)

417. La Guadeloupe VL (03)   *Guadeloupien, ienne (1986)

Com.: On a sans doute opté pour ce gentilé à finale -*ien*, pour en québéciser la teneur en regard du *Guadeloupéen* antillais.

418. La Haute-Côte-Nord MRC (09)   *Haute-Nordcôtier, ière (1986)

419. La Haute-Yamaska MRC (06S)   *Yamaskois, oise (1986)

420. Lajemmerais MRC (06S)   *Lajemmerois, oise (1986)
                                         [LA-JÈM-ROI/ROIZ]

Bib.: ANONYME (1986), «Un nom pour les résidents de la MRC», dans *L'Informateur*, Sainte-Julie, 23 février.

421. Lakefield VI (06N)   angl. Lakefielder (1983)

422. La Macaza SD (06N)   *Macazien, ienne (1973)

423. La Malbaie V (03)   Malbéen, enne (1937)

Var.: Malbaien (1902); Malbaiien (1895); Malbaisien (1933).

424. Lamarche SD (02)   *Lamarchois, oise (1986)

425. La Martre SD (01)   *Martrien, ienne (1986)

Var.: Marthelais (1978).

Com.: Comme en témoigne la variante, la municipalité de La Martre avait auparavant comme adresse postale Sainte-Marthe-de-Gaspé, source de confusion en raison de la proximité paronymique des deux entités. Le gentilé officialisé lève toute ambiguïté.

426. La Matapédia MRC (01)   *Matapédien, ienne (1986)

427. Lambton SD (03)   *Lambtonnien, ienne (1948)

Var.: Lambtonien.

Bib.: LAPOINTE, J.-Alphonse (1948), *Historique de St-Vital de Lambton (1848-1948)*, Lambton, p. 81-83.

428. La Minerve CT (06N)   *Minervois, oise (1978)

Var.: Minerval; Minervien.

429. La Mitis MRC (01)   *Mitissien, ienne (1982)

Var.: Mitisien.

Bib.: JACQUES, Micheline (1986), «Échos de la MRC de La Mitis...», dans *L'Information régionale*, Mont-Joli, 18 février, p. B-8.

430. La Morandière SD (08)   *La Morandien, ienne (1986)

431. La Motte SD (08)   *Lamottois, oise (1986)

432. Lanaudière RÉ (06N)   *Lanaudois, oise (1985)

Var.: Lanaudiéran (1969); Lanaudiérien; Lanaudièrien; Lanaudièrois.

Bib.: BOURASSA, Louise (1985), «Êtes-vous fiers d'être Lanaudois?», dans *Le Joliette Journal*, Joliette, 23 janvier, p. A-8.

RAINVILLE, Francine (1985), «Pour baptiser les «lanaudois», des représentations faites à la Commission de toponymie», dans *Journal L'Action*, Joliette, 12 février, p. A-4.

433. L'Ancienne-Lorette V (03)   *Lorettain, aine (1677)

Var.: Loretain (1677); Lorettin; Lorettois.

Com.: On relève également sporadiquement la forme *Lorettain* pour identifier les citoyens de Loretteville dont le gentilé spécifique demeure *Lorettevillois*. Vraisemblablement ce phénomène est tributaire de l'origine dénominative commune de la ville dénommée L'Ancienne-Lorette et de Loretteville anciennement la Jeune Lorette. Le journal municipal a pour titre *Le Lorettain*.

Bib.: DUGAS, Jean-Yves (1983), «Du gentilé Lorettain», dans *Contact*, L'Ancienne-Lorette, vol. 1, n° 3, novembre, p. 8.

LEFRANÇOIS, Alain (1983), «Lorettains et Lorettevillois, une question de toponymie», dans *L'Élan, L'Envol, L'Éventail*, L'Ancienne-Lorette, 21 décembre, p. 11.

Voir *Loretteville V.*

434. **Landrienne CT (08)** *Landriennois, oise (1986)

435. **L'Ange-Gardien VL (06S)** *Gardangeois, oise (1986)

Com.: Une partie du second constituant du nom de lieu a été conservé et permuté avec le premier pour établir le gentilé.

436. **Langelier CT (04)** *Langelien, ienne (1986)

Bib.: PLANTE, Louise (1986), «Affaires municipales: Canton Langelier», dans *Le Nouvelliste*, Trois-Rivières, 21 avril, p. 32.

437. **Languedoc VI (08)** Languedoçois, oise (1980)
[LAN-GDO-SOI/SOIZ]

Com.: La forme gentiléenne retenue pour la province française du Languedoc est *Languedocien*.

438. **Laniel VI (08)** Laniellois, oise (1982)

439. **L'Annonciation VL (07)** *Annonçois, oise (1986)

440. **L'Anse-à-Beaufils VI (01)** Beaufilois, oise (1986)

Var.: Bonfilois (1963).

Com.: La variante entretiendrait une relation étroite avec le nom véritable *L'Anse-à-Bonfils*, patronyme d'un Français de petite noblesse qui venait à Percé annuellement. Ultérieurement *Bonfils* aurait été modifié en *Beaufils* (Lettre d'Eugène Rouillard en date du 12 décembre 1912, document conservé à la Commission de toponymie).

_____. L'Anse-aux-Fraises Voir *Anse-aux-Fraises LD.*

441. **L'Anse-à-Valleau VI (01)** Vallonien, ienne (1981)

Com.: Le nom de cette localité rappellerait celui de *Petit-Vallon*, village de France, parce que quelques navigateurs français qui s'y sont installés ont trouvé une similitude paysagère entre les deux endroits, d'où le gentilé *Vallonien*.

442. **L'Anse-Saint-Jean SD (02)** *Anjeannois, oise (1986)

443. **Lantier SD (06N)** *Lantiérois, oise (1986)

444. **La Pérade VL (04)** *Péradien, ienne (1986)

445. La Plaine P (06N)   *Plainois, oise (1978)

446. La Pocatière V (03)   *Pocatois, oise (1985)

Bib.: COMITÉ D'URBANISME (1985), *Guide toponymique de La Pocatière,* La Pocatière, p. 6.

447. La Présentation P (06S)   *Présentationnois, oise (1986)

448. La Rédemption P (01)   *Rédemptois, oise (1986)

Bib.: OTIS, Augustine (1986), «Gentilé des gens de La Rédemption», dans *L'Avant-Poste Gaspésien*, Amqui, 19 mars, p. 33.

ROBITAILLE, Mireille (1986), «Des nouvelles des Rédemptois», dans *L'Information régionale*, Mont-Joli, 11 mars, p. A-15.

449. La Reine SD (08)   *La Reinois, oise (1981)

450. Larouche P (02)   *Larouchois, oise (1985)

Var.: Larouchien (1978).

Com.: Le gentilé officialisé élimine le rapprochement indésirable que suggère la variante jusqu'à présent en usage.

451. LaSalle V (06C)   LaSallois, oise (1980)/
                                              angl. LaSaller (1983)

Var.: Lasallien (1978); LaSallien; Lasallois.

Bib.: ALLARD, Alain (1983), «Des gens et des choses...LaSallois ou LaSalliens?», dans *Le Messager de LaSalle*, LaSalle, 30 août, p. A1.

LAMARCHE, Luce (1983), «Lasalliens...Lasallois ?», dans *Le Messager de LaSalle*, LaSalle, 10 mai, p. B1.

452. La Sarre V (08)   *Lasarrois, oise (1978)

Var.: La Sarrois (1969); LaSarrois; Lassarrois.

Com.: Ce gentilé a été repris comme titre d'un journal local de la fin des années 1970, *Le La Sarrois*.

453. L'Ascension-de-Patapédia   *Ascensionnais, aise (1986)
SD (01)

Var.: L'Ascensionnais.

454. L'Assomption P (06N)   *Assomptionniste (1986)

455. L'Assomption V (06N) Assomptionniste (1978)

Var.: L'Assomptionniste (1943).

_____. La Station-du-Coteau Voir *Coteau-Station VL.*

456. Laterrière SD (02) Laterriérois, oise (1981)

Var.: Laterrien (1978); Laterrois.

Com.: La variante *Laterrois* est aussi usitée que *Laterriérois.*

457. Latulippe VI (08) Tulipien, ienne (1980)

Com.: L'amputation du *La-* initial ne s'explique que dans la mesure où l'on veut mettre l'accent sur l'élément floral, mais le motif d'attribution du toponyme visant à honorer la mémoire de monseigneur Élie-Anicet Latulipe (1859-1922), ardent propagandiste de la colonisation agricole en Abitibi-Témiscamingue, ce procédé se révèle inadéquat!

458. La Tuque V (04) *Latuquois, oise (1966)

Var.: La Tuquois; Tucois.

Com.: Une récente campagne de charité locale avait pour titre «Le Gâteau latuquois».

459. La Tuque-Ouest Q Ouestlatuquois, oise (1986)
(La Tuque V, 04)

Com.: Ce quartier est situé sur la rive ouest de la rivière Saint-Maurice.

_____. Laurentides Voir *Les Laurentides MRC.*

460. Laurentides, Les M (06N) Laurentien, ienne (1981)

Com.: Le gentilé est formé sur le dérivé adjectival latin *laurentianus*, «relatif à Laurent», le toponyme remontant à saint Laurent et ayant été attribué par l'historien François-Xavier Garneau.

461. Laurentides RG (06N) Laurentien, ienne (1866)/
angl. Laurentian (1981)

Var.: Laurentidien; Laurentidois; Laurentin.

Bib.: LUPIEN, Lucette (1985), «Sommes-nous des Laurentiens ou des Laurentidiens ?», dans *Bibliographie des Laurentides*, publ. par Serge Laurin et Richard Lagrange, Québec, Institut québécois de recherche sur la culture, coll. «Documents de recherche », n° 7, p. 19-23.

Voir *Laurentides, Les M.*

462. Laurentides V (06N)   *Laurentien, ienne (1986)
   Voir *Laurentides, Les M.*

463. Laurierville VL (04)   *Lauriervillois, oise (1984)

464. Lauzon V (03)   *Lauzonnais, aise (1974)
   Var.: Lauzonnien (1968).
   Bib.: G., L. (1986), «Lauzonnais, Lauzonnaises...», dans *Le Point de la Rive-Sud*, Lévis, 4 mars.

465. Laval V (06C)   Lavallois, oise (1965)/
                                angl. Lavaller (1980)
   Var.: Lavalois.
   Com.: En 1977, la graphie du gentilé (avec un seul ou deux *l*) a fait l'objet d'une recherche et d'une consultation auprès de la Régie de la langue française d'alors. On a conclu que la dernière consonne de Laval «ne devrait être doublée du fait qu'il ne s'agit pas d'un «l» mouillé» (Gaston Chapleau, directeur du Service des recherches et de la statistique de Laval, Mémo interne, 8 mars 1977). Toutefois, «l'usage semblant faire loi en cette matière, (...) et malgré le caractère exceptionnel de cette orthographe [*Lavallois*] (...) il faut respecter l'usage établi et continuer d'écrire «Lavallois». «(*Id.*). Le journal du collège de Laval, en 1979, portait le nom *Le Lavallois* et une émission de la télévision communautaire locale avait pour titre «Les Quartiers Lavallois», en 1977.

466. Laval-des-Rapides Q   Lavallois, oise (1951)
   (Laval V, 06C)

467. Lavaltrie VL (06N)   *Lavaltrois, oise (1986)
   Var.: Lavaltrien (1982).

468. L'Avenir SD (04)   *L'Avenirois, oise (1985)

469. Laverlochère P (08)   *Laverlochérois, oise (1986)

470. Laviolette CÉ (04)   Laviolettain, aine (1970)

_____. La Visitation-de-Champlain Voir *Champlain SD.*

471. La Visitation-de-l'Île-Dupas
SD (06N)

*Îledupasien, ienne (1986)
[IL-DU-PA-ZYIN/ZYENNE]

Bib.: ANONYME (1986), «Île Dupas», dans *L'Écho de Louiseville*, Louise-ville, 23 avril.

472. La Visitation-de-Yamaska
SD (04)

*Visitandin, ine (1980)

Com.: Le gentilé s'explique par appel à la forme latine *visitandus*, géron-dif de *visitare*, «rendre visite». Le nom de la municipalité rappelle la visite que la Vierge Marie a rendue à sa cousine Élisabeth au sixième mois de la conception de saint Jean-Baptiste pour la féli-citer de cet événement. Depuis le début des années 80, le journal *Le Visitandin* dessert la population de la municipalité.

473. Le Bas-Richelieu MRC (06S)

*Bas-Richelois, oise (1986)

474. Lebel-sur-Quévillon V (08)

*Quévillonnais, aise (1970)

475. Le Bic SD (01)

Bicois, oise (1925)
[BI-KOI/KOIZ]

Var.: Bikois.

476. Le Centre-de-la-Mauricie
MRC (04)

*Centre-Mauricien, ienne (1986)

477. Leclerville VL (03)

*Leclercvillois, oise (1986)

———. Leeds Voir *Kinnear's Mills SD.*

478. Lefebvre SD (04)

*Lefebvrois, oise (1986)
[LE-FÈ-VROI/VROIZ]

479. Le Fjord-du-Saguenay
MRC (02)

*Saguenayen, enne (1986)

Var.: *Saguenéen.

480. Le Gardeur V (06N)

*Le Gardeurois, oise (1984)

Var.: Legardeurois; Saint-Paul-Ermitois (1980).

Com.: L'ancienne dénomination de la ville est *Saint-Paul-l'Ermite*.

Bib.: ANONYME (1985), *Le Citadin*, Le Gardeur, p. 27.

FOISY, Gilles (1985), *Communiqués du maire*, Le Gardeur, n° 30, p. 6.

481. Le Haut-Richelieu MRC (06S)   * Haut-Richelain, aine (1986)

Bib.: ANONYME (1986), «Au conseil de la MRC», dans *Le Canada français*, Saint-Jean, 19 février, p. A-16.

482. Le Haut-Saint-François   * Haut-Franciscois, oise (1986)
MRC (05)

Com.: Le constituant *Franciscois* provient de la forme latine *Franciscus*, «qui a rapport à François».

483. LeMoyne V (06S)   * Lemoynois, oise (1985)

484. Lennoxville V (05)   * Lennoxvillois, oise (1984)/
angl. Lennoxviller (1984)

485. L'Épiphanie P (06N)   Épiphanien, ienne (1985)

486. L'Épiphanie V (06N)   * Épiphanien, ienne (1978)

Var.: Épiphanois.

Bib.: D(OUCETTE), D(Any) (1986a), «Épiphanien, Épiphanois ou autre?», dans *L'Artisan*, Repentigny, 11 février, p. 26.

D(OUCETTE), D(any) (1986b), «En bref, L'Épiphanie. Gentilé...», dans *L'Artisan*, Repentigny, 4 mars, p. 15.

487. Léry V (06S)   * Léryverain, aine (1986)

Com.: La finale -*verain* adjointe à -*ry*- témoigne de la situation géographique de la ville, établie sur le bord du Saint-Laurent.

488. Les Basques MRC (03)   * Basque (1986)

Com.: Le Pays Basque français a généré un gentilé identique au nom de lieu souche, procédé repris pour établir celui de la MRC des Basques québécoise.

489. Les Becquets VL (04)   * Becquettois, oise (1986)

490. Les Boules SD (01)   * Boulois, oise (1986)

491. Les Cèdres VL (06S)   *Cèdreau, elle (1978)
Var.: Cédraud (1969); Cédreau.

492. Les Éboulements SD (03)   *Éboulois, oise (1870)
Var.: Éboulementais; Éboulin (1792).

    Com.: Philippe Aubert de Gaspé mentionne le gentilé *Éboulois* à deux
reprises dans ses *Mémoires*, parues d'abord en 1885 et rééditées
en 1971. Une goélette, *L'Ébouloise*, a été construite en 1855 à
Saint-Joseph-de-la-Rive.

493. Les Écureuils VI (03)   Écureuillois, oise (1981)

494. Les Escoumins SD (09)   *Escouminois, oise (1978)

495. Les Etchemins MRC (03)   *Etchemin, ine (1986)

496. Les Îles-de-la-Madeleine   Madelinot, Madelinienne (1986)
    MRC (01)

    Voir *Madeleine, Îles de la.*

497. Les Jardins-de-Napierville   *Jardinois, oise (1986)
    MRC (06S)

498. Les Laurentides MRC (06N)   Laurentien, ienne (1985)

    Voir *Laurentides, Les M.*

499. Les Maskoutains MRC (06S)   *Maskoutain, aine (1986)

500. Les Méchins SD (01)   *Méchinois, oise (1976)
Var.: Méchois; Michinaud (1969).

    Com.: La connotation particulière que peut suggérer le gentilé ne paraît
incommoder que fort peu localement puisqu'une douzaine d'attestations ont pu être relevées. Nous en voulons également pour
preuve l'ouvrage publié en 1983 sur l'histoire de la municipalité dont
le titre ne laisse subsister d'équivoque à cet égard: *Bribes d'histoire Méchinoise.*

    Bib.: ANONYME (1985), «Maison des jeunes», dans *La Seigneurie*, Bou-
cherville, 6 mars, p. 44.

501. Les Moulins MRC (06N)   *Moulinois, oise (1986)

Bib.: M(INY), D(anièle) (1986), «Moulinier, Moulinéen, Moulinois», dans *La Revue*, Terrebonne, 18 février, p. 5.

502. Les Saules Q (Québec V, 03)   Saulois, oise (1978)

503. Les Sept-Cantons-Unis-du-Saguenay CU (09)   *Septcantonnien, ienne (1986)

504. Letang SD (08)   *Letangeois, oise (1986)
[LE-TAN-JOI/JOIZ]

505. Letellier CT (09)   *Letellien, ienne (1986)

506. Le Val-Saint-François MRC (05)   *Valfranciscois, oise (1986)

Com.: Pour l'explication du gentilé, voir *Le Haut-Saint-François MRC*.

507. Lévis CÉ (03)   Lévisien, ienne (1983)

Var.: Lévisois (1980).

508. Lévis RG (03)   Lévisien, ienne (1928)

509. Lévis V (03)   Lévisien, ienne (1895)

Com.: L'hebdomadaire *Le Lévisien*, bien qu'ayant connu une carrière fort éphémère du 3 au 22 novembre 1924, témoigne de l'importance du gentilé dès cette époque.

510. L'Île-Cadieux V (06S)   *Cadîlois, oise (1986)

511. L'Île-d'Anticosti SD (09)   *Anticostien, ienne (1986)

512. L'Île-du-Havre-Aubert SD (01)   *Aubertîlien, ienne (1986)
[O-BER-I-LYIN/LYENNE]

Com.: L'une des personnes qui ont apporté des suggestions aux conseillers municipaux souligne qu'il «est important de bien indiquer l'accent circonflexe sur le î central, pour affirmer l' appartenance à une île.» (Lettre de monsieur Raymond Gauthier au maire de L'Île-du-Havre-Aubert, 3 mars 1986).

513. L'Île-Perrot V (06S)   *Perrotois, oise (1986)

514. Limoilou Q (Québec V, 03)   Limoulois, oise (1980)

> *Com.:* Le procédé qui consiste à intervertir les deux dernières syllabes du nom de lieu pour élaborer le gentilé apparaît très heureux, compte tenu de la difficulté soulevée par la finale -*ou* pour la dérivation.

515. L'Islet CÉ (03)   L'Isletain, aine (1980)
                                       [LI-LÈ-TIN/TENNE]

> *Com.:* De 1867 à 1873, la circonscription électorale connue présentement sous le nom de Montmagny-L'Islet était scindée en Montmagny et en L'Islet, usage qui a prévalu jusqu'à maintenant sur un plan local.

516. L'Islet MRC (03)   *L'Isletois, oise (1986)
                                       [LI-LÈ-TOI/TOIZ]

517. L'Islet V (03)   *L'Isletois, oise (1981)
                                       [LI-LÈ-TOI/TOIZ]

> *Var.:* L'Isletain (1920).

> *Com.:* Le frère Marie-Victorin, dans ses *Croquis laurentiens*, semble être le premier à avoir utilisé le gentilé *L'Isletain*.

518. L'Islet-sur-Mer VL (03)   L'Isletain, aine (1982)
                                       [LI-LÈ-TIN/TENNE]

519. L'Isle-Verte VL (03)   *Isle-Vertois, oise (1985)
                                       [IL-VER-TOI/TOIZ]

520. Lochaber CT (07)   *Lochabérien, ienne (1986)
                                       [LO-KA-BÉ-RYIN/RYENNE]

**521. Lochaber-Partie-Ouest
CT (07)**   *Lochabérais, aise (1986)
                                       [LO-KA-BÉ-RÈ/RÈZ]

**522. Loiselle, Rue
(Acton Vale V, 06S)**   Loisellois, oise (1986)

523. Longue-Pointe SD (09)   *Paspaya (vers 1950)

> *Com.:* La majorité des citoyens de Longue-Pointe sont originaires de Paspébiac et, suite à une consultation de la part de la municipalité,

désirent conserver à titre de gentilé leur surnom qui provient de la déformation sur le plan de la prononciation du nom de leur patrie. Cf. également les Cayens de Havre-Saint-Pierre, les Paspéyas de Paspébiac, les Bigiquois de Saint-Alphonse,...

524. Longueuil V (06S)   Longueuillois, oise (1905)

Var.: Néo-Longueillois (*sic*).

Com.: Longueuil avait pour nom anciennement Nouvelle-Longueuil, car il rappelait un village de Normandie homonyme, patrie de Charles LeMoyne.

Bib.: ANONYME (1917), «Longueuil», dans *L'Action française*, Montréal, n° 1.

525. L'Or-Blanc MRC (05)   * Or-Blanois, oise (1986)

526. L'Or-Blanc RG (05)   Orblanois, oise (1986)

527. Loretteville V (03)   Lorettevillois, oise (1933)

Var.: Lorettain (1900); Lorettevillien.

Com.: Anciennement dénommée La Jeune Lorette et Saint-Ambroise-de-la-Jeune-Lorette parce que les Hurons installés à Lorette avaient transporté leurs pénates sur le territoire actuel de Loretteville pour repartir quelque temps plus tard à Lorette devenue ainsi L'Ancienne Lorette, ce va-et-vient a sans doute provoqué l'émergence du gentilé *Lorettain* pour identifier les Lorettevillois. Or, ce sont les citoyens de L'Ancienne-Lorette qui portent officiellement ce nom et la facture même de Loretteville requiert *Lorettevillois* usité de plus en plus fréquemment. Le journal des anciens du collège de Loretteville s'intitulait *Le Lorettain* vers 1944. Se reporter à *L'Ancienne-Lorette V.*

Bib.: COLLARD, Marcel (1982), «Foi de «Lorettain», dans *Le Soleil*, Québec, 7 octobre, p. A-7.

LEFRANÇOIS, Alain (1983), «Lorettains et Lorettevillois, une question de toponymie», dans *L'Élan, L'Envol, L'Éventail*, L'Ancienne-Lorette, 21 décembre, p. 11.

528. Lorraine V (06N)   *Lorrain, aine (1981)

Var.: Lorrainnois; Lorrainois.

Com.: Le bulletin municipal de Lorraine a pour titre *Le Lorrain*.

529. Lorrainville VL (08)   *Lorrainvillois, oise (1980)

530. Lotbinière MRC (03)
*Lotbiniérois, oise (1986)
[LO-BI-NYÉ-ROI/ROIZ] ou
[LOTE-BI-NYÉ-ROI/ROIZ]

531. Lotbinière RG (03)
Lotbiniérien, ienne (1973)
[LO-BI-NYÉ-RYIN/RYENNE] ou
[LOTE-BI-NYÉ-RYEN/RYENNE]

532. Louiseville V (04)
*Louisevillois, oise (1978)

Var.: Louisevillais (1949); Louisevillien; Ludovicapolitain (1949).

Com.: La variante *Ludovicapolitain* résulte de la transposition en latin de Louise, *Ludovica* («relatif à Louise») et de *politanus*, «qui a rapport à la ville», ce dernier terme étant représenté en grec par la forme *polis*. Il s'agit, selon toute vraisemblance, d'un gentilé humoristique.

Bib.: DÉSAULNIERS, Roger (1986), «À Louiseville, il y a des louisevillois (*sic*)», dans *L'Écho de Louiseville*, Louiseville, 19 février, p. 8.

D(IONNE), J.-A(ndré) (1986), «Les gens de Louiseville sont des Louisevillois et des Louisevilloise (*sic*)», dans *Le Nouvelliste*, Trois-Rivières, 13 février, p. 14.

533. Low CT (07)
angl. *Lowite (1984)

534. Luceville VL (01)
Lucevillois, oise (1985)

535. Lytton CT (07)
*Lyttonnien, ienne (1986)

Bib.: M(ILLAR), C(harles) (1986), «Comment doit-on appeler les gens de Lytton? Les Lyttonniens», dans *La Gazette*, Maniwaki, 19 mai, p. 5.

536. Macamic V (08)
*Macamicois, oise (1937)

Var.: Makamicois; Makamikois.

Com.: La variante avec *k* est tributaire d'une hésitation orthographique pour le nom de la ville à ses débuts.

537. Madeleine, Îles de la (01)
Madelinot, Madelinienne (1850)/
angl. Magdalen Islander (1973)

Var.: Madeleinien (1916); Madelenien; Madélénien; Madelinais; Madelineur; Madelinien; Madelinois (1948); Madelonien (1947); Magdaléen (1926); angl. Magdalener; Magdalinéen.

Com.: La prolifération de variantes constitue ici un phénomène exceptionnel et s'explique, d'une part, par l'ancienneté de la dénomination et d'autre part, par les difficultés dérivationnelles qu'elle soulève.

La forme féminine spécifique *Madelinienne*, largement attestée depuis les années 1960 alors que Madelinot remonte au milieu du XIXe siècle, se justifie en raison de la proximité gênante qu'entretient la forme courante *Madelinote* avec *linotte*. Cependant, la longue tradition de *Madelinot* a milité en faveur de son maintien, mais avec substitution d'une forme féminine plus neutre. Par ailleurs, au cours des dernières années un journal des Îles a tenté d'implanter, sans succès apparent, le gentilé *Madeleinien, einienne*. Le chansonnier madelinot Georges Langford a récemment précisé à cet égard son identité de Madelinot et non de Madeleinien comme le laisserait croire un journal local (*Le Soleil*, 18 novembre 1985, p. 17). L'historien Robert Rumilly a soutenu, à tort, que le frère Marie-Victorin avait la paternité de la création de ce gentilé mentionné dans ses *Croquis laurentiens*, car il figure déjà sous la plume d'un certain abbé Bélanger, dans une lettre datée du printemps 1850. Les variantes du type *Magdaléen*, *Magdalinéen* et *Magdalener* sont issues de la forme latine de Madeleine, *Magdala*.

Bib.: DELTA, Alpha [pseudonyme] (1927), «Les îles de la Madeleine et les Madelinots. À propos d'un livre récent», dans *Nova Francia*, Paris, vol. 2, n° 5, p. 224-228.

GAUDET, Rose-Délima (1986), «Quels noms portent les habitants des Îles», dans *Le Radar*, Cap-aux-Meules, 20 octobre, p. 15.

ROY, Pierre-Georges (1940), «Madelinots», dans *Les Mots qui restent*, vol. II, Québec, Garneau, p. 208-209.

538. Magog V (05) Magogois, oise (1930)
[MA-GO-GUOI/GUOIZ]

Var.: Magogais; Magogeois.

539. Magpie VI (09) Magpien, ienne (1897)

540. Malartic V (08) *Malarticois, oise (1979)

541. Manicouagan MRC (09) *Manicois, oise (1986)

Bib.: ANONYME (1986), «Le gentilé de la MRC», dans *Plein Jour sur la Manicouagan*, Baie-Comeau, 8 avril, p. 17.

HOVINGTON, Raphaël (1986), «Vous êtes des manicois et manicoises», dans *Plein Jour sur la Manicouagan*, Baie-Comeau, 27 mai.

542. Maniwaki V (07) Maniwakien, ienne (1981)

543. Manseau VL (04) *Mansois, oise (1984)

544. Mansonville VI (06S)   angl. Mansonviller (1983)

545. Maria SD (01)   *Marien, ienne (1981)
   Var.: Marial (1960); Martien.

546. Maria-Chapdelaine MRC (02)   *Chapdelainois, oise (1986)

547. Maricourt SD (06S)   *Maricourtois, oise (1985)

548. Marieville V (06S)   *Marievillois, oise (1978)
   Bib.: ANONYME (1986), «Marievillois», dans *Le Canada français*, Saint-Jean, 26 février, p. A-14.

549. Marston CT (05)   *Marstonnais, aise (1986)

550. Martinville SD (05)   *Martinvillois, oise (1985)

551. Mascouche V (06N)   *Mascouchois, oise (1976)
   Var.: Mascoutain.

   Com.: Il demeure probable que la variante soit issue du rapprochement de *Mascouche* et *Maska*, ancienne dénomination de Saint-Hyacinthe; d'ailleurs *Mascou(che)* appelle *Mascou(tain)* presque spontanément.

552. Mascouche Heights Q   Mascouchois, oise (1986)
(Mascouche V, 06N)

   BOUCHARD, Marc (1986), «Selon le répertoire des gentilés les Maskoutains sont légion!», dans *Courrier de Saint-Hyacinthe*, Saint-Hyacinthe, 19 février, p. 16.

553. Masham-Nord VI (07)   Mashamois, oise (1981)
   Com.: Plusieurs municipalités dont Masham-Nord ont fusionné pour donner naissance à la municipalité de La Pêche.

554. Maskinongé CÉ (04)   Maskinongeois, oise (1970)

555. Maskinongé VL (04)   Maskinongeois, oise (1880)
   Var.: Maskinongéais; Maskinongéen.

556. Masson V (07)   *Massonnois, oise (1986)

Var.: Masonnois (1985).

557. Massueville VL (06S)   *Massuevillois, oise (1986)

Bib.: ST-GERMAIN, Huguette (1986), «Massuevillois! Massuevilloises!», *dans La Voix*, Sorel, 10 mars, p. 13.

558. Matagami V (08)   *Matagamien, ienne (1978)

559. Matane CÉ (01)   Matanais, aise (1978)

560. Matane MRC (01)   *Matanois, oise (1986)

Bib.: ANONYME (1986), Sans titre, dans *La Voix Gaspésienne*, Matane, 26 mars.

561. Matane V (01)   *Matanais, aise (1929)

Var.: Matanois.

Com.: Étant donné que la variante constitue un hapax, soit une seule attestation isolée, il peut s'agir d'une coquille typographique.

_____. Matapédia Voir *La Matapédia MRC*.

562. Matapédia P (01)   *Matapédien, ienne (1986)

563. Matapédia RG (01)   Matapédien, ienne (1915)

Var.: Métapédien (1915).

564. Matawinie MRC (06N)   *Matawinien, ienne (1985)

Bib.: RAINVILLE, Francine (1986), «Les Matawiniens», dans *Journal L'Action*, Joliette, 25 mars, p. A-6.

565. Matawinie RG (06N)   Mattawinien, ienne (1978)

Var.: Matawinien; Mattawin (1972).

Com.: Région des Laurentides colonisée vers 1860, la Matawinie, parfois orthographiée *Mattawinie*, anciennement la Mantavaisie ou la Mantawa, débute à Sainte-Émélie-de-l'Énergie et englobe Saint-Zénon, Saint-Michel-des-Saints, Saint-Guillaume et Saint-Ignace-du-Lac. Quant à la graphie, nous avons respecté les formes les plus usitées relevées, celle ne comportant qu'un seul *t* figurant une seule fois dans notre corpus, encore qu'elle se révèle plus orthodoxe. À cet égard, le géographe Christian Morissonneau tout particulièrement s'en est fait le promoteur à bon droit.

566. Mauricie RG (04)　　　　　　Mauricien, ienne (1934)

Var.: Mauriçois.

Com.: Un journal destiné à la population de la Mauricie a paru pour la première fois en 1936 sous le titre: *Le Mauricien.*

567. McMasterville VL (06S)　　　*McMastervillois, oise (1978)

568. McWatters SD (08)　　　　　*Jévissois, oise (1986)

Com.: La population locale identifie le berceau de la municipalité à l'endroit où se situait l'ancien pont qui enjambait la rivière Kinojévis. Cette dernière cristallise le sentiment d'appartenance des citoyens de McWatters puisque de nombreuses activités populaires se déroulaient sur ses rives, la plupart des familles en tiraient leur subsistance (travail au moulin à scie, flottage du bois, etc.). Tout naturellement, le gentilé qui a été proposé lors d'une consultation populaire provient d'un élément constitutif du nom du cours d'eau prononcé [KI-NO-JÉ-VISSE]

_____. Mégantic Voir *Lac-Mégantic V.*

569. Mégantic CÉ (05)　　　　　　Méganticois, oise (1978)

Com.: Depuis 1973, la circonscription porte l'appellation double de Mégantic-Compton, alors que depuis 1867 la majorité du territoire coiffé par cette appellation était identifié sous le nom de *Mégantic.*

570. Mékinac MRC (04)　　　　　*Mékinacois, oise (1986)

571. Melbourne VL (05)　　　　　*Melbournois, oise (1985)/
　　　　　　　　　　　　　　　　　angl. Melbournite (1984)

572. Melocheville VL (06S)　　　　Melochevillois, oise (1981)

573. Mercier V (06S)　　　　　　*Mercierois, oise (1985)

Var.: Merciérois.

574. Méruimticook, Lac (03)　　　Méruimticookois, oise (1977)

Com.: Le gentilé s'applique à ceux qui résident sur les bords du lac de façon intermittente ou qui s'y rendent régulièrement.

575. Messines SD (07)   *Messinois, oise (1984)

576. Métabetchouan V (02)   *Métabetchouanais, aise (1986)

577. Métis RG (01)   Métissien, ienne (1969)/
                                             angl. Metissian (1978)

Voir *Mitis RG.*

578. Métis-sur-Mer VL (01)   *Métissien, ienne (1976)
Var.: Métisien (1969).

Com.: La graphie retenue pour le gentilé est davantage conforme à la prononciation de Métis [MÉ-TISSE] que celle de la variante.

579. Milan SD (05)   *Milanois, oise (1986)/
                                             angl. Milanite (1983)

580. Mille-Isles SD (06N)   angl. Mille-Isler (1980)

581. Mingan VI (09)   Minganien, ienne (1897)

582. Minganie MRC (09)   *Minganois, oise (1986)

583. Minganie RG (09)   Minganien, ienne (1935)

584. Mirabel V (06N)   *Mirabellois, oise (1980)

Com.: Certains commentateurs ont argué que le gentilé ne devrait comporter qu'un seul *l*, car le nom de la ville n'est pas *Mirabelle.* Or,
l'usage constant et exclusif de *Mirabellois* de même que la sanction municipale non équivoque ne laisse aucun doute quant au gentilé à retenir.

Bib.: ANONYME (1986), «Dans la grand-rue... et ailleurs. Gentilé: Mirabellois», dans *L'Argenteuil,* Lachute, 4 mars, p. A2.

BILODEAU, Benoît (1986), «En direct de l'hôtel de ville de Mirabel.
Gentilé», dans *L'Éveil des Deux-Rives,* Saint-Eustache, 25 février,
p. 16.

585. Mistassini RG (02)   Mistassin, ine (1974)
Var.: Mistassinien (1971).

_____. Mitis Voir *La Mitis MRC.*

ÉCOLE SECONDAIRE ANTOINE-BROSSARD
CENTRE DE DOCUMENTATION
3055, boul. Rome
BROSSARD, QC   J4Y 1B9

Répertoire des gentilés   117

586. Mistassini V (02)   *Mistassinien, ienne (1955)

Var.: Mistassin (1672); Mistassirinin (1672); Mystassin (1697).

Com.: Nous ne fournissons les variantes qu'à titre indicatif puisqu'elles concernent un groupe amérindien qui n'entretient pas un rapport très étroit avec le territoire immédiat de la ville de Mistassini. Toutefois la forme alternative *Mistassin* a été en usage quelque temps à la suggestion d'un historien local.

587. Mitis RG (01)   Mitissien, ienne (1978)

Com.: On relève de façon assez courante dans l'usage *Région de la Métis* et *Région de Métis*, même si *Mitis* paraît être la dénomination formellement en émergence. En conséquence, les gentilés *Métissien* et *Mitissien* demeurent répandus. Voir *Métis RG*.

588. Moffet SD (08)   *Moffétois, oise (1985)

Var.: Moffétais; Moffettois (1978).

589. Moisie V (09)   *Moisien, ienne (1897)

Var.: Moisiécien.

Bib.: ANONYME (1986), Sans titre, dans *Presse Côte-Nord*, Sept-Îles, 8 mai.

590. Montbeillard SD (08)   *Montbeillardois, oise (1986)

591. Mont-Brun VI (08)   Montbrunois, oise (1981)

592. Mont-Carmel SD (03)   Carmelois, oise (1982)

593. Montcerf SD (07)   Montcerfois, oise (1985)

594. Mont-Comi, Centre de plein air du (01)   Monkomien, ienne (1982)

Com.: Le gentilé est tiré du nom d'un chef indien légendaire Monko. Les personnes qui fréquentent assidûment le centre portent le nom de *Monkomiens*.

595. Montebello VL (07)   *Montebellois, oise (1982)

596. Montérégie RÉ (06S)   Montérégien, ienne (1980)

> *Com.:* *Le Montérégien*, périodique hebdomadaire, véhicule les informa-
> tions d'intérêt local dans toute la région depuis peu.

> *Bib.:* MORAND, Normand (1980a), «Nous sentons-nous Montérégien?»,
> dans *Le Soleil du Saint-Laurent*, Salaberry-de-Valleyfield, 12 mars.

> MORAND, Normand (1980b), «Sans le savoir, nous allons devenir
> «Montérégiens», dans *Le Soleil du Saint-Laurent*, Salaberry-de-
> Valleyfield, 24 septembre.

597. Mont-Joli V (01)   *Mont-Jolien, ienne (1957)

> *Var.:* Monjolivan; Montjolien.

> *Bib.:* BOUDREAU, Roger (1986), «Les Échos municipaux de Mont-Joli»,
> dans *L'Information régionale*, Mont-Joli, 11 mars, p. C-3.

598. Mont-Laurier V (07)   *Lauriermontois, oise (1984)

> *Var.:* Laurentien (1975); Lauriémontois; Montagnard-Laurentien;
> Montlauréen.

> *Bib.:* LYRETTE, Germain (1984), «Les gens de Mont-Laurier baptisés des
> Lauriermontois», dans *L'Écho de la Lièvre*, Mont-Laurier, 12 septem-
> bre, p. 3.

599. Mont-Lebel SD (01)   *Lebelmontois, oise (1986)

600. Mont-Louis VI (01)   Mont-Louisien, ienne (1978)

601. Montmagny MRC (03)   *Magnymontien, ienne (1986)

602. Montmagny V (03)   *Magnymontois, oise (1971)

> *Var.:* Magnimontois; Magnymontais; Manimontois; Manymontais; Many-
> montois; Montmagnien (1899); Montmagnytois; Montois.

603. Montmorency RG (03)   Montmorencéen, enne (1981)

604. Montpellier SD (07)   *Montpelliérois, oise (1986)

> *Com.:* La facture du gentilé présente une connotation québécoise exclu-
> sive puisque *Montpelliérain* sert à identifier les citoyens de Mont-
> pellier (L'Hérault) en France.

605. Montréal V (06C)   Montréalais, aise (1859)/
                                     angl. Montrealer (1919)

Var.: angl. Hochelagan (1892); Hochelagan; Hochelaguien; Hochelaguois;
   Métropolitain; Mon-Realiste (1654); Montrealais (1909); angl. Mon-
   tréaler; Montrealiste (1672); Montréaliste (1727); Montréalois (1943);
   Morialais; Morialiste (1775); Villemarien; Ville-Mariste.

Com.: *Montréal* a porté les noms successifs de *Hochelaga*, du temps de
   la bourgade indienne avant l'arrivée des Blancs, de *Ville-Marie*, dans
   les premiers temps de la colonie («Et dès la fin du dix-septième siècle, le nom de l'île devint celui de la ville [?]. Les Montréalais
   préféraient-ils déjà considérer toute l'île comme leur territoire? Ou
   en avaient-ils assez de se faire appeler des Ville-Maristes?» (MIA
   et KLAUS (1985), *Montréal*, Montréal, Libre Expression, s.p. [texte
   de François Barcelo]), puis de *Montré(e)al* vers 1725, d'où les
   variantes gentiléennes nombreuses relevées. Dans un cas, on a
   procédé à une déformation phonétique du nom de la ville, soit *Morial*
   qui a généré *Morialais*.
   Récemment (1984) on a repris l'étiquette *Montréalistes* pour identifier des gens de promotion qui désirent garder à Montréal sa spécificité dans le prolongement des Montréalistes du XVIIe s.

Bib.: DUNN, Oscar (1884), «Curieux Mémorial», dans *Nouvelles soirées
   canadiennes*, Montréal, vol. 3, n° 8, p. 360-374.

   MONT-ROY [pseudonyme] (1896), «Doit-on dire Montréalistes ou
   Montréalais en parlant des habitants de Montréal?», dans *Bulletin
   des recherches historiques*, Lévis, vol. 2, p. 192.

   ROY, Pierre-Georges (1897), «Montréalistes ou Montréalais», dans
   Bulletin des recherches historiques, Lévis, vol. 3, n° 5, p. 74.

606. Montréal-Est V (06C)   Montréalais, aise de l'Est (1984)

Com.: La graphie sans traits d'union a été scrupuleusement reproduite.

607. Mont-Rolland VL (06N)   Rollandois, oise (1983)

Var.: Mont-Rollois; Rollandais.

608. Mont-Royal V (06C)   Montérégien, ienne (1975)/
                                     angl. Townie (1983)

Com.: Le gentilé anglais provient de la première partie de l'appellation
   en cette langue de la ville, *Town of Mont Royal*. Quant à *Montérégien*, la dérivation latine a été mise à contribution, car *royal*, en latin,
   se dit *regianus*. Toutefois plusieurs citoyens n'apprécient guère ce
   gentilé.

Bib.: ANONYME (1986a), «Just what are people from TMR called anyway»,
   dans *The Weekly Post*, Mont-Royal, 20 février.

   ANONYME (1986b), «On doit trouver un nom aux citoyens de Mont-
   Royal», dans *The Weekly Post*, Mont-Royal, 20 février.

609. Mont-Saint-Grégoire VL (06S) *Grégorien, ienne (1986)

Com.: Le gentilé a été tiré du dérivé latin *gregorianus*, «relatif à Grégoire».

610. Mont-Saint-Hilaire Hilairemontais, aise (1978)
V (06S)

Var.: Saint-Hilairien.

611. Mont-Saint-Michel SD (07) *Michelmontois, oise (1986)

Bib.: D(AVID), D(aniel) (1986), «À Mont St-Michel. Les citoyens enfin gentilés (*sic*)», dans *L'Écho de la Lièvre*, Mont-Laurier, 27 avril, p. 15.

612. Mont-Tremblant SD (06N) *Tremblantois, oise (1986)

613. Morin-Heights SD (06N) angl. Morinheighter (1983)

_____. Moulins Voir *Les Moulins MRC*.

614. Moulins RG (06N) Moulinois, oise (1984)

Com.: La région des Moulins comprend les municipalités de Terrebonne, Lachenaie, Mascouche et La Plaine. Un périodique, *Les Moulinoises*, destiné aux femmes de la région des Moulins, a été créé en 1985.

615. Murdochville V (01) Murdochvillois, oise (1985)

616. Nabisipi VI (09) Nabésippien, ienne (1897)

Com.: Le gentilé a été formé sur une graphie ancienne, *Nabésippi*, datant du XIXe s.

617. Nantes SD (05) *Nantais, aise (1884)

618. Napierville VL (06S) *Napiervillois, oise (1980)

619. Natashquan CT (09) Natashquanais, aise (1897)

Var.: Natashquanois.

_____. Nelson Voir *Sainte-Agathe P.*

620. Neufchâtel Q (Québec V, 03) Neufchâtelois, oise (1963)
[NEU-CHA-TÉ-LOI/LOIZ]

Var.: Chatelier; Châtelois.

621. Neuville VL (03)   *Neuvillois, oise (vers 1970).

Com.: Un journal local a porté le titre de *Reflet Neuvillois* vers 1973.

622. New Carlisle SD (01)   angl. New Carlisler (1983)
Var.: angl. Carlisler.

623. New Glasgow VL (06N)   *New-Glasgois, oise (1986)

624. Newport SD (01)   *Newportais, aise (1986)

625. New Richmond V (01)   *New-Richmondois, oise (1986)/
                                    angl. New Richmonder (1983)

626. Nicolet V (04)   Nicolétain, aine (1852)
Var.: Nicoletain (1911); Nicolettin.

Com.: Le journal *Le Nicolétain* a été fondé en 1886.

627. Nicolet-Sud SD (04)   *Nicolétain, aine-du-Sud (1986)

_____. Nominingue Voir *Lac-Nominingue SD.*

628. Noranda V (08)   Norandien, ienne (1945)
Var.: Norandais.

Com.: Par suite d'une fusion intervenue le 5 juillet 1986, les villes de Rouyn et de Noranda forment la nouvelle ville de Rouyn-Noranda.

629. Norbertville VL (04)   *Norbertvillois, oise (1986)
Bib.: B(ÉRUBÉ), M(arie)-A(ndrée)(1986), «À Norbertville...», dans *L'Union des Cantons de l'Est*, Victoriaville, 18 mars.

630. Normandin V (02)   *Normandinois, oise (1986)

631. Normétal SD (08)   *Normétalien, ienne (1978)
Var.: Normétallois.

**632. Notre-Dame-de-Bon-Secours   *Bon-Secourois, oise (1985)
P (06S)**

633. Notre-Dame-de-Bon-Secours-   *Bonsecouréen, enne (1986)
Partie-Nord P (07)

_____. Notre-Dame-de-la-Doré Voir *La Doré P.*

634. Notre-Dame-de-la-Merci   *Mercien, ienne (1986)
SD (06N)

Var.: Merçois.

635. Notre-Dame-de-la-Paix P (07)   *Pacificien, ienne (1986)

Com.: Gentilé provenant de l'adjectif latin *pacificus*, «relatif à la paix».

636. Notre-Dame-de-la-Salette   *Salettois, oise (1985)
SD (07)

Var.: Salettin (1981).

637. Notre-Dame-de-Laterrière   Laterrien, ienne (1978)
VI (02)

Com.: Cette municipalité a fusionné, en 1983, avec la municipalité de Laterrière.

638. Notre-Dame-de-l'Île-Perrot   *Perrotdamois, oise (1986)
P (06S)

639. Notre-Dame-de-Lorette   *Lorettois, oise (1986)
SD (02)

640. Notre-Dame-de-Lorette   Lorettois, oise (1983)
PR (Hull V, 07)

641. Notre-Dame-de-Lourdes   *Lourdinois, oise (1984)
P (04)

642. Notre-Dame-de-Lourdes   *Joli-Lourdois, oise (1986)
P (06N)

Var.: Lourdais (1985).

Com.: L'élément *Joli* signale l'appartenance de la municipalité à la division de recensement de **Joli**ette et permet d'éviter toute confusion avec une municipalité homonyme de la division de recensement de Mégantic.

643. Notre-Dame-de-Lourdes-   *Notre-D'Hamois, oise (1979)
de-Ham SD (05)

> *Com.:* La forme créée provient de **Notre-D**ame-de-Lourdes-de-**Ham** et permet un certain jeu verbal entre *Notre-Damois* et *Notre-D'Hamois*, identiques sur le plan sonore.

644. Notre-Dame-de-Lourdes-   *Lorrainvillois, oise (1982)
de-Lorrainville P (08)

645. Notre-Dame-de-Montauban   Montaubain, aine (1969)
SD (04)

646. Notre-Dame-de-Pierreville   *Pierrevillois, oise (1978)
P (04)

> *Bib.:* DOLAN-CARON, Rita (1986), «Affaires municipales, N.-D.-de-Pierreville. Des Pierrevillois», dans *Le Nouvelliste*, Trois-Rivières, 5 mars, p. 24.

647. Notre-Dame-   Maskoutain, aine (1978)
de-Saint-Hyacinthe P (06S)

648. Notre-Dame-des-Bois SD (05)   *Bois-Damien, ienne (1986)

> *Bib.:* C., A. (1986), «Notre-Dame des Bois a trouvé son Gentilé», dans *L'Écho de Frontenac*, Lac-Mégantic, 12 août, p. A8.

649. Notre-Dame-des-Laurentides   Laurentien, ienne (1968)
Q (Charlesbourg V, 03)

> *Com.:* Un journal municipal, *L'Évolution Laurentienne*, desservait la population à la fin des années 1960.

650. Notre-Dame-des-Monts   *Montois, oise (1981)
SD (03)

651. Notre-Dame-des-Prairies   *Prairiquois, oise (1980)
P (06N)

> *Com.:* Le bulletin municipal d'information a pour titre *Le Prairiquois*.

652. Notre-Dame-des-Sept-   *Verdoyant, e (1986)
Douleurs P (03)

> *Com.:* La variante en usage du nom de la municipalité est *Île-Verte*. Or, selon la secrétaire-trésorière, Jacques Cartier aurait dénommé ce lieu Île Verdoyante, d'où le gentilé. En 1930, l'abbé Pierre Bernier,

curé de l'île Verte a rédigé un ouvrage intitulé *Au long de mon chemin. Un an à l'Île verdoyante*, lequel ne subsiste que sous forme de photocopies.

653. Notre-Dame-de-Stanbridge   *Stanbridgeois, oise (1986)
P (06S)

654. Notre-Dame-du-Bon-Conseil   *Bonconseillois, oise (1986)
VL (04)

655. Notre-Dame-du-Lac-Saint-   Nordiste (vers 1915)
Jean-Partie-Nord PR (02)

Com.: Une partie de cette paroisse religieuse est devenue par la suite la ville de Roberval. Une querelle locale a polarisé les habitants entre *Nordistes* et *Sudistes*, s'identifiant formellement à ces étiquettes, lesquelles comportent une allure de blason populaire.

Bib.: VIEN, Rossel (1955), *Histoire de Roberval, coeur du Lac-Saint-Jean (1855-1955)*, Chicoutimi, Société historique du Saguenay, coll. «Publications de la Société historique du Saguenay», n° 15, p. 77 à 81 et 231 à 237.

656. Notre-Dame-du-Lac-Saint-   Sudiste (vers 1915)
Jean-Partie-Sud PR (02)

Com.: Voir *Notre-Dame-du-Lac-Saint-Jean-Partie-Nord PR* pour le commentaire.

657. Notre-Dame-du-Mont-Carmel   *Carmellois, oise (1986)
P (06S)

658. Notre-Dame-du-Nord SD (08)   Notre-Damien, ienne (1980)

Var.: Notre Dame du Norrois; Notredamien.

659. Notre-Dame-du-Portage   *Portageois, oise (1941)
P (03)

660. Notre-Dame-du-Rosaire   *Rosarien, ienne (1889)
SD (03)

Com.: Du latin *rosarius*, «relatif à la rose».

661. Notre-Dame-du-Sacré-Coeur-   *Issoudunois, oise (1984)
d'Issoudun P (03)

Var.: Issoldunois (1983).

662. Nouveau-Québec RÉ (10)   Néo-Québécois, oise (1964)

Var.: Nouveau-Québécois.

Com.: À ne pas confondre avec la dénomination des immigrants nouvellement promus au titre de Québécois.

663. Noyan SD (06S)   *Noyantais, aise (1986)

664. Nuvuc, Pointe (10)   in. Nuvummiuq (1980)
[NOU-VOU-MI-YOUK]

665. Oka P (06N)   *Okois, oise (1986)

Bib.: ANONYME (1986), «Gentilé», dans *L'Éveil*, Saint-Eustache, 8 juillet.

666. Oka SD (06N)   *Okois, oise (1986)

_____. Oka-sur-le-Lac Voir *Oka P.*

667. Old Harry VI (01)   angl. Old Harryer (1984)

668. Omerville VL (05)   Omervillois, oise (1986)

_____. Or-Blanc Voir *L'Or-Blanc MRC.*

669. Orford CT (05)   Orferois, oise (1964)

Com.: La teneur du gentilé laisse supposer le recours à une forme adjectivale latine du type *Orferus* de laquelle il aurait vraisemblablement été tiré.

670. Orléans, Île d' (03)   Orléanais, aise (1929)

Var: Canadien de l'Île (1867); Insulaire (1867); Insulaire Orléanais; Orléaniste (1867).

Com.: La variante *Insulaire* comporte un caractère exceptionnel puisqu'elle fait figure d'appellation tautologique, les habitants d'une île étant systématiquement identifiés comme insulaires en l'absence d'une dénomination plus spécifique. Quant à *Orléaniste*, il s'applique également au partisan qui soutenait les droits de la famille d'Orléans au trône de France.

671. Ormstown VL (06S)   *Ormstonnien, ienne (1986)/ angl. Ormstowner (1979)

Var.: angl. Ormstownian.

Bib.: A(LARY), C(yril)(1986), «Un ormstonnien?», dans *The Gleaner/La Gazette*, Huntingdon, 19 février, p. 11.

ANONYME (1986), «Ormstown en bref...», dans *Journal Le Saint-François*, Salaberry-de-Valleyfield, 25 février.

_____. Otis Voir *Saint-Félix-d'Otis SD.*

672. Outaouais RÉ (07)   Outaouais, aise (1710)

Var.: Outaouaisien (1940); Outavois (1710).

Com.: La plus ancienne attestation du gentilé concerne le groupe amérindien des *Outaouais*, *Ottawas* en anglais, alors que la plus ancienne occurrence du gentilé tiré du nom de la région remonterait à 1876.

673. Outremont V (06C)   Outremontais, aise (1949)/ angl. Outremonter (1984)

Var.: Outremontain (1941); Outre-montien (1936); Outremontois (1906); Ultramontain.

Com.: La forme *Ultramontain*, calquée sur le latin *ultramontanus*, de *ultra*, «outre» et *montanus*, «qui concerne la montagne», suscite une résonance religieuse, car elle fait également référence à ceux qui reconnaissent la position traditionnelle de l'Église italienne quant au pouvoir absolu du pape. Comme le cardinal Paul-Émile Léger a été le premier à recourir à cette amphibologie, on peut raisonnablement s'interroger quant à la fortuité de l'allusion, surtout en raison de l'humour dont le prélat fait régulièrement usage!

Bib.: GRANDVILLE (1949), «Dira-t-on les «Granbiens»...», dans *Le Devoir*, Montréal, 19 janvier, p. 1. Un développement est consacré à *Outremontais*.

674. Ovalta RG (08)   Ovaltain, aine (1979)

Com.: On désigne par *Ovalta*, dénomination dont la paternité revient à Donat Martineau, une partie de l'Abitibi-Témiscamingue où la hauteur des terres épouse une forme ovale. Le *-ta* final provient des initiales de **T**émiscamingue-**A**bitibi.

675. Pabok MRC (01)   *Pabokois, oise (1986)

676. Pabos Mills SD (01)   *Pabosmillois, oise (1986) [PA-BOS-MI-LOI/LOIZ]

677. Packington P (03) *Packingtonnais, aise (1986)

678. Padoue SD (01) *Padovien, ienne (1986)

Com.: On a recours ici à la dérivation latine, l'adjectif *padovianus* signifiant «de Padoue», bien que la forme *Padouan*, de *padouanus* puisse être également observée.

679. Palmarolle SD (08) *Palmarollois, oise (1947)

680. Papineau CÉ (07) Papinois, oise (1978)

681. Papineauville VL (07) *Papineauvillois, oise (1978)

682. Parent VL (04) *Parentois, oise (1979)

683. Parisville P (04) *Parisvillois, oise (1986)

684. Paspébiac SD (01) Paspéya (1888)/
angl. Paspyjack (1880)

Var.: Paspébiac (1836); Paspébiacien (1865); Paspéia (1922); Paspéja; angl. Paspejack (1923); Paspeya; Paspéyâ; Paspeyia; Paspillat (1928).

Com.: La panoplie de variantes existantes tient sans doute au caractère peu courant du gentilé de même qu'à sa nature orale, particulièrement jadis. La prononciation locale, ainsi qu'une certaine usure de la dénomination peuvent avoir provoqué ce phénomène. Compte tenu de la finale *-ac* du toponyme, des formes comme *Paspébiaquois* ou *Paspébiacois* ou encore *Paspébiaquien* conviendraient davantage, si l'on estime que *Paspéya* constitue un blason populaire, quoique ce gentilé demeure d'utilisation courante en dépit de sa connotation blasonnienne. Se reporter, à cet égard, à *Havre-Saint-Pierre SD* et à *Paspébiac-Ouest SD*.

685. Paspébiac-Ouest SD (01) *Paspéya (1986)

Com.: Voir la rubrique *Paspébiac SD.*

686. Percé V (01) *Percéen, enne (1880)/
angl. Percesian (1917)

Var.: Percésien (1923).

Com.: La variante est tirée du nom de lieu *Percésie*, créé par le géologue John M. Clarke vers 1920 en raison de l'autonomie de la formation géologique des environs de Percé et repris dans une optique touristique. Au début du siècle, un bateau de la région a été baptisé le *Percésien*, avec variante anglaise *Percesian*.

687. Péribonka SD (02)　　　　　*Péribonkois, oise (1978)

Var.: Péribonkain (1907); Péribonkais (1937).

688. Petit-Cap H (03)　　　　　Petit-Capien, ienne (1979)

689. Petite-Rivière-Saint-François　　Riverain, aine (1980)
P (03)

Com.: Formé à partir du constituant *Rivière*, le gentilé ne se révèle pas très identificateur, car *riverain*, en langue courante, désigne la personne qui habite le long d'un cours d'eau, d'un lac, d'un détroit, plus spécifiquement qui possède un terrain sur la rive et, par extension, celle dont la propriété ou la résidence donne sur une rue.

690. Petit-Matane SD (01)　　　　*Petit-Matanais, aise (1986)

691. Petit-Saguenay H　　　　Saguenéen, enne (1942)
(Saint-Raymond P, 03)

Com.: Ancienne colonie située à une dizaine de kilomètres de Saint-Raymond (Portneuf), le Petit-Saguenay se veut un rappel du sol saguenéen, car le canton de Roquemont où elle se situait présente un aspect pittoresque et majestueux à l'image de celui du Saguenay. À une certaine époque, une voie de communication était dénommée Chemin du Rang-du-Petit-Saguenay, puis Rang Saguenay, à Saint-Raymond P.

692. Petit-Saguenay SD (02)　　　　*Saguenois, oise (1986)

693. Piedmont SD (06N)　　　　Piedmontais, aise (1972)

694. Piekouagami, Lac (02)　　　Piékouagamien, ienne (1730)

Var.: Piecouagamien; Piekouagan; Piekougamien.

Com.: Le gentilé s'applique, à l'origine, aux Montagnais installés sur le pourtour du lac Saint-Jean. Malgré quelques tentatives isolées d'appliquer cette dénomination aux Jeannois, laquelle est tirée du nom montagnais du lac Saint-Jean, elle est demeurée du domaine historique.

695. Pie-IX, Boulevard   Pie-Neuvien, ienne (1978)
    (Montréal V, 06C)

> *Com.:* Ce gentilé demeure exceptionnel, car il s'agit de l'une des seules attestations que nous avons pu recueillir relative à un «odo-gentilé», laquelle fait état de «l'homme Pie-Neuvien».

696. Pierrefonds V (06C)   *Pétrifontain, aine (1978)

> *Com.:* Du latin *petra*, «rocher, pierre, roc» et de *fons, fontis*, «fontaine, source» qui a donné naissance en latin populaire à *fontana*, «fontaine». Dans la mythologie romaine, Fontanus était considéré comme le dieu protecteur des fontaines.

697. Pierreville VL (04)   *Pierrevillien, ienne (1978)

> *Var.:* Pierrevillois.

698. Pincourt V (06S)   *Pincourtois, oise (1986)

699. Pintendre SD (03)   *Pintendrois, oise (1985)

700. Piopolis SD (05)   *Piopolissois, oise (1985)

701. Plaisance SD (07)   Plaisancien, ienne (1985)

702. Plessisville P (04)   *Plessisvillois, oise (1986)
                                          [PLÈ-SI-VI-LOI/LOIZ]

> *Bib.:* SAMSON, Manon (1986), «Plessisvillien, Plessisvillain ou Plessisvilléen?», dans *La Nouvelle*, Victoriaville, 10 février.

703. Plessisville V (04)   Plessisvillois, oise (1976)
                                          [PLÈ-SI-VI-LOI/LOIZ]

> *Var.:* Plessisvillien (1905).

> *Bib.:* D(ESROSIERS), R(obert) (1986), «Au conseil de ville de Plessisville», dans *L'Union des Cantons de l'Est*, Victoriaville, 18 février, p. 33.

704. Pohénégamook V (03)   *Pohénégamookois, oise (1974)
                                        [PO-É-NÉ-GA-MOU-KOI/KOIZ]

_____. Pointe-au-Père Voir *Sainte-Anne-de-la-Pointe-au-Père P.*

705. Pointe-au-Pic VL (03)   *Pointepicois, oise (1986)

706. Pointe-aux-Outardes VL (09)   *Outardéen, enne (1986)

707. Pointe-aux-Trembles P (03)   *Tremblien, ienne (1970)

708. Pointe-aux-Trembles Q   Pointelier, ière (1970)
(Montréal V, 06C)

Var.: Pointelien; Pointellier; Pointilien.

Com.: En 1980, a été fondé l'*Info-pointelière*, journal municipal. Un fort sentiment d'appartenance à Pointe-aux-Trembles peut être observé localement, lequel se cristallise dans l'omniprésence du gentilé *Pointelier*.

709. Pointe-Calumet VL (06N)   Calumet-Pointois, oise (1980)

Var.: Calumet-Pontois; Pontois.

Com.: Probablement que les variantes à constituant *Pontois* résultent d'une erreur pour *Pointois*, ce que nous ne pouvons affirmer de manière absolue, bien que dans un même document on rencontre les deux graphies.

710. Pointe-Claire V (06C)   Pointe-Clairais, aise (1984)

711. Pointe-des-Cascades   *Pointecascadien, ienne (1986)
VL (06S)

712. Pointe-du-Lac SD (04)   *Pointe-du-Laquois, oise (1985)

Var.: Pointu (1934).

Com.: La variante participe presque du blason populaire.

713. Pointe-Fortune VL (06S)   Pointe-Fortunais, aise (1984)

Var.: Pointe-Fortunien (1980).

714. Pointe-Lebel VL (09)   *Lebelois, oise (1984)

715. Pointe-Saint-Pierre VI (01)   Saint-Pierrais, aise (vers 1880)

716. Ponsonby CT (07)   *Ponsonbien, ienne (1986)

717. Pontiac RG (07)

Pontissois, oise (1969)/
angl. Pontiacer (1984)

Var.: angl. Pontiacker; Pontiçois.

Com.: La formation *Pontissois* n'apparaît pas comme particulièrement heureuse, compte tenu de la dénomination de la région.

718. Pont-Rouge VL (03)

*Pont-Rougeois, oise (1975)

Var.: Pontrougeois.

719. Portage-du-Fort VL (07)

*Portageur, euse (1986)

Com.: La forme retenue se situe au carrefour du nom propre et du substantif commun, quoique l'élément *Portage* prime localement.

720. Port-Cartier V (09)

Portcartois, oise (1977)

Var.: Port-Cartois.

721. Port-Daniel-Partie-Est CT (01)

*Port-Daniélois, oise (1986)

722. Port-Menier VI (09)

Port-Menois, oise (1982)

723. Portneuf MRC (03)

Portneuvois, oise (1986)

Com.: Un journal mensuel répondant au nom *Le Portneuvois* a vu le jour à l'automne 1986 et dessert la population de la grande région de Portneuf.

724. Portneuf RG (03)

Portneuvien, ienne (1969)

Var.: Portneufvien.

725. Portneuf V (03)

*Portneuvien, ienne (1970)

726. Povungnituk VI (10)

in. Puvirniturmiuq (1975)
[POU-VIR-NI-TOU-MI-YOUK]

Var.: Povungniturmiuq; Puvirnituurmiuq.

Com.: Cette localité voit sa dénomination orthographiée *Puvirnituk*, forme que certains spécialistes estiment plus près phonétiquement et phonologiquement de l'inuktitut. La variante graphique *Puvirnituuq* a également cours.

727. Preissac SD (08)   *Preissacois, oise (1981)

728. Prémont VI (04)   Prémontois, oise (1978)

729. Preston C (07)   Prestonais, aise (1980)

730. Prévost SD (06N)   *Prévostois, oise (1982)

731. Price VL (01)   *Priçois, oise (1978)

732. Princeville P (04)   *Princilien, ienne (1986)

> *Com.:* La dénomination fixée par les autorités municipales à la suite d'un concours tenu dans le milieu scolaire local se révèle originale dans la mesure où le suffixe *-ville* s'est vu substitué la voyelle *i* et la consonne *l*, auxquels on a adjoint la finale *-ien*.

> *Bib.:* B(ÉRUBÉ), M(arie)-A(ndrée) (1986), «Gens de la paroisse de Plessisville, vous êtes maintenant des Princiliens et des Princiliennes», dans *L'Union des Cantons de l'Est*, Victoriaville, 17 juin, p. 41.

733. Princeville V (04)   *Princevillois, oise (1980)

> *Bib.:* ANONYME (1980), «En bref... Princevillois et Princevilloises», dans *L'Union des Cantons de l'Est*, Victoriaville, 11 février, p. 40.

734. Qikirtajuaq, Île (10)   in. Qikirtajuarmiuq (1975)
                                    [KI-KIR-TA-JOU-A-MI-YOUK]

735. Quaqtaq VN (10)   in. Quaqtamiuq (1984)
                                    [KOU-AK-TA-MI-YOUK]

736. Quartier-Latin Q   Quartier-Latiniste (1983)
(Québec V, 03)

737. Québec P   Québécois, oise (1889)/
                                    angl. Quebecer (1836)

> *Var.:* Bas-Canadien (1791); Bas-Canadien-Français (1865); Boréalien; Canadian (XVIIe s.); Canadien (XVIe s.); Canadien français (1773); Canadien-Français (1839); Canadois (XVIIe s.); Canayen (1890); Français-Canadien (1945); Français de la Nouvelle-France (vers 1670); Français du Canada (XVIIIe s.); Franc-Canadien; Francien; Franco-Canadien (vers 1840); Franconien; Kébékois; Laurentien (vers 1910); Québécain; Québécanadien; angl. Québecer; Québecien; angl. Quebecker (1837); Québecois; Québequois.

Com.: L'appellation *Canada*, attribuée à la Nouvelle-France par Jacques Cartier a contribué à la formation du gentilé *Canadien*, d'abord appliqué aux gens solidement établis dans la nouvelle colonie, de même qu'aux autochtones, afin de les distinguer des administrateurs et des militaires français qui n'étaient que de passage. Après la Conquête de 1763, le terme caractérise surtout les habitants francophones du Canada par opposition aux Anglais, nouveaux venus. De 1791 à 1867, on parle de *Bas-Canadien*, suite à la division du territoire en Haut et Bas-Canada, le Haut-Canada correspondant à l'actuelle Ontario. Par la suite, le gentilé *Québécois* s'implantera, mais pour désigner presque exclusivement les citoyens de la ville de Québec. Il faudra attendre les années 1960 pour que l'usage de *Québécois* au sens «d'habitants du Québec» devienne significatif, parallèlement à la montée du sentiment d'identification couplée à l'émergence d'un fort sentiment d'appartenance, lesquels ont suscité une véritable pléthore d'appellations, comme on a pu le constater, et dont nous ne fournissons que les exemples les plus significatifs, car un livre entier serait nécessaire pour traiter en profondeur de la question.

Par rapport au gentilé identique des citoyens de Québec, ce qui caractérise celui de la province c'est, d'une part, son caractère très récent et, d'autre part, les multiples variantes appellatoires qu'il a suscitées.

Il figure dans quelques noms de voies de communication comme *Rang des Québecois* (Stukely) vers 1920, *Rue La Québécoise* (Shefford), *Rue des Québécois* (Prévost), *Chemin de la Québécoise* (Saint-Adolphe-d'Howard), ainsi que comme adjectif dans la *Transquébécoise*.

En outre, quelques journaux ont récupéré le gentilé comme partie intégrante de leur titre au cours des ans comme, en guise d'exemples, le *Canadien-Français* (1885), *Le Petit Québécois*, journal humoristique fondé en 1909, ainsi que *Le Québécois* de Montmagny-L'Islet (1977).

Bib.: PAQUOT, Annette et ZYLBERBERG, Jacques (1982), «L'incantation québécoise», dans *Mots*, Paris, n° 4, mars, p. 7-28.

PAQUOT, Annette (1983), «Le peuple problématique du Canada. Les définitions de Canada et Québec dans le discours journalistique québécois post-référendaire», dans *Mots*, Paris, n° 7, octobre, p. 7-29.

Cf. également Hébert (1983) et Major (1977).

Voir *Québec V.*

738. Québec V (03)   *Québécois, oise (1817)/ angl. Quebecer (début XXᵉ s.)

Var.: Kébécois (1935): Québeccois (1835); Quebecois (1754); Québecois (1775); Québecquois (1825); Québécuois (1910); Quebequois (1754); Québéquois; Stadaconan; Stadaconien.

Com.: Dénomination la plus répandue de l'ensemble de notre corpus, compte tenu de son ancienneté et du rôle déterminant qu'a toujours joué la Vieille Capitale comme plaque tournante de la francophonie nord-américaine.

La forme *Stadaconien* renvoie au nom amérindien de Québec, *Stadaconé*. L'orthographe de ce gentilé a suscité une marée d'observations, d'analyses, de recherches, d'opinions dont nous ne signalons ci-après que les plus percutantes.

Un journal intitulé *Le Québecquois* a paru vers 1880.

Bib.: CHANTAL, René de (1960), «Les chars québécois», dans *Le Droit*, Ottawa, 16 juin, p. 2.

DUGAS, Jean-Yves (1983), «Québécois: un nom et un trésor patrimonial», dans *Le Soleil*, Québec, 28 juin, p. A-18.

PARIS, Firmin [pseudonyme de l'abbé Maxime HUDON] (1902), «Glane philologique», dans *La Semaine religieuse de Québec*, Québec, vol. 14, 10 mai, p. 611-615.

Voir *Québec P.*

739. Racine SD (06S)   * Racinois, oise (1978)

740. Radisson VI (10)   Radissonnien, ienne (1971)
Var.: Radissonais.

741. Ragueneau P (09)   * Ragueneauvien, ienne (1978)
Bib.: COTRET, Louise de (1982), «Comment s'appellent-ils?», dans *Le Nouvelliste*, Trois-Rivières, 26 janvier, p. 80.

742. Rainville SD (06S)   * Rainvillois, oise (1986)

743. Rapide-Danseur SD (08)   * Rapide-Danseurois, oise (1986)

744. Rawdon CT (06N)   * Rawdonois, oise (1986)/
                                   angl. * Rawdonite (1986)

745. Rawdon VL (06N)   * Rawdonien, ienne (1979)/
                                   angl. * Rawdonite (1984)
Bib.: PELLETIER, Louis (1986), «Non pas deux mais trois gentilés pour Rawdon», dans *Le Joliette Journal*, Joliette, 22 mars.

746. Rémigny SD (08)   *Rémignois, oise (1980)

Com.: Un journal ayant pour titre *Le Rémignois* aurait paru au cours des années 1980.

747. Repentigny V (06N)   *Repentignois, oise (1979)

Bib.: ACRN (1986), «Repentignois, Repentignoises», dans *L'Artisan*, Repentigny, 11 mars, p. 11.

RIVEST, Maurice (1986), «Échos de la ville», dans *L'Avenir de l'Est*, Montréal, 11 mars, p. 30.

748. Restigouche R (01)   Restigouchois, oise (1984)

749. Richelieu V (06S)   *Richelois, oise (1978)

———. Richelieu, Vallée du Voir *Vallée-du-Richelieu RG*.

750. Richelieu-Yamaska RG (06S)   Richelieu-Yamaskois, oise (1985)

751. Richmond V (05)   *Richmondais, aise (1984)/ angl. Richmondite (1984)

752. Rigaud V (06S)   Rigaudien, ienne (1954)

Var.: Rigaldien (1951); Rigaudain; Rigaudin (1949).

753. Rimouski V (01)   *Rimouskois, oise (1920)

Var.: Rikien; Rimouskien (1930); Rimousquois.

Com.: Un hebdomadaire desservant la région immédiate de Rimouski a pour titre *Le Rimouskois*.

754. Rimouski-Témiscouata CÉ (01)   Rimouskois-Témiscouatain, aine (1980)

Com.: Actuellement seule la dénomination *Rimouski* identifie cette circonscription électorale.

755. Ripon CT (07)   *Riponnais, aise (1980)

Var.: Riponnois; Ripounais; Ripounois.

756. Rive-Nord RG (03)   Nordriverain, aine (1985)

757. Rive-Sud RG (06S)   Rive-Sudois, oise (1983)

Var.: Rivesudois; Sud-Riverain.

758. Rivière-à-la-Lime H (04)   Lalimois, oise (1940)

759. Rivière-à-Pierre SD (03)   *Ripierrois, oise (1986)

760. Rivière-aux-Graines H (09)   Saint-Victorien, ienne (1894)

Com.: Jadis ce hameau portait le nom de Saint-Victor-de-la-Rivière-aux-
Graines.

761. Rivière-Beaudette P (06S)   *Beaudettois, oise (1986)

762. Rivière-Beaudette VL (06S)   *Beaudettois, oise (1986)

763. Rivière-Bell H (08)   al. Nadowesipiwini (1983)
[NA-DO-WÉ-SI-PI-WI-NI]

Var.: Nadowésipiwini (1982).

Com.: Le nom algonquin de la rivière Nottaway, ancien nom de la rivière
Bell dont le hameau a tiré sa dénomination, est *Nadowe Sipi*,
Nadowe signifiant «Iroquois» et *sibi* ou *sipi*, «rivière». Les Algonquins
dénomment encore aujourd'hui *Nadowe Sipi* la rivière Bell et s'identifient comme *Nadowesipiwini*, «hommes de la rivière des Iroquois».

764. Rivière-Blanche SD (03)   *Thetfordois, oise (1978)

Com.: Le gentilé retenu est motivé par la contiguïté de la municipalité à
Thetford Mines et en vertu de son appartenance au canton de
Thetford.

765. Rivière-Bleue SD (03)   *Riverain, aine (1976)

766. Rivière-du-Loup MRC (03)   Louperivien, ienne (1986)

767. Rivière-du-Loup MS (03)   *Louperivien, ienne (1986)

Com.: Identique à celui qui identifie les citoyens de la municipalité régionale de comté de Rivière-du-Loup, ce gentilé s'applique aux élèves qui résident sur le territoire de la municipalité scolaire de
Rivière-du-Loup.

768. Rivière-du-Loup V (03)   Louperivois, oise (1978)

Var.: Fraservillien (1906); Loupérivois; Loupien; Louprivois; Lupifluvien; Ripelouvois; Rivolupien.

Com.: Rivière-du-Loup se dénommait anciennement *Fraserville*, d'où *Fraservillien*, d'ailleurs peu répandu. Certaines variantes mettent à contribution la forme latine de *rive*, *ripa*, de même que celle de *loup*, *lupus*, *lupi* au pluriel.

Bib.: LOUPERIVOIS [pseudonyme (1985), «Du respect s.v.p.», dans *Le Progrès-Écho*, Rimouski, 16 janvier, p. 7.

769. Rivière-Éternité SD (02)   *Éternitériverain, aine (1986)

770. Rivière-Héva SD (08)   *Hévarivois, oise (1986)

_____. Rivière-Madeleine Voir *Sainte-Madeleine-de-la-Rivière-Madeleine SD*.

771. Rivière-Malbaie SD (03)   *Malbaieriverain, aine (1986)

772. Rivière-Matawin VI (04)   Mattawin, ine (1972)

Com.: La graphie avec deux *t* provient probablement d'une variante *Mattawin*. Cf. *Matawinie MRC* et *Matawinie RG*.

773. Rivière-Ouelle SD (03)   *Rivelois, oise (1986)

Com.: Le gentilé est tiré de **Riv**ière-Ou**elle**, auxquels on a adjoint le suffixe *-ois*.

774. Rivière-Pentecôte SD (09)   *Pentecôtois, oise (1986)

Var.: Riverain (1972).

775. Rivière-Portneuf VI (09)   Portneuvien, ienne (1985)

776. Rivière-Saint-Jean SD (09)   *Jeanriverain, aine (1986)

777. Robert-Cliche MRC (03)   *Beauceron, onne (1986)

Bib.: LÉGARÉ, Jacques (1986), «MRC Robert-Cliche: «on veut rester Beaucerons!», dans *L'Éclaireur-Progrès*, Sainte-Marie, 26 février, p. A5.

778. Robertsonville VL (03)   Robertsonvillois, oise (1978)

Var.: Robertsonnois.

779. Roberval CÉ (02)   Robervalois, oise (1978)

780. Roberval V (02)   *Robervalois, oise (1896)

Var.: Robertvalois; Robervalais (1904); Robervalien (1930); Robervallois (1949); Robervilien.

Bib.: VIEN, Rossel (1955), *Histoire de Roberval, coeur du Lac-Saint-Jean (1855-1955)*, Chicoutimi, Société historique du Saguenay, coll. «Publications de la Société historique du Saguenay», n° 15, 369 p.

781. Rochebaucourt SD (08)   Rochebaucourtois, oise (1947)

782. Rock Forest V (05)   *Forestois, oise (1979)

Var.: Rock-Forestois.

Com.: En décembre 1984, le bulletin municipal *Le Forestois* a paru pour la première fois.

783. Rollet SD (08)   *Rolletien, ienne (1980)
                                  [RO-LÈ-TYIN/TYENNE]

Var.: Rolletois (1958); Rollettien.

784. Roquemaure SD (08)   Roquemaurien, ienne (1943)

785. Rosemère V (06N)   *Rosemèrois, oise (1980)/
                                  angl. Rosemerite (1984)

Var.: Rosemèrien; Rosemerois.

Com.: *Mere* est un mot anglo-saxon du XIe s. ayant pour sens «marais». Pour ce motif, certains estiment que même en français *Rosemèrois* ne devrait pas comporter d'accent.

786. Rosemont Q   Rosemontois, oise (1982)
(Montréal V, 06C)

Var.: Rosemontais (1981).

787. Rougemont VL (06S)   *Rougemontois, oise (1975)

Var.: Rougemontais.

788. Roussillon MRC (06S)   *Roussillonnais, aise (1984)

Bib.: LEFEBVRE, Marc (1985), «Quel est votre gentilé?», dans *Journal annuel de la Société historique de la Vallée de la Châteauguay*, Howick, p. 13-16.

789. Rouville DR (06C)   Rouvillois, oise (1978)

790. Rouyn V (08)   *Rouynois, oise (1980)
                                        [ROÙ-I-NOI/NOIZ]

Var.: Rouanais (1979); Rouynais; Rouynnais.

Bib.: ANONYME (1980), «Ce sont des Rouynois qui habitent Rouyn», dans *La Frontière*, Rouyn, 5 mars, p. 5.

GAUDREAULT, Marcel (1980), «Comment appelle-t-on les habitants de Rouyn?», dans *La Frontière*, Rouyn, 26 mars, p. 82 et 9 avril, p. 78.

Voir *Noranda V.*

791. Roxboro V (06C)   angl. Roxborite (1984)

Var.: angl. Roxboronian.

792. Roxton CT (06S)   *Roxtonois, oise (1986)

793. Roxton Falls VL (06S)   *Roxtonnois, oise (1986)

794. Roxton Pond P (06S)   *Roxtonais, aise (1986)

795. Roxton Pond VL (06S)   *Roxtonais, aise (1986)

796. Roxton-Sud VI (06S)   Roxtonais, aise (1978)

797. Sacré-Coeur SD (09)   *Sacré-Coeurois, oise (1980)

798. Sacré-Coeur-de-Jésus P (03)   *Sacré-Coeurois, oise (1986)

**799. Sacré-Coeur-de-Jésus
P (06N)**   *Sacré-Coeurin, ine (1986)

800. Sagamie RG (02)   Sagamien, ienne (1977)

Com.: Régionyme proposé par un universitaire chicoutimien pour être substitué à Saguenay–Lac-Saint-Jean, *Sagamie*, en dépit d'une présence accrue surtout dans le domaine des raisons sociales n'a pas encore véritablement pénétré dans l'usage général. Il est formé du premier élément de **Sa**guenay et du dernier de Piekoua**gami**, nom montagnais du lac Saint-Jean et signifiant «lac plat»; la voyelle finale *e* contribue à lui conférer l'allure d'un nom de région à l'instar de

Mauricie, Témiscamie, Jamésie, Matawinie, etc. Par ailleurs, une brochure de l'Université du Québec à Chicoutimi porte le nom de *Le Sagamien.*

Bib.: BOUCHARD, Louis-Marie (1979), «La Sagamie ou le Saguenay–Lac-Saint-Jean rebaptisé», dans *Perspective-dimanche*, Chicoutimi, 11 mars, p. 14.

VILLENEUVE, Georges (1981), «Un nouveau truc, la Sagamie?», dans *L'Étoile du Lac*, Roberval, 13 mai.

_____. Saguay Voir *Lac-Saguay VL.*

801. Saguenay RG (02)   Saguenayen, enne (1880)

Var.: Sagnéen; Saguenayain; Saguenayéen; Saguenéain; Saguenéen (1904); Saguenéyen.

Com.: On peut observer une alternance importante quantitativement entre les formes *Saguenayen* et *Saguenéen*, bien que *Saguenayen* soit légèrement plus répandu, du moins dans la mesure où notre corpus est concerné.

Une *rue des Saguenéens* figure dans l'odonymie de Chicoutimi et l'importante revue de la Société historique du Saguenay a pour titre *Saguenayensia.*

Bib.: DEGAGNÉ, Narcisse (1930), «Divers. Question de français», dans *Le Progrès du Saguenay*, Chicoutimi, 7 janvier, p. 3.

TREMBLAY, Victor (1961), «Le Saguenay est un tout et le Lac Saint-Jean en fait partie», dans *La Presse*, Montréal, 31 janvier, p. 21.

802. Saguenay–Lac-Saint-Jean   Saguenay–Lac-Saint-Jeannois, oise
RÉ (02)   (1979)

Var.: Saguenaylacsaintjeannien (1961).

Com.: Ces deux gentilés demeurent des créations isolées très exceptionnellement usitées. Leur longueur les condamne irrémédiablement au rôle de curiosités et les tenants d'une appellation gentiléenne qui réunisse les deux territoires en une seule dénomination semblent voués à l'échec dans leur projet, surtout si l'on considère le poids des gentilés *Jeannois* et *Saguenayen* qui véhiculent une forte identification à la région respective.

803. Saint-Adalbert SD (03)   * Saint-Adalbertois, oise (1985)

804. Saint-Adelme P (01)   * Saint-Adelmois, oise (1978)

805. Saint-Adelphe P (04)   * Adelphien, ienne (1978)

806. Saint-Adolphe-d'Howard   *Adolphin, ine (1983)
SD (06N)

Bib.: ANONYME (1986), «Au conseil municipal de Saint-Adolphe», dans *Journal des Pays d'en Haut*, Sainte-Adèle, 12 mars, p. 21.

DESLAURIERS, Daniel (1986), «C'est maintenant officiel. Les résidents de St-Adolphe seront des Adolphins et Adolphines», dans *L'Information du Nord*, Saint-Jovite, 10 mars.

807. Saint-Adrien SD (05)   *Adriennois, oise (1986)

808. Saint-Adrien-d'Irlande   *Adrienirlandois, oise (1986)
SD (03)

809. Saint-Agapit SD (03)   *Agapitois, oise (1986)

Var.: Agapiton (1979).

Com.: Le gentilé officialisé demeure une dénomination beaucoup plus adéquate que la variante recueillie au cours d'enquêtes linguistiques locales et ne véhicule aucune allusion flétrissante.

810. Saint-Alban P (03)   *Albanois, oise (1986)

811. Saint-Albert-de-Warwick   *Albertois, oise (1986)
P (04)

812. Saint-Alexandre P (03)   *Alexandrin, ine (1986)

813. Saint-Alexandre P (06S)   *Alexandrin, ine (1985)

814. Saint-Alexandre VL (06S)   *Alexandrin, ine (1985)

815. Saint-Alexandre-des-Lacs   *Alexandrien, ienne (1983)
P (01)

——. Saint-Alexis Voir *Saint-Alexis-des-Monts P.*

816. Saint-Alexis-des-Monts P (04)   *Alexismontois, oise (1986)

817. Saint-Alphonse P (06S)   *Alphonsois, oise (1986)

818. Saint-Alphonse SD (01)   *Bigiquois, oise (1986)

> *Com.:* L'origine du gentilé choisi s'explique par le fait que des Belges ont colonisé la municipalité, d'où l'appellation *Belgiquois* (sans doute créée pour se distinguer des Belges européens), prononcée localement [BI-GI-KOI]. Une bonne partie de la population ont exprimé leur appui à l'endroit du conseil municipal pour que la dénomination officielle des citoyens reflète ce particularisme.

Voir *Saint-Alphonse-de-Caplan VI.*

819. Saint-Alphonse-de-Caplan   Belgiquois, oise (1980)
VI (01)

> *Var.:* Caplinot.

> *Com.:* Le surnom de cette localité est la *Petite-Belgique*, car des Belges s'y sont installés jadis et Caplan, d'ailleurs, a déjà porté le nom de *Musselyville*, en l'honneur de l'abbé Henri Joseph Mussely, prêtre belge fondateur de la paroisse d'origine.

Voir *Saint-Alphonse SD.*

820. Saint-Alphonse-de-Rodriguez   *Rodriguais, aise (1985)
P (06N)

> *Bib.:* PELLETIER, Louis (1986), «Quel sera le gentilé de Saint-Alphonse?», dans *Le Joliette Journal*, Joliette, 22 mars.

821. Saint-Amable SD (06S)   *Amablien, ienne (1978)

> *Var.:* Saint-Amablien.

822. Saint-Ambroise SD (02)   *Ambroisien, ienne (1986)

823. Saint-Ambroise-de-Kildare   *Ambroisien, ienne (1982)
P (06N)

> *Com.:* La dénomination courante de la municipalité demeure *Saint-Ambroise.*

824. Saint-Anaclet-de-Lessard   *Anaclois, oise (1986)
P (01)

825. Saint-André P (03)   *Andréen, enne (1986)

826. Saint-André-Avellin P (07)   *Avellinois, oise (1986)

827. Saint-André-Avellin VL (07)   *Avellinois, oise (1976)
   Var.: Avellinot (1970).

828. Saint-André-d'Acton P (06S)   *Actonois, oise (1986)
   Bib.: GAUTHIER, Marthe (1986), «Les nouvelles de Saint-André d'Acton»,
      dans *La Pensée de Bagot*, Acton Vale, 7 juillet.
      R., L. (1986), «Actonois plutôt qu'Actonien?», *dans La Tribune*, Sher-
      brooke, 19 avril, p. A9.

829. Saint-André-d'Argenteuil   Andréen, enne (1980)/
   P (06N)   angl. St.Andrewsite (1983)

830. Saint-André-Est VL (06N)   *Andréen, enne-de-l'Est (1986)

831. Saint-Ange-Gardien P (06S)   *Ange-Gardienois, oise (1986)

832. Saint-Anicet P (06S)   *Anicetois, oise (1986)

833. Saint-Anselme P (03)   *Anselmois, oise (1986)

834. Saint-Anselme VL (03)   *Saint-Anselmois, oise (1986)

835. Saint-Antoine V (06N)   *Antonien, ienne (1980)
   Var.: Laurentien.
   Com.: Le gentilé provient de la transposition latine d'Antoine, *Antonius*,
      ce qui permet d'éviter, entre autres, une certaine cacophonie pro-
      voquée par la succession rapide des sons [WA] et [YIN]. Quant
      à *Laurentien*, il témoigne d'une époque à laquelle le nom de la ville
      était Saint-Antoine-des-Laurentides.
   Bib.: ANONYME (1986), «Le gentilé de nos voisins», dans *L'Écho du Nord*,
      Saint-Jérôme, 30 avril.

836. Saint-Antoine-de-la-Baie-   Antonien, ienne (1911)
   du-Febvre P (04)
   Com.: Par suite d'une fusion impliquant Saint-Joseph-de-la-Baie-du-
      Febvre, Baieville et Saint-Antoine-de-la-Baie-du-Febvre, cette der-
      nière municipalité est disparue au profit de Baie-du-Febvre.

837. Saint-Antoine-de-l'Isle-   *Gruois, oise (1985)
aux-Grues P (03)   [GRU-OI/OIZ]

_____. Saint-Antoine-de-Padoue Voir *Saint-Antoine-sur-Richelieu SD.*

838. Saint-Antoine-de-Pontbriand   *Pontbriandais, aise (1986)
P (03)

839. Saint-Antoine-sur-Richelieu   *Antonien, ienne (1905)
SD (06S)

840. Saint-Apollinaire SD (03)   *Apollinairois, oise (1986)

841. Saint-Armand-Ouest P (06S)   *Armandois, oise (1986)

842. Saint-Arsène P (03)   *Arsénois, oise (1986)

843. Saint-Athanase P (06S)   *Saint-Athanasien, ienne (1986)

844. Saint-Athanase SD (03)   *Athanasois, oise (1986)

845. Saint-Aubert SD (03)   *Aubertois, oise (1986)

846. Saint-Augustin VI (09)   Augustinien, ienne (1967)
   Var.: Augustinois; Saint-Augustinois.

_____. Saint-Augustin Voir *Saint-Augustin-de-Desmaures P.*

847. Saint-Augustin-   *Augustinois, oise (1979)
de-Desmaures P (03)

   Var.: Augustinien.

   Bib.: ROCHON, Nicole et *Alii* (1983), «À Saint-Augustin ... notre patrimoine,
      on n'en «Desmaures» pas... Augustinien, ienne? Augustinois, oise?
      Woburnois, oise?», dans *MIM, mensuel d'information municipale,*
      Saint-Augustin-de-Desmaures, vol. 4, n° 14, décembre, p. 18.

848. Saint-Augustin-de-Woburn   *Woburnois, oise (1978)
P (05)

849. Saint-Barthélemy P (06N)   *Barthélemien, ienne (1981)
Var.: Barthélémien.

Com.: La variante a été tirée de l'ancienne graphie du nom de la municipalité *Saint-Barthélémi.*

850. Saint-Basile P (03)   Basilois, oise (1980)
Var.: Basilien; Saint-Basilois.

_____. Saint-Basile Voir *Saint-Basile-le-Grand V.*

851. Saint-Basile-le-Grand V (06S)   *Grandbasilois, oise (1981)
Var.: Basilien (1967); Granbasilois.

Bib.: L., M. (1981), «Grandbasilois! Grandbasiloises!», dans *L'Oeil régional,* Beloeil, 29 juillet.

852. Saint-Basile-Sud VL (03)   *Basilien, ienne (1985)

853. Saint-Benjamin SD (03)   *Benjaminois, oise (1986)

854. Saint-Benoît-Labre P (03)   *Benois, oise (1986)

855. Saint-Bernard VL (03)   *Bernardin, ine (1983)

856. Saint-Bernard-de-Lacolle P (06S)   Bernardin, ine (1967)

857. Saint-Bernard-de-l'Île-aux-Coudres SD (03)   *Coudrien, ienne (1986)

858. Saint-Blaise P (06S)   *Blaisois, oise (1984)

859. Saint-Bonaventure P (04)   *Bonaventurain, aine (1986)

860. Saint-Bruno SD (02)   *Brunois, oise (1985)

_____. Saint-Bruno Voir *Saint-Bruno-de-Montarville V.*

861. Saint-Bruno-de-Guigues P (08)   *Guiguois, oise (1986)

862. Saint-Bruno-de-Kamouraska   Woodbridgeois, oise (1982)
VI (03)

> *Com.:* Cette localité étant située dans le canton de Woodbridge, les résidents semblent s'identifier davantage à cette dernière entité. Par ailleurs, la municipalité de canton de Woodbridge est devenue la municipalité sans désignation de Saint-Bruno-de-Kamouraska le 19 juillet 1986.

863. Saint-Bruno-de-Montarville   *Montarvillois, oise (1981)/
V (06S)   angl. St.Brunoite (1983)

> *Var.:* Saint-Brunois.

> *Com.:* La communauté anglophone semble s'identifier davantage à l'élément *Saint-Bruno* du nom de la municipalité alors que les francophones focalisent leur intérêt sur *Montarville*, ce qui paraît étonnant de prime abord, car l'hagiotoponymie a toujours été considérée comme une manifestation spécifique de l'esprit religieux de jadis des Québécois de langue française.

864. Saint-Cajetan-d'Armagh   *Armageois, oise (1986)
P (03)

865. Saint-Calixte SD (06N)   *Calixtien, ienne (1978)

866. Saint-Camille CT (05)   *Camillois, oise (1985)
                                         [KA-MIY-OI/OIZ]

867. Saint-Camille-de-Lellis P (03)   *Camillois, oise (1986)
                                                  [KA-MIY-OI/OIZ]

> *Var.:* Camilien (1924).

> *Com.:* La graphie de la variante peut s'expliquer par la prononciation fréquente de *Camille* [KA-MIL] au lieu de [KA-MIY], en particulier au début du siècle.

868. Saint-Casimir P (03)   *Casimirien, ienne (1845)

> *Var.:*Saint-Casimirien.

869. Saint-Casimir SD (03)   Casimirien, ienne (1978)

870. Saint-Célestin SD (04)   *Saint-Célestinois, oise (1986)

871. Saint-Césaire P (06S)   *Césairois, oise (1986)

Var.: Césairien; Césarien (1904).

Com.: La variante *Césarien* est issue de la dénomination latine *Ca(e)sarius*, en français *Césaire*, référant à l'évêque d'Arles du VIe s. qui a donné son nom à la municipalité.

872. Saint-Charles VL (03)   *Charléen, enne (1986)

873. Saint-Charles P (06S)   *Charlerivain, aine (1986)

Var.: Saint-Charlois (1982).

Com.: La finale *-rivain* souligne que la municipalité est sise sur les rives de la rivière Richelieu.

Voir *Saint-Charles-sur-Richelieu VL.*

874. Saint-Charles-Boromé P (03)   *Charléen, enne (1986)

**875. Saint-Charles-Borromée
SD (06N)**   *Charlois, oise (1985)

Var.: Saint-Charlois (1983).

Bib.: BOURASSA, Louise (1986), «Les «Charlois» de Saint-Charles-Borromée», dans *Le Joliette Journal*, Joliette, 26 février, p. 7.

**876. Saint-Charles-de-Bourget
SD (02)**   *Saint-Charlois, oise (1978)

**877. Saint-Charles-de-Mandeville
SD (06N)**   *Mandevillois, oise (1982)

Var.: Mandevilois.

_____. Saint-Charles-des-Grondines Voir *Grondines SD.*

**878. Saint-Charles-sur-Richelieu
VL (06S)**   *Charlerivain, aine (1986)

Bib.: C(HOINIÈRE), G(inette) (1986), «Concours ouvert aux enfants de Saint-Charles-sur-Richelieu», dans *L'Oeil régional*, Beloeil, 26 mars, p. 8.

Voir *Saint-Charles P.*

879. Saint-Christophe-　　　　　　　　*Christophien, ienne (1986)
d'Arthabaska P (04)

Bib.: D(UCHESNEAU), M(arcel) (1986), «Réésidents-es(*sic*) de Saint-Christophe d'Arthabaska, vous êtes des «Christophiens -nes», dans *L'Union des Cantons de l'Est*, Victoriaville, 11 mars, p. 41.

880. Saint-Chrysostome VL (06S)　　　*Chrysostomien, ienne (1986)

881. Saint-Claude SD (05)　　　　　　*Claudien, ienne (1985)

Bib.: ANONYME (1986), «Saint-Claude en bref», dans *L'Étincelle*, Windsor, 18 mars, p. 12.

882. Saint-Clément P (03)　　　　　　Clémentois, oise (1981)

883. Saint-Cléophas P (01)　　　　　*Saint-Cléophassien, ienne (1986)

Bib.: ST-AMAND, Alain (1986), «Au Conseil municipal de St-Cléophas. Gentilé», dans *L'Avant-Poste Gaspésien*, Amqui, 19 février, p. 45.

884. Saint-Cléophas P (06N)　　　　　*Cléophassois, oise (1986)

Var.: Cléophasien (1985).

885. Saint-Clet SD (06S)　　　　　　*Clétois, oise (1980)

886. Saint-Coeur-de-Marie VI (02)　　Mistoukois, oise (1978)

Var.: Mistookois; Mistoukien (1919).

Com.: Il y a quelques années, ce village a fusionné avec la municipalité de Delisle. Il portait auparavant le nom de *Mistook* (plusieurs variantes existent: *Mistouk*, *Mistouc*, *Mistooc*, etc.), du nom de la rivière Mistouc qui coule tout près de lui.

Bib.: G(ARON), C(laude) (1984), «Un nouveau nom pour la municipalité de Delisle?» dans *Le Lac-Saint-Jean*, Alma, 4 avril.

887. Saint-Colomban P (06N)　　　　*Colombanois, oise (1980)

Var.: Colombien.

Bib.: ANONYME (1986), «Colombanois, Colombanoises ...» dans *Le Mirabel*, Saint-Jérôme, 19 février, p. 11.

888. Saint-Côme P (06N)　　　　　　Cômier, ière (1972)

Var.: Cômien.

889. Saint-Constant V (06S)   *Constantin, ine (1980)

Bib.: LABERGE, Normand (1986), «De villes en villes. Les Constantins et les Constantines» dans *Le Reflet*, Candiac, 19 mars, p. 14.

890. Saint-Cuthbert P (06N)   *Saint-Cuthbertois, oise (1980)

Var.: Cuthbérois; Cuthbertain; Cuthbertois; Saint-Cuthbertais.

891. Saint-Cyprien SD (03)   Cyprianais, aise (1986)

———. Saint-Cyrille Voir *Saint-Cyrille-de-Wendover SD*.

892. Saint-Cyrille-de-Wendover   *Cyrillois, oise (1985)
SD (04)

893. Saint-Damase P (06S)   Damasien, ienne (1984)

Var.: Saint-Damasien (1964).

894. Saint-Damase-de-L'Islet   Damasien, ienne (1978)
SD (03)

895. Saint-Damien P (06N)   *Damiennois, oise (1986)

Var.: Damien (1985).

Bib.: BELLEHUMEUR, Alain (1986), «Ça se dit dans la région ...» dans *L'Écho de Louiseville*, Louiseville, 19 mars, p. 11.

896. Saint-Damien-de-Buckland   Damien, ienne (1982)
P (03)

897. Saint-David P (06S)   *Davidien, ienne (1986)

Var.: Davidois (1978).

898. Saint-David-de-Falardeau   Falardien, ienne (1969)
SD (02)

Com.: *Le Reflet falardien*, journal de la jeune Chambre de commerce, a paru au début des années 1970.

899. Saint-David-de-l'Auberivière   *Davidois, oise (1983)
V (03)

Var.: Saint-Davidois (1976).

900. Saint-Denis VL (06S)   *Dionysien, ienne (1943)

Var.: Dionisien; Dyanisien; Dyonésien; Dyonisien (1905).

Com.: Issu de la dérivation latine, le gentilé *Dionysien* provient de *Diony-sius*, forme latine de *Denis*, laquelle remonte au grec *Dionysos*. La teneur savante du dérivé a probablement joué un rôle non négligeable dans la multiplication des variantes. Le nom antérieur du village était Saint-Denis-sur-Richelieu.

Bib.: ALLAIRE, J.-B.-A. (1905), *Histoire de la paroisse de Saint-Denis-sur-Richelieu (Canada)*, Saint-Hyacinthe, Imprimerie du Courrier de Saint-Hyacinthe, p. 3 et 5 en particulier.

901. Saint-Denis-de-Brompton   *Saint-Denisien, ienne (1986)
P (05)

_____. Saint-Denis-sur-Richelieu Voir *Saint-Denis VL.*

902. Saint-Didace P (06N)   *Didacien, ienne (1957)

903. Saint-Dominique VL (06S)   *Dominiquois, oise (1986)

904. Saint-Donat SD (06N)   Donatien, ienne (1972)
[DO-NA-SYIN/SYENNE]

Com.: On a baptisé une piste de ski de randonnée locale *La Donatienne*.

905. Saint-Dunstan-du-Lac-   Saint-Dunstannien, ienne (1978)
Beauport P (03)

Com.: La dénomination courante de la municipalité est Lac-Beauport.

906. Sainte-Adèle V (06N)   *Adélois, oise (1978)

Var.: Adélinois (1971); Adellois; Adelois; Adèlois.

907. Sainte-Agathe P (03)   *Agathois, oise (1986)

908. Sainte-Agathe VL (03)   *Agathois, oise (1986)

909. Sainte-Agathe-des-Monts   *Agathois, oise (1978)
V (06N)

910. Sainte-Agathe-Sud VL (06N)   *Sudagathois, oise (1986)

Bib.: BUSQUE, Éric (1986), «Les sudagathois vous connaissez?», dans *Le Sommet*, Sainte-Agathe-des-Monts, 18 février, p. 2.

911. Sainte-Angèle P (04)   *Prémontois, oise (1986)

Com.: La population locale s'identifie davantage à la dénomination passée Sainte-Angèle-de-Prémont.

912. Sainte-Angèle-de-Mérici   Angelin, ine (1968)
    P (01)

913. Sainte-Angèle-de-Mérici   *Méricien, ienne (1986)
    VL (01)

Bib.: ANONYME (1986), «Échos municipaux de la Mitis. Sainte-Angèle Village», dans *L'Information régionale*, Mont-Joli, 11 mars, p. B-1.

914. Sainte-Angèle-de-Monnoir   *Angèloirien, ienne (1986)
    P (06S)

Com.: Les constituants **Angèl**e et Monn**oir** ont été mis à contribution.

915. Sainte-Angélique P (07)   *Sainte-Angéliquois, oise (1986)

916. Sainte-Anne-de-Bellevue   *Annabellevois, oise (1986)
    V (06C)

Com.: Le constituant du gentilé *Anna* provient de la transposition en latin d'*Anne*, tandis que la seconde partie de l'appellation met **Belle**-**v**ue à contribution.

Bib.: D'AOUST, Guy (1986), «Connaissez-vous vos voisins Annabellevois?», dans *L'Écho de Vaudreuil-Soulanges*, Dorion, 22 avril, p. 5.

917. Sainte-Anne-de-la-Pérade   *Péradien, ienne (1930)
    P (04)

918. Sainte-Anne-de-la-   *Pocatiérain, aine (1951)
    Pocatière P (03)

Var.: Pocatérien.

919. Sainte-Anne-de-la-Pointe-   *Pèrepointois, oise (1983)
    au-Père P (01)

Var.: Pointe-au-Pèrien (1982).

Bib.: ANONYME (1983), «Armoiries et devises», dans *Le Pilote*, Sainte-Anne-de-la-Pointe-au-Père, vol. 2, n° 7, 28 octobre, p. 3-4.

920. Sainte-Anne-de-Larochelle   *Larochellois, oise (1986)
    SD (06S)

**921. Sainte-Anne-de-Portneuf
SD (09)**
Var.: Annois (1981); Portneuvien.

*Portneuvois, oise (1986)

**922. Sainte-Anne-des-Monts
V (01)**
Var.: Annemontais.

*Annemontois, oise (1980)

923. Sainte-Anne-de-Sorel P (06S)

Sorelois, oise (1978)

924. Sainte-Anne-du-Lac SD (07)

*Lacquois, oise (1986)

**925. Sainte-Anne-d'Yamachiche
P (04)**

*Yamachichois, oise (1980)

**926. Sainte-Apolline-de-Patton
P (03)**

*Apollinois, oise (1986)

927. Sainte-Aurélie SD (03)

*Aurélien, ienne (1986)

928. Sainte-Blandine P (01)

*Blandinois, oise (1986)

**929. Sainte-Brigide PR
(Montréal V, 06C)**

Brigidain, aine (1985)

**930. Sainte-Brigide-d'Iberville
SD (06S)**

*Brigidien, ienne (1986)

**931. Sainte-Brigitte-de-Laval
P (03)**
Var.: Lavallois.
Com.: Un journal local a déjà porté le titre de *Le Lavalois*.

*Lavalois, oise (1968)

**932. Sainte-Brigitte-des-Saults
P (04)**

*Brigittois, oise (1982)

_____. Sainte-Catherine Voir *Sainte-Catherine-de-la-Jacques-Cartier SD*.

933. Sainte-Catherine V (06S)

Sainte-Catherinois, oise (1986)

934. Sainte-Catherine-de-Hatley
SD (05)
*Catherinois, oise (1986)

935. Sainte-Catherine-de-la-
Jacques-Cartier SD (03)
*Catherinois, oise (1981)

Var.: Catherinien.

Com.: Le journal municipal se nomme *Le Catherinois* et existe depuis 1981.

Bib.: PELLETIER, Robert (1984), «La vie municipale. Ne dites plus ...»,
dans *Le Journal de Québec*, Québec, 20 décembre, p. 7.

936. Sainte-Cécile-de-Lévrard
P (04)
*Cécilien, ienne (1986)

937. Sainte-Cécile-de-Masham
VI (07)
Mashamois, oise (1971)

Com.: Par suite d'une fusion, cette localité fait maintenant partie de la
municipalité de La Pêche.

938. Sainte-Cécile-de-Milton
CT (06S)
*Miltonnais, aise (1974)

939. Sainte-Cécile-de-Whitton
SD (05)
*Whittonnais, aise (1986)

940. Sainte-Christine P (06S)
*Christinois, oise (1986)

941. Sainte-Clothilde-de-Horton
VL (04)
*Clothildois, oise (1985)

942. Sainte-Clotilde-de-Beauce
P (03)
*Clotildois, oise (1986)

943. Sainte-Clotilde-
de-Châteauguay P (06S)
*Clotildien, ienne (1906)

944. Sainte-Croix VL (03)
*San-Crucien, ienne (1986)

Com.: On a fait appel également ici à la dérivation latine, *San* provenant
de **San**cta, «sainte» et *Crucien* de *crux, crucis*, «croix». Il s'agit d'un
exemple-limite du système dérivationnel.

945. Saint-Édouard-de-Fabre
P (08)

*Fabrien, ienne (1984)

946. Saint-Édouard-de-Frampton
P (03)

Framptonnien, ienne (1951)

947. Saint-Édouard-de-Lotbinière
P (03)

*Saint-Édouardien, ienne (1986)

948. Saint-Édouard-
de-Maskinongé SD (04)

*Édouardien, ienne (1986)

Var.: Maskinongeois (1981).

949. Sainte-Edwidge-de-Clifton
CT (05)

*Edwidgien, ienne (1986)

Var.: Edwidgeois.

950. Sainte-Élisabeth-de-Warwick
P (04)

*Elizabethois, oise (1985)

Com.: Même si le nom officiel de la municipalité comporte la forme française *Élisabeth*, les élus municipaux ont voulu respecter le désir
des fondateurs grâce au gentilé, car l'acte d'érection de la paroisse,
sanctionné le 18 mai l887, porte la forme anglaise *Elizabeth*.

951. Sainte-Elizabeth P (06N)

*Bayollais, aise (1978)

Var.: Bayolais (1972); Bayonnais.

Com.: «Sainte-Élisabeth de Bayonne ou simplement «Bayolle» comme les
anciens la nommaient en faisant une faute de prononciation est
située au confluent de la rivière Bayonne (...)» (DUGAS, Alphonse-
Charles (1971), *Notre belle paroisse de Sainte-Élisabeth (Co. Joliette)*, Sainte-Elizabeth, Édition de la Bayonne, p. 4). Ainsi, le gentilé est issu du nom du cours d'eau qui traverse la municipalité,
lequel a été relevé sous le nom de la Bayonnais à l'occasion d'une
enquête dialectologique réalisée en 1980.

952. Sainte-Eulalie SD (04)

*Eulalien, ienne (1986)

953. Sainte-Euphémie-sur-Rivière-
du-Sud SD (03)

*Sudriverain, aine (1986)

954. Sainte-Famille P (03)

*Famillois, oise (1986)
[FA-MIY-OI/OIZ]

955. Sainte-Félicité SD (03)   *Félicitois, oise (1986)

956. Sainte-Flavie P (01)   *Flavien, ienne (1979)

Bib.: ANONYME (1986), «Échos municipaux de la Mitis. Sainte-Flavie», dans *L'Information régionale*, Mont-Joli, 11 mars, p. B-1.

957. Sainte-Flore VI (04)   Sainte-Florien, ienne (1986)

958. Sainte-Florence SD (01)   *Florencien, ienne (1986)

Bib.: MICHAUD, Thérèse (1986), «Ste-Florence: les affaires municipales. Commission de toponymie», dans *L'Avant-Poste Gaspésien*, Amqui, 26 mars, p. 44.

959. Sainte-Foy V (03)   *Fidéen, enne (1978)

Var.: Fidésien (1975); Fidien; Saint-Fidéen.

Com.: Foi, anciennement orthographiée *foy*, se dit en latin *fides*, *fidei* au génitif (complément de nom). Il semble qu'à une certaine époque un journal municipal portait le nom de *Le Fidéen*.

960. Sainte-Françoise P (03)   *Franlageois, oise (1986)

Var.: Sainte-Françoisien (1981).

Com.: Selon la secrétaire-trésorière de la municipalité, le gentilé officialisé a été choisi lors d'une consultation populaire; il s'explique ainsi: *Fran-* représente la première syllabe de **Fran**çoise et *-lageois* constitue un jeu verbal avec «la joie», les Franlageois étant caractérisés par la grande joie de vivre qui émane d'eux.

961. Sainte-Geneviève V (06C)   *Génovéfain, aine (1986)

Com.: La dénomination *Geneviève* se dit en latin *Genovefa* à laquelle on a adjoint le suffixe *-ain* pour déterminer le gentilé, identique à celui de Sainte-Geneviève-des-Bois (Seine-et-Oise).

Bib.: BERNARD, Florian (1986), «L'Île de Montréal. Les Génovéfains au répertoire officiel des gentilés du Québec», dans *La Presse*, Montréal, 2 avril, p. A7.

PITRE, Mario (1986), «Êtes-vous «génovéfains»», dans *Cités Nouvelles*, Sainte-Geneviève, 30 mars, p. 2.

962. Sainte-Geneviève PR (Sainte-Foy V, 03)   Genévois, oise (1985)

963. Sainte-Geneviève-de-Batiscan P (04)   *Genevièvois, oise (1980)

964. Sainte-Geneviève-de-Berthier P (06N)   *Berthelais, aise (1983)

965. Sainte-Germaine-Boulé SD (08)   *Germainien, ienne (1986)

966. Sainte-Germaine-de-l'Anse-aux-Gascons P (01)   *Gasconnien, ienne (1986)

967. Sainte-Hedwidge SD (02)   *Hedwidgien, ienne (1986)

968. Sainte-Hélène-de-Bagot SD (06S)   *Hélénois, oise (1986)

969. Sainte-Hélène-de-Breakeyville P (03)   *Breakeyvillois, oise (1983)

Com.: La désignation courante de la municipalité est Breakeyville, dénomination souche du gentilé. Le journal *Le Breakeyvillois*, paru pour la première fois en octobre 1983, a été créé pour informer les citoyens quant aux diverses activités s'inscrivant dans le cadre des fêtes du 75e anniversaire de fondation de la municipalité.

Bib.: ANONYME (1984), *Sainte-Hélène de Breakeyville d'hier à aujourd'hui*, Scott-Jonction, s.é., 866 p. (p. 317 en particulier).

970. Sainte-Hélène-de-Mancebourg P (08)   *Mancebourgeois, oise (1986)

971. Sainte-Irène P (01)   *Irénien, ienne (1986)

Var.: Sainte-Irénien.

Bib.: BOUDREAULT-LAMBERT, Sylvie (1986), «Ste-Irène: affaires municipales», dans *L'Avant-Poste Gaspésien*, Amqui, 26 février, p. 36.

972. Sainte-Jeanne-d'Arc P (01)   *Jeannois-Mitissien, ienne (1986)

Var.: Jeannois (1980).

Com.: L'ajout de l'élément *Mitissien*, qui réfère à la région de la Mitis, a pour but de permettre aux citoyens de se démarquer des autres Jeannois, du Lac-Saint-Jean entre autres.

Bib.: OTIS, Augustine (1986), «Ste-Jeanne d'Arc: affaires municipales. Gentilé des gens de la municipalité», dans *L'Avant-Poste Gaspésien*, Amqui, 23 avril, p. 12.

973. Sainte-Jeanne-d'Arc VL (02)   *Jeannedarcois, oise (1986)

974. Sainte-Julienne P (06N)   *Juliennois, oise (1985)

975. Sainte-Justine P (03)   *Justinien, ienne (1962)

976. Sainte-Justine-de-Newton P (06S)   *Justinois, oise (1979)

977. Saint-Élie-d'Orford P (05)   *Orferois, oise (1981)

Com.: On a vraisemblablement élaboré le gentilé à partir d'une forme latinisante d'Orford, du type *Orferus (forme reconstituée).

978. Saint-Éloi P (03)   *Éloisien, ienne (1986)

979. Sainte-Louise P (03)   *Louisien, ienne (1986)

980. Sainte-Luce P (01)   *Luçois, oise (1979)

981. Sainte-Lucie-de-Beauregard SD (03)   *Beauregardois, oise (1986)

982. Sainte-Lucie-des-Laurentides SD (06N)   *Lucilois, oise (1986)

Com.: **Luci**e et **L**aurentides ont été mis à contribution pour élaborer le gentilé.

Bib.: ANONYME (1986), «Choix des gentilés», dans *L'Information du Nord*, Saint-Jovite, 14 avril.

983. Saint-Elzéar SD (03)   *Saint-Elzéaréen, enne (1986)

984. Sainte-Madeleine VL (06S)   *Madeleinois, oise (1986)

985. Sainte-Madeleine-de-la-Rivière-Madeleine SD (01)   *Madeleinoriverain, aine (1986)

986. Sainte-Madeleine-de-Rigaud   Rigaudin, ine (1980)
P (06S)

987. Sainte-Madeleine-d'Outremont   Madelinot, ote (1954)
PR (Montréal V, 06C)

Com.: À ne pas confondre avec le gentilé des citoyens des îles de la Madeleine.

988. Sainte-Marcelline-de-Kildare   *Marcellinois, oise (1986)
SD (06N)

989. Sainte-Marguerite SD (01)   *Margueritien, ienne (1986)

Bib.: BOUDREAULT-LAMBERT, Sylvie (1986), «Ste-Marguerite: Les affaires municipales», dans *L'Avant-Poste Gaspésien*, Amqui, 10 mars, p. 36.

990. Sainte-Marguerite-du-Lac-   *Massonais, aise (1984)
Masson P (06N)

991. Sainte-Marguerite-Marie   Margueritois, oise (1981)
VI (02)

Com.: Entité municipale annexée à la ville de Mistassini en 1976.

992. Sainte-Marie V (03)   *Mariverain, aine (1985)

Com.: La ville est située sur les bords de la Chaudière, ce dont témoigne le constituant *riverain*, alors que *Ma-* provient de la première syllabe de **Ma**rie.

Bib.: BRETON, Pierre (1985), «Salut Mariverains, Mariveraines», dans *Beauce Média*, Sainte-Marie, 17 décembre, p. 5A.

_____. Sainte-Marie-de-Sayabec Voir *Sayabec SD.*

993. Sainte-Marie-Salomée   *Saloméen, enne (1981)
P (06N)

Var.: Samaritain.

994. Sainte-Marthe SD (06S)   *Marthéen, enne (1986)

995. Sainte-Marthe-sur-le-Lac   *Marthelacquois, oise (1986)
V (06N)

> *Bib.:* BINETTE, Rémi (1986), «En direct de l'hôtel de ville de Sainte-Marthe-sur-le-Lac. Des Marthelacquois», dans *L'Éveil des Deux-Rives*, Saint-Eustache, 18 mars, p. 22.

996. Sainte-Martine P (06S)   *Martinois, oise (1983)

997. Sainte-Mélanie P (06N)   *Mélanien, ienne (1982)

> *Var.:* Mélanois.

998. Saint-Émile VL (03)   *Émilois, oise (1986)

> *Com.:* En juin 1986, un journal municipal a été créé, lequel répond au titre *L'Émilois*.

> *Bib.:* ANONYME (1986), «Émiloise, Émilois!», dans *Le Mercredi soir*, Loretteville, 18 juin, p. 3.

999. Sainte-Monique VI (06N)   Moniquois, oise (1970)

> *Com.:* Cette entité municipale a fusionné avec un certain nombre d'autres pour former la ville de Mirabel.

1000. Sainte-Monique P (04)   *Moniquois, oise (1984)

1001. Sainte-Monique VL (04)   *Moniquois, oise (1986)

1002. Sainte-Odile-sur-Rimouski   *Odilois, oise (1986)
P (01)

1003. Sainte-Paule SD (01)   *Pauléen, enne (1986)

1004. Sainte-Perpétue P (04)   Perpétuen, enne (1960)
                                         [PÈR-PÉ-TU-IN/ENNE]

> *Var.:* Sainte-Perpétutois.

1005. Sainte-Perpétue SD (03)   *Sainte-Perpétuen, enne (1986)
                                           [SINT-PÈR-PÉ-TU-IN/ENNE]

1006. Sainte-Pétronille VL (03)   Pétronillais, aise (1978)

1007. Saint-Éphrem-de-Beauce
P (03)
     *Saint-Éphremois, oise (1986)

1008. Saint-Éphrem-de-Tring
VL (03)
     Éphremois, oise (1986)

1009. Saint-Éphrem-d'Upton
P (06S)
     *Uptonais, aise (1986)

1010. Saint-Épiphane P (03)
     *Épiphanois, oise (1986)

_____. Sainte-Pudentienne Voir *Roxton Pond P* et *Roxton Pond VL.*

1011. Sainte-Rita SD (03)
     *Ritois, oise (1986)

1012. Sainte-Rosalie P (06S)
     *Rosalien, ienne (1986)

1013. Sainte-Rosalie VL (06S)
     *Rosalien, ienne (1939)

1014. Sainte-Rose Q (Laval V, 06C)
     Sainte-Rosien, ienne (1940)

1015. Sainte-Rose-du-Nord P (02)
     *Roserain, aine (1982)

Var.: Roserin.

Com.: Le gentilé rappelle le fait que la municipalité se situe en position riveraine (élément *-rain*) par rapport à la rivière Saguenay.

1016. Sainte-Sabine P (03)
     *Sabinois, oise (1981)

1017. Sainte-Sabine P (06S)
     *Sabinois, oise (1967)

1018. Sainte-Séraphine P (04)
     Séraphinois, oise (1981)

1019. Sainte-Sophie SD (06N)
     *Sophien, ienne (1986)

Bib.: C(ADIEUX), A(nne)-M(arie), «À Sainte-Sophie ce sont des Sophiens», dans *Le Mirabel*, Saint-Jérôme, 1er avril, p. A-15.

1020. Saint-Esprit P (06N)
     *Spiritois, oise (1986)

Var.: Esprien (1985).

Com.: Spiritois est tiré de la transposition latine d'*esprit, spiritus.*

1021. Sainte-Thècle VL (04)   *Thèclois, oise (1986)

1022. Sainte-Thérèse V (06N)   *Térésien, ienne (1880)

Var.: Térèsien; Thérésien (1880); Thérèsien.

Com.: La grande majorité des nombreux exemples relevés de ce gentilé ne comportent pas de *h*, graphie qui remonte, pour le dérivé, à la fin du XIXe siècle. Or, au XVIIe siècle, on orthographiait Sainte Terese ainsi (*Relation des Jésuites* (1665), Sixte Le Tac, etc.). Il s'agit d'un hispanisme, car *Thérèse* en espagnol a pour forme *Teresa* et la sainte patronne de la municipalité est précisément sainte Thérèse, religieuse espagnole. Cette graphie a d'ailleurs été retenue en 1979, lors de la création de la revue municipale *Le Térésien*. Enfin, on a amplement discuté de l'orthodoxie de formes comme *Thérèsien* et *Thérésien* et on assiste à une lente remontée de *Thérésien* avec *h* à titre de raison sociale ou de nom de groupements divers.

Bib.: ANONYME (1972), «Sur le mot «Térésien»», dans *La Voix des Mille-Îles*, Sainte-Thérèse, 6 septembre, p. 4.

B(ERTRAND), J(ean) (1986), «C'est maintenant officiel. On écrit Térésien et non Thérésien», dans *La Voix des Mille-Îles*, Sainte-Thérèse, 18 mars, p. 14.

BERTRAND, Lionel (1972), «Faut-il écrire «Térésien» ou écrire «Thérésien», dans *La Voix des Mille-Îles*, Sainte-Thérèse, 30 août, p. 4.

————. Sainte-Thérèse-de-Blainville Voir *Sainte-Thérèse V.*

1023. Sainte-Thérèse-de-Gaspé   *Thérésien, ienne (1986)
SD (01)

————. Saint-Étienne Voir *Saint-Étienne-de-Lauzon SD.*

1024. Saint-Étienne-   *Stéphanois, oise (1983)
de-Beauharnois SD (06S)

Com.: Le gentilé résulte de la transposition latine du prénom *Étienne*, *Stephanus*.

1025. Saint-Étienne-de-Beaumont   *Beaumontois, oise (1983)
P (03)

1026. Saint-Étienne-de-Bolton　　　*Stéphanois, oise (1985)
SD (06S)

Var.: Grasspontin (1971).

Com.: Pour l'élucidation de la formation du gentilé, se reporter à *Saint-Étienne-de-Beauharnois SD*. Quant à la variante, elle aurait été tirée du nom que portait naguère la municipalité, Grass Pond.

1027. Saint-Étienne-de-Lauzon　　　*Stéphanois, oise (1978)
SD (03)

Com.: Cf. *Saint-Étienne-de-Beauharnois SD* pour connaître les modalités d'élaboration du gentilé.

1028. Saint-Étienne-des-Grès　　　*Stéphanois, oise (1978)
P (04)

Com.: Se reporter à *Saint-Étienne-de-Beauharnois SD* pour connaître la structure du gentilé.

1029. Saint-Eugène SD (04)　　　*Eugénois, oise (1986)

1030. Saint-Eugène-de-Guigues　　　*Eugénien, ienne (1986)
SD (08)

1031. Sainte-Ursule P (04)　　　*Ursulois, oise (1984)

Var.: Saintursulot (1964).

Com.: La variante se retrouve sous la plume du regretté Jacques Ferron dans son ouvrage intitulé *La Nuit*.

1032. Saint-Eusèbe P (03)　　　*Eusèbien, ienne (1986)

1033. Saint-Eustache V (06N)　　　*Eustachois, oise (1977)

Var.: Saint-Eustachois.

1034. Sainte-Véronique VL (06N)　　　Véroniquois, oise (1985)

1035. Sainte-Victoire-d'Arthabaska　　　*Victoirien, ienne (1986)
P (04)

1036. Sainte-Victoire-de-Sorel　　　*Victoirien, ienne (1986)
P (06S)

1037. Saint-Fabien P (01) *Fabiennois, oise (1986)

1038. Saint-Fabien-de-Panet P (03) *Panétois, oise (1986)

1039. Saint-Faustin SD (06N) *Faustinois, oise (1984)
Var.: Faustinien (1981).

1040. Saint-Félicien V (02) *Félicinois, oise (1965)
Var.: Félicien; Féliciennois (1908).

1041. Saint-Félix-de-Dalquier *Dalquiérois, oise (1986)
SD (08)

1042. Saint-Félix-de-Valois P (06N) *Félicien, ienne (1986)
Com.: La forme latine *Felicianus*, «relatif à Félix» a inspiré le choix du gentilé.

1043. Saint-Félix-de-Valois *Félicien, ienne (1972)
VL (06N)
Var.: Félixien (1953).
Com.: Voir *Saint-Félix-de-Valois P* pour connaître la structure du gentilé.

1044. Saint-Félix-d'Otis SD (02) *Otissien, ienne (1986)

_____. Saint-Félix-du-Cap-Rouge Voir *Cap-Rouge V.*

1045. Saint-Ferréol-les-Neiges *Saint-Ferréolais, aise (1840)
SD (03)
Com.: Une piste de la station de ski du Mont-Sainte-Anne est dénommée *La Ferréolaise.*

1046. Saint-Fidèle-de-Mont-Murray *Fidèlois, oise (1986)
P (03)

_____. Saint-Firmin Voir *Baie-Sainte-Catherine SD.*

1047. Saint-Flavien P (03) Flaviénois, oise (1986)

1048. Saint-Flavien VL (03) *Saint-Flaviennois, oise (1986)

1049. Saint-Fortunat SD (03)   *Fortunois, oise (1986)

1050. Saint-François-d'Assise   *Assisien, ienne (1986)
   P (01)

1051. Saint-François-de-Sales   *Salésien, ienne (1980)
   SD (02)

1052. Saint-François-Xavier-   *Batiscanais, aise (1980)
   de-Batiscan P (04)

_____. Saint-François-Xavier-de-la-Petite-Rivière Voir *Petite-Rivière-Saint-François P.*

1053. Saint-François-Xavier-   *Vigérois, oise (1978)
   de-Viger SD (03)

1054. Saint-Gabriel V (06N)   *Gabriélois, oise (1986)
   Var.: Gabriellois.

1055. Saint-Gabriel SD (01)   *Gabriélois, oise (1986)
   Var.: Gabriellois.
   Bib.: ANONYME (1986), «Échos municipaux de la Mitis. Saint-Gabriel», dans *L'Information régionale*, Mont-Joli, 11 mars, p. B-1.

1056. Saint-Gabriel-de-Brandon   *Brandonien, ienne (1917)
   P (06N)
   Var.: Brandonnien.
   Bib.: PINEL, J(ean)-G(uy) (1986), «Gabriellois et Brandonien. Deux gentilés différents pour la ville ou la paroisse», dans *L'Écho de Louiseville*, Louiseville, 12 mars, p. 40.

1057. Saint-Gédéon SD (02)   Saint-Gédéonais, aise (1985)

1058. Saint-Georges V (03)   Georgien, ienne (1834)
   Var.: Saint-Georgeois.

1059. Saint-Georges VL (04)   *Georgeois, oise (1986)

1060. Saint-Georges-de-Cacouna   *Cacounien, ienne (1986)
   P (03)

1061. Saint-Georges-de-Cacouna *Cacounois, oise (1978)
VL (03)

1062. Saint-Georges-de-Windsor *Saint-Georgeois, oise (1986)
CT (05)

Bib.: PICHET, Michel (1986), «125ᵉ St-Georges de Windsor. Conseil du Canton»,dans *Le Citoyen*, Asbestos, 15 avril, p. 12.

1063. Saint-Georges-de-Windsor *Saint-Georgeois, oise (1986).
VL (05)

1064. Saint-Georges-Est P (03) Georgien, ienne de l'Est (1986)

1065. Saint-Gérard VL (05) *Gérardois, oise (1986)

1066. Saint-Gérard-des-Laurentides *Laurentien, ienne (1986)
P (04)

1067. Saint-Gérard-Majella P (06N) *Majellien, ienne (1986)

1068. Saint-Germain P (03) *Germainien, ienne (1986)

1069. Saint-Germain-de-Grantham *Germainois, oise (1981)
VL (04)

_____. Saint-Gervais Voir *Saints-Gervais-et-Protais P.*

1070. Saint-Gilbert P (03) *Gilbertain, aine (1980)

1071. Saint-Gilles P (03) *Gillois, oise (1951)

Var.: Gilois (vers 1825); Saint-Gillois.

1072. Saint-Godard-de-Lejeune *Lejeunois, oise (1986)
SD (03)

1073. Saint-Grégoire S Margueritain, aine (1984)
(Bécancour V, 04)

Com.: Il s'agit d'un genre de paléogentilé puisque Saint-Grégoire était naguère désigné sous l'appellation de Sainte-Marguerite.

1074. Saint-Grégoire-le-Grand   *Grégoirien, ienne (1986)
    P (06S)

Var.: Grégorien (1955).

Com.: La variante provient de l'équivalent latin de *Grégoire, Gregorius.*

1075. Saint-Guillaume P (04)   *Guillaumien, ienne (1986)

1076. Saint-Guillaume VL (04)   *Guillaumien, ienne (1983)

1077. Saint-Guillaume-de-Granada   *Granadois, oise (1986)
    SD (08)

1078. Saint-Guy SD (03)   Saint-Guyen, enne (1971)

1079. Saint-Henri SD (03)   *Henriçois, oise (1983)

1080. Saint-Henri-de-Mascouche   Mascoutin, ine (1970)
    VI (06N)

Com.: Désormais cette localité fait partie de Mascouche. Le gentilé appelle
    un rapprochement patent avec *Maskoutain*, dénomination des
    citoyens de Saint-Hyacinthe.

1081. Saint-Hilaire-de-Dorset P (03)   *Dorsétois, oise (1986)

1082. Saint-Hilarion P (03)   Saint-Hilarionien, ienne (1879)

1083. Saint-Hippolyte P (06N)   *Hippolytois, oise (1983)

Bib.: SÉNÉCAL, Rosaire (1983), «Commission de toponymie», dans *Le
    Sentier*, Saint-Hippolyte, vol. 1, n° 6, octobre, p. 4.

1084. Saint-Honoré SD (02)   *Honorien, ienne (1980)

1085. Saint-Honoré SD (03)   *Saint-Honorien, ienne (1986)

1086. Saint-Hubert P (03)   Saint-Hubertin, ine (1985)

1087. Saint-Hubert V (06S)   *Hubertin, ine (1982)/
                                     angl. *Hubertan (1984)

Var.: Hubertain; Hubertois; Saint-Hubertin (1962).

Com.: Quelques groupements ont intégré ce gentilé à leur dénomination comme la *Foulée Hubertine*, le *Parti Hubertin*, etc.

1088. Saint-Hyacinthe V (06S)   *Maskoutain, aine (1894)/
                                     angl. Maskoutan (1950)

Var.: Mascoutain (1930); Mascoutin (1671); Maskoutin (1909); Saint-Hyacinthien (1930).

Com.: Cette ville a antérieurement porté le nom de Petit-Maska ou Masca, provenant sans doute du nom de la rivière Yamaska qui la traverse, d'où la forme du gentilé, tiré du nom d'une bande amérindienne mentionnée déjà par le père Charlevoix.

Maskoutain en outre d'avoir été retenu comme constituant de nombreuses raisons sociales, a été mis à contribution de diverses manières. Un journal local porte le nom *Journal Maskoutain*, de même que le bulletin d'information de la ville titré *Le Maskoutain*. Une collection d'ouvrages publiés sous les auspices de la Société d'histoire régionale de Saint-Hyacinthe porte le titre collectif de «Documents Maskoutains».

Enfin, l'identité maskoutaine ne saurait trouver meilleur véhicule que la présence du gentilé en guise de spécifique d'organismes aussi prestigieux que la municipalité régionale de comté des Maskoutains et le Centre local de services communautaires (CLSC) des Maskoutains.

Bib.: ROY, Pierre-Georges (1940), «Mascoutains», dans *Les Mots qui restent*, t. 2, Québec, p. 121-122.

1089. Saint-Hyacinthe-   *Maskoutain, aine (1986)
le-Confesseur P (06S)

Com.: Bien que l'origine de la dénomination municipale soit étrangère à celle de Saint-Hyacinthe, les autorités municipales ont estimé préférable d'adopter le même gentilé, d'une part, en raison de la proximité géographique des deux entités municipales et, d'autre part, pour le motif d'une fusion envisageable à plus ou moins court terme.

1090. Saint-Ignace-de-Loyola   *Loyolois, oise (1986)
P (06N)

Var.: Loyolais (1985).

1091. Saint-Ignace-de-Stanbridge   *Ignaçois, oise (1986)
P (06S)

1092. Saint-Irénée P (03) *Saint-Irénéen, enne (1986)

1093. Saint-Isidore P (06S) *Isidorien, ienne (1910)
  Var.: Saint-Isidorien (1934).

1094. Saint-Isidore-d'Auckland *Isidorien, ienne (1986)
  SD (05)

1095. Saint-Jacques P (06N) *Jacobin, ine (1986)
  Com.: En bas latin, *Jacques* se disait *Jacobus*, d'où la forme retenue pour le gentilé. À noter que ce terme a d'abord constitué, à la fin du XVIIIᵉs., un surnom dont on affublait les membres d'un groupe politique révolutionnaire dont les quartiers établis à Paris se trouvaient dans un ancien couvent de Jacobins, ordre religieux du Moyen Âge. Par la suite, il a servi à étiqueter tout républicain passionné et intransigeant. Grâce au phénomène de la désémantisation, les Jacobins d'ici ne sauraient être identifiés à de telles tendances!

1096. Saint-Jacques VL (06N) *Jacobin, ine (1981)
  Var.: Jacobain (1960).
  Com.: Se reporter au commentaire sous *Saint-Jacques P.*

1097. Saint-Jacques-de-Leeds *Leedois, oise (1986)
  SD (03) [LI-DOI/DOIZ]

_____. Saint-Jacques-de-Parisville Voir *Parisville P.*

1098. Saint-Jacques-le-Majeur- *Causapscalien, ienne (1986)
  de-Causapscal P (01)

1099. Saint-Jacques-le-Majeur- *Jacquois, oise (1985)
  de-Wolfestown P (03)

1100. Saint-Janvier P (08) *Chazelois, oise (1980)
  Com.: Située dans le canton de Chazel, la municipalité se dénommait autrefois Saint-Janvier-de-Chazel et la population locale semble s'identifier davantage à ce toponyme.

1101. Saint-Janvier-de-Joly SD (03) *Jolyen, enne (1983)

_____. Saint-Jean Voir *Saint-Jean-sur-Richelieu V.*

1102. Saint-Jean CÉ (06S) Johannais, aise (1978)

1103. Saint-Jean-Baptiste SD (01) *Jean-Baptistien, ienne (1986)

1104. Saint-Jean-Baptiste-de-l'Isle-Verte SD (03) *Isle-Vertois, oise (1986)

1105. Saint-Jean-Baptiste-de-Nicolet P (04) Nicolétain, aine (1986)

1106. Saint-Jean-Baptiste-Vianney P (01) *Viannois, oise (1986)

1107. Saint-Jean-Chrysostome P (06S) *Chrysostomien, ienne (1986)

1108. Saint-Jean-de-Boischatel VL (03) *Boischatelois, oise (1984)

Com.: La dénomination courante de la municipalité est Boischatel.

1109. Saint-Jean-de-Cherbourg P (01) *Cherbourgeois, oise (1986)

1110. Saint-Jean-de-Dieu SD (03) *Johannois, oise (1986)

Com.: Gentilé élaboré sur la forme latine *Johannes*, «Jean».

1111. Saint-Jean-de-la-Lande SD (03) Jeannois, oise (1982)

1112. Saint-Jean-de-Matha P (06N) *Mathalois, oise (1985)

Var.: Mathain; Mathais.

Com.: Le gentilé *Mathalois* se révèle original, car il se démarque de *Mathalien* qui identifie les citoyens de Matha (Charente-Maritime). Du 18 au 20 juillet 1986, se sont déroulées les festivités entourant la fête des Mathalois, célébration annuelle pour rappeler la création du gentilé.

Bib.: LANDRY, Louis (1985), «Connaissez-vous les Mathais de St-Jean-de-Matha», dans *Le Joliette Journal*, Joliette, 6 mars, p. 7.

PELLETIER, Louis (1985), «Première fête populaire des Mathalois», dans *Le Joliette Journal*, Joliette, 4 septembre, p. 52.

RAINVILLE, Francine (1985), «Les résidents de St-Jean de Matha baptisés des «Mathalois», dans *Journal L'Action*, Joliette, 11 juin, p. A-9.

1113. Saint-Jean-des-Piles SD (04)   *Pilois, oise (1979)

_____. Saint-Jean-d'Iberville Voir *Saint-Jean-sur-Richelieu V.*

1114. Saint-Jean-Port-Joli SD (03)   *Port-Jolien, ienne (1978)
   Var.: Jeanois; Port-Jolois.

1115. Saint-Jean-sur-Richelieu   *Johannais, aise (vers 1970)
   V (06S)
   Var.: Ibervillois (1969); Jeannois.
   Com.: Pendant une certaine période, la ville a porté les dénominations successives de *Saint-Jean-d'Iberville* et *Saint-Jean* à partir desquelles les variantes gentiléennes ont été élaborées. Un bulletin municipal, *Le Johannais*, existe depuis 1975.
   Bib.: HÉBERT, Michel (1986), «Johannais et Johannaise ...», dans *Le Canada français*, Saint-Jean-sur-Richelieu, 26 février, p. A-11.

1116. Saint-Jérôme V (06N)   *Jérômien, ienne (1897)
   Var.: Jéromien (1916).
   Bib.: DUGAS, Jean-Yves (1984), «Jérômien, Jérômienne: une appellation dont on peut être fiers!», dans *L'Écho du Nord*, Saint-Jérôme, 1er février, p. 40.

1117. Saint-Joachim-de-Courval   *Courvalois, oise (1986)
   P (04)

1118. Saint-Joachim-de-Shefford   *Joachimien, ienne (1983)
   P (06S)   [YO-A-KI-MYIN/MYENNE]

_____. Saint-Joachim-de-Tourelle Voir *Tourelle SD.*

1119. Saint-Joseph-de-Beauce   *Josephois, oise (1986)
   P (03)

1120. Saint-Joseph-de-Coleraine   *Colerainois, oise (1986)
   SD (03)

**1121. Saint-Joseph-
de-Deschambault P (03)**
*Deschambaultien, ienne (1986)
[DÈ-CHAM-BO-TYIN/TYENNE]

**1122. Saint-Joseph-de-Ham-Sud
P (05)**
*Hamsudois, oise (1986)

**1123. Saint-Joseph-de-Kamouraska
P (03)**
*Joséphien, ienne (1986)

**1124. Saint-Joseph-de-la-Pointe-
de-Lévy P (03)**
*Lévypointois, oise (1986)

Bib.: GARNEAU, Louis (1986), «Lévypointois, Lévypointoise, vous vous reconnaissez?», dans *Le Point de la Rive-Sud*, Lévis, 15 avril.

**1125. Saint-Joseph-de-la-Rive
VL (03)**
Riverain, aine (1978)

**1126. Saint-Joseph-de-Lepage
P (01)**
*Lepageois, oise (1985)

Bib.: ANONYME (1986), «Échos municipaux de la Mitis. Saint-Joseph de Lepage», dans *L'Information régionale*, Mont-Joli, 11 mars, p. B-1.

**1127. Saint-Joseph-de-Maskinongé
P (04)**
*Maskinongeois, oise (1978)

**1128. Saint-Joseph-de-Sorel
V (06S)**
*Saint-Josephois, oise (1986)

_____. Saint-Joseph-de-Soulanges Voir *Les Cèdres VL.*

1129. Saint-Jovite P (06N)
Jovitien, ienne (1986)

1130. Saint-Jovite V (06N)
*Jovitien, ienne (1974)

Var.: Jovitois (1971).

1131. Saint-Jude P (06S)
*Rochvillois, oise (1986)

Com.: Le gentilé provient du nom ancien de la municipalité, Rochville, ce dernier attribué en l'honneur du propriétaire de la seigneurie de Saint-Ours, Roch de Saint-Ours.

1132. Saint-Julien P (03)
*Juliénois, oise (1986)

Répertoire des gentilés

1133. Saint-Juste-du-Lac SD (03)   *Lacjustois, oise (1986)

1134. Saint-Justin P (04)   Justinien, ienne (1937)
   Var.: Saint-Justinien (1937).

_____. Saint-Lambert Voir *Saint-Lambert-de-Lauzon P.*

1135. Saint-Lambert P (08)   *Lambertien, ienne (1986)

1136. Saint-Lambert V (06S)   *Lambertois, oise (1980)/
      angl. St.Lamberite (1983)
   Var.: Saint-Lambertois; angl. St.Lambertian.
   Bib.: ANONYME (1986), «C'est officiel: nous sommes des Lambertois»,
      dans *Saint-Lambert Journal*, Saint-Lambert, 26 février.
      SALMON-TAYLOR, Sheryl (1986), «Village News», dans *Saint-
      Lambert Journal*, Saint-Lambert, March 5th.

1137. Saint-Lambert-de-Lauzon   *Lambertin, ine (1986)
P (03)

1138. Saint-Laurent V (06S)   Laurentien, ienne (vers 1940)/
      angl. Laurentian (1983)
   Com.: Un journal local a déjà porté le nom de *Le Laurentien.*

_____. Saint-Laurent, Vallée du Voir *Vallée-du-Saint-Laurent RG.*

1139. Saint-Lazare P (03)   Lazarien, ienne (vers 1977)

1140. Saint-Léandre P (01)   *Léandais, aise (vers 1966)
   Com.: La secrétaire-trésorière de la municipalité précise que ce gentilé
      existe dans l'usage oral depuis environ 20 ans sous cette forme
      et on peut croire que la prononciation est responsable de la sup-
      pression du *r.*

1141. Saint-Léonard V (06C)   *Léonardois, oise (1983)
   Bib.: BEAUDOIN, Michel (1983), «Un résident de Saint-Léonard: Léonar-
      dois ...», dans *Le Journal de Saint-Léonard*, Saint-Léonard, 31 mai,
      p. 11.
      MELOCHE, Roland (1983), «Maintenant nous sommes des Léonar-
      dois et et (*sic*) Léonardoises», dans *Le Progrès de Saint-Léonard*,
      Saint-Léonard, 1er juin, p. 5.

1142. Saint-Léonard SD (04) *Léonardais, aise (1986)

1143. Saint-Léonard-d'Aston *Léonardois, oise (1986)
VL (04)

1144. Saint-Léonard-de-Portneuf *Léonardois, oise (1986)
SD (03)

1145. Saint-Léon-de-Standon P (03) *Standonnien, ienne (1986)

1146. Saint-Léon-le-Grand P (01) *Léonais, aise (1986)

Bib.: BOUDREAULT-LAMBERT, Sylvie (1986), «Les affaires municipales. Gentilé», dans *L'Avant-Poste Gaspésien*, Amqui, 12 mars.

1147. Saint-Léon-le-Grand P (04) *Léongrandien, ienne (1986)

Bib.: DÉSAULNIERS, Roger (1986), «À Saint-Léon, il y aura des léongrandiens», dans *L'Écho de Louiseville*, Louiseville, 21 mai, p. 78.

L(AMARRE), M(ichel) (1986), «Un nom pour les résidants (*sic*) de St-Léon», dans *Le Nouvelliste*, Trois-Rivières, 17 mai, p. 42.

1148. Saint-Liboire P (06S) *Liboirois, oise (1986)

1149. Saint-Liboire VL (06S) *Liboirien, ienne (vers 1925)

1150. Saint-Liguori P (06N) *Liguorien, ienne (1972)

1151. Saint-Lin P (06N) *Saint-Linois, oise (1978)

Var.: Linois.

Bib.: D(ESPATIS), M(arie)-F(rance) (1986), «Le conseil des Saint-Linois», dans *La Revue*, Terrebonne, 25 février, p. 6.

1152. Saint-Louis P (06S) Saint-Louisien, ienne (1948)

1153. Saint-Louis-de-Blandford Ludovicien, ienne (1977)
P (04)

Com.: En latin, *Ludovicus* équivaut au français *Louis*, d'où le gentilé.

1154. Saint-Louis-de-France P (04)   *Louisfrancien, ienne (1983)

    Bib.: N(OREAU), R(oger) (1983), «À Saint-Louis-de-France, les résidents se donnent un nom», dans *Le Nouvelliste*, Trois-Rivières, 1er février, p. 6.

1155. Saint-Louis-de-Gonzague   *Louisien, ienne (1986)
SD (03)

1156. Saint-Louis-de-Kamouraska   *Kamouraskois, oise (1863)
P (03)

1157. Saint-Louis-de-l'Isle-   *Coudrislois, oise (1986)
aux-Coudres P (03)

_____. Saint-Louis-de-Pintendre Voir *Pintendre SD.*

1158. Saint-Louis-de-Terrebonne   Saint-Louisien, ienne (1983)
VI (06N)

    Com.: A fusionné à Terrebonne en juin 1985.

1159. Saint-Louis-du-Ha! Ha! P (03)   *Louisien, ienne (1978)

1160. Saint-Luc P (01)   *Lucois, oise (1986)
                                     [LU-KOI/KOIZ]

1161. Saint-Luc P (04)   *Lucois, oise (1986)
                                     [LU-KOI/KOIZ]

1162. Saint-Luc V (06S)   *Luçois, oise (1978)
                                     [LU-SOI/SOIZ]

    Var.: Savanais.

    Com.: Sous le Régime français, le territoire environnant Saint-Luc se nommait *La Savan(n)e*, d'où la variante, par ailleurs très peu usitée. La cédille sous le ç du gentilé officiel appelle une prononciation avec [*S*], peu prévisible. Depuis 1979, le journal municipal a pour titre *Le Luçois.*

        Bib.: ANONYME (1986), «Les Luçois battent les Savanais», dans *Le Canada français*, Saint-Jean-sur-Richelieu, 26 février, p. A-14.

1163. Saint-Ludger VL (03)   *Ludgérois, oise (1985)

1164. Saint-Ludger-de-Milot
SD (02)
*Milotois, oise (1986)

1165. Saint-Majorique-de-Grantham
P (04)
*Majoriquois, oise (1986)

1166. Saint-Malachie-d'Ormstown
P (06S)
*Ormstownien, ienne (1986)

1167. Saint-Malo SD (05)
*Malouin, ine (1984)

Com.: Ce gentilé a sans doute été adopté par référence au Saint-Malo d'Ille-et-Vilaine et à Malo-les-Bains (Nord) dont les citoyens sont des Malouins, le plus illustre pour nous demeurant Jacques Cartier. *Malouin* s'expliquerait par *Maclou*, forme normande de *Maclovius*, évêque d'Aleth au VIe s. En Bretagne, *Maclou* s'est transformé en *Malo*, mais le gentilé aurait été tiré de *Maclou*, avec suppression du *c* et adjonction de la terminaison gentiléenne *-in, -ine*.

1168. Saint-Marc-de-Figuery P (08)
*Saint-Marcois, oise (1986)

1169. Saint-Marc-des-Carrières
VL (03)
*Carriérois, oise (1986)

1170. Saint-Marc-du-Lac-Long
P (03)
*Marcois, oise (1986)

1171. Saint-Marcel P (06S)
*Marcelois, oise (1986)
[MAR-SE-LOI/LOIZ]

1172. Saint-Marcel SD (03)
*Marcellois, oise (1986)
[MAR-SÈL-LOI/LOIZ]

1173. Saint-Marcellin P (01)
*Marcellinois, oise (1986)
[MAR-SÈL-LI-NOI/NOIZ]

1174. Saint-Marc-sur-Richelieu
P (06S)
Saint-Marcois, oise (1984)

1175. Saint-Martin P (03)
*Martinois, oise (1986)

Com.: La dénomination *La Martinoise* a été attribuée à une école primaire située sur le territoire de Saint-Martin.

1176. Saint-Mathias P (06S)   *Mathiassois, oise (1980)

1177. Saint-Mathieu P (08)   *Harricanien, ienne (1986)

    Com.: Anciennement la municipalité portait le nom de Saint-Mathieu-d'Harricana et il est probable que les difficultés soulevées par la dérivation de *Mathieu* couplées au sentiment d'identification à *Harricana* soient tributaires de la forme retenue.

1178. Saint-Mathieu-de-Beloeil   *Beloeillois, oise (1984)
P (06S)

1179. Saint-Mathieu-de-Rioux P (03)   *Mathéen, enne (1986)

    Com.: En latin, *Mathieu* se dit *Matheus*, laquelle forme a inspiré le gentilé.

1180. Saint-Maurice CÉ (04)   Mauricien, ienne (1945)

    Var.: Saint-Mauricien.

1181. Saint-Maurice P (04)   *Mauriçois, oise (1986)

_____. Saint-Maurice, Vallée du Voir *Vallée-du-Saint-Maurice RG*.

1182. Saint-Médard SD (03)   *Médardois, oise (1986)

1183. Saint-Méthode SD (02)   *Méthodois, oise (1986)

    Var.: Ticouapéen (1984).

    Com.: Sise sur les bords de la rivière Ticouapé, cette municipalité aurait porté le nom de Ticouapé ou Tikouapé il y a longtemps, dénomination attribuée en l'honneur d'un Amérindien dénommé Attikouapé.

1184. Saint-Méthode-de-Frontenac   *Méthodois, oise (1986)
SD (03)

1185. Saint-Michel P (03)   *Michelois, oise (1979)

    Var.: Michelon (1972); Saint-Michelois.

1186. Saint-Michel P (06S)   *Michelois, oise (1986)

**1187. Saint-Michel Q
(Montréal V, 06C)**
Michelois, oise (1979)

Var.: Michelot.

**1188. Saint-Michel-de-Rougemont
P (06S)**
*Rougemontois, oise (1986)

**1189. Saint-Michel-des-Saints
SD (06N)**
*Saint-Michellois, oise (1983)

Var.: Michellin; Michelois.

**1190. Saint-Michel-du-Squatec
P (03)**
*Squatécois, oise (1986)

**1191. Saint-Michel-d'Yamaska
P (06S)**
*Maskoutain, aine (1977)

Voir *Saint-Hyacinthe V.*

1192. Saint-Modeste P (03)
*Modestois, oise (1986)

1193. Saint-Moïse P (01)
*Moïsien, ienne (1978)

Bib.: OTIS, Augustine (1986), «St-Moïse: Les affaires municipales. Nom des habitants de St-Moïse», dans *L'Avant-Poste Gaspésien*, Amqui, 19 mars, p. 6.

1194. Saint-Narcisse P (04)
Narcissois, oise (1952)

Var.: Narcissien (1978).

**1195. Saint-Narcisse-de-Beaurivage
P (03)**
*Narcissien, ienne (1972)

**1196. Saint-Narcisse-de-Rimouski
P (01)**
*Narcissois, oise (1984)

Bib.: ALARY, René (1986), «Vive les «Narcissois»!», dans *Échodimanche*,?, 2 mars, p. 20.

**1197. Saint-Nazaire-d'Acton
P (06S)**
*Nazairien, ienne (1986)

1198. Saint-Nazaire-de-Dorchester   *Nazairéen, enne (1986)
P (03)

1199. Saint-Nérée P (03)   *Néréen, enne (1985)

1200. Saint-Nicéphore SD (04)   *Nicéphorois, oise (1986)
Var.: Saint-Nicéphorois.

1201. Saint-Nicolas V (03)   *Nicolois, oise (1986)
Var.: Saint-Nicolain (1903).
Com.: Le 21 juin 1986 on a célébré les Fêtes nicoloises, manifestation populaire qui marque le début de l'été à Saint-Nicolas.
Bib.: C(ARRIER), L(ise) (1986), «Les résidants de Saint-Nicolas, des Nicolois, Nicolains ou ...», dans *Le Peuple Tribune*, Lévis, 11 février, p. B-9.

1202. Saint-Noël VL (01)   *Saint-Noëlois, oise (1986)

1203. Saint-Norbert P (06N)   *Norbertois, oise (1979)

1204. Saint-Norbert-d'Arthabaska   *Norbertien, ienne (1986)
P (04)

1205. Saint-Norbert-de-Mont-Brun   *Montbrunois, oise (1986)
SD (08)

1206. Saint-Octave-de-Dosquet   *Dosquetois, oise (1986)
P (03)

1207. Saint-Octave-de-Métis P (01)   *Métissien, ienne (1986)
Var.: Métisien (1955).

1208. Saint-Odilon-de-Cranbourne   angl. Cranbornian (1983)
P (03)

1209. Saint-Omer P (01)   *Audomarois, oise (1986)
Com.: Le gentilé est tiré du latin *Audomarus*, «de Saint-Omer». Les citoyens de Saint-Omer dans le Pas-de-Calais sont dénommés de manière identique.

1210. Saint-Omer SD (01) Audomarois, oise (vers 1983)

Com.: Voir *Saint-Omer P* pour connaître l'étymologie du gentilé.

1211. Saint-Onésime VI (03) Saint-Onésimien, ienne (1981)

1212. Saint-Pacôme SD (03) *Pacômien, ienne (1951)

Var.: Pacomien.

1213. Saint-Pamphile V (03) *Pamphilien, ienne (1970)

1214. Saint-Pascal SD (03) *Pascalien, ienne (1986)

1215. Saint-Pascal V (03) Pascalien, ienne (1977)

Var.: Pascalois (1976).

1216. Saint-Patrice-de-Beaurivage P (03) *Beaurivageois, oise (1984)

Com.: Saint-Patrice-de-Beaurivage VL et Saint-Patrice-de-Beaurivage P ont fusionné en septembre 1984 pour devenir Saint-Patrice-de-Beaurivage SD.

1217. Saint-Patrice-de-Beaurivage SD (03) *Beaurivageois, oise (1984)

Var.: Patricien.

Bib.: La Rédaction (1984), «Beaurivageois, Beaurivageoises!», dans *Le Saint-Patrice aujourd'hui*, Saint-Patrice-de-Beaurivage, vol. 2, mars, p. 2.

1218. Saint-Patrice-de-la-Rivière-du-Loup P (03) *Patriçois, oise (1986)

1219. Saint-Patrice-de-Sherrington P (06S) *Sherringtonnois, oise (1986)

1220. Saint-Paul SD (06N) *Paulois, oise (1984)

Var.: Saint-Paulois.

Bib.: ANONYME (1984), «Des «Paulois», dans *Journal L'Action,* Joliette, 19 juin.

PELLETIER, Louis (1984), «Les résidents de St-Paul... des Paulois?», dans *Le Joliette Journal*, Joliette, 18 avril.

1221. Saint-Paul-d'Abbottsford   *Abbottsfordien, ienne (1986)
       P (06S)

1222. Saint-Paul-de-Chester PR   Saint-Paulien, ienne (1984)
       (Chesterville SD, 04)

1223. Saint-Paul-de-la-Croix P (03)   *Paulois, oise (1986)

1224. Saint-Paul-de-l'Île-aux-Noix   *Paulinoix, oise (1983)
       P (06S)

Com.: Le gentilé est formé de **Paul**, du *i* de Île et de **Noix** afin de refléter
le toponyme en son entier. Même si pour la finale *-oix* on ne dispose pas d'exemple en français d'un tel type de dérivé, étant donné
qu'il s'agit de la même prononciation que pour les gentilés à finale
-ois, cette forme paraît adéquate, même un tantinet astucieuse.

Bib.: ANONYME (1984), «Les gens de Saint-Paul: des Paulinoix», dans
Coup d'Oeil, Napierville, 22 février, p. 3.

1225. Saint-Paul-de-Montminy   *Montminyen, enne (1986)
       SD (03)

1226. Saint-Paul-du-Nord SD (09)   *Saint-Paulois, oise (1986)

1227. Saint-Paulin P (04)   *Saint-Paulinois, oise (1986)

1228. Saint-Paulin VL (04)   *Saint-Paulinois, oise (1986)

1229. Saint-Philémon P (03)   *Philémontois, oise (1986)

1230. Saint-Philippe-de-Néri P (03)   *Saint-Philippéen, enne (1986)

1231. Saint-Pie VL (06S)   *Saint-Pien, ienne (1986)

1232. Sainte-Pie-de-Guire P (04)   *Guirois, oise (1986)

1233. Saint-Pierre P (03)   *Saint-Pierrais, aise (1923)

Var.: Saint-Pierrain (1946).

1234. Saint-Pierre V (06C)   *Pierrois, oise (1983)

Var.: Saint-Pierrois.

Com.: Le gentilé a été officiellement lancé en cours des festivités qui ont marqué le 75ᵉ anniversaire de la ville placé sous le signe de «La fête des Pierrois» (8-27 mai 1984).

Bib.: PÉTRIN, Léo (1983a), «Un nom pour les gens de St-Pierre», dans *Le Messager de LaSalle*, LaSalle, 16 mars.

PÉTRIN, Léo (1983b), «Les gens de St-Pierre: des «Pierrois», dans *Le Messager de LaSalle*, LaSalle, 12 avril, p. B-3.

1235. Saint-Pierre VL (06N)   *Villageois, oise de Saint-Pierre (1986)

Com.: Étant donné que la population locale s'identifie exclusivement à la dénomination courante *Village Saint-Pierre*, les autorités municipales ont retenu le constituant *Village* comme partie intégrante du gentilé.

1236. Saint-Pierre-Baptiste P (04)   *Baptistois, oise (1983)

Var.: Batistois.

Bib.: ANONYME (1984), «Baptistois et Baptistoises, bonjour!», dans *Le Peuple de Lotbinière*, Laurier-Station, 10 avril, p. A-14.

GINGRAS, Marielle (1984), «Baptistois, Baptistoise: un nom officiel», dans *La Feuille d'érable*, Plessisville, 10 avril, p. A-14.

1237. Saint-Pierre-de-Broughton SD (03)   Saint-Pierrais, aise (1942)

1238. Saint-Pierre-de-Lamy SD (03)   *Saint-Pierrien, ienne (1986)

Var.: Hubérien (1972).

Com.: Anciennement la municipalité se dénommait Saint-Hubert.

1239. Saint-Pierre-de-la-Rivière-du-Sud P (03)   *Saint-Pierrois, oise (1986)

1240. Saint-Pierre-de-Sorel P (06S)   *Saint-Pierrois, oise (1985)

1241. Saint-Pierre-les-Becquets SD (04)   *Becquetois, oise (1986)
[BÉ-KÈ-TOI/TOIZ]

1242. Saint-Placide P (06N)   *Placidéen, enne (1986)

Bib.: ANONYME (1986), «Dans la grand-rue... et ailleurs!», dans *L'Argen-teuil*, Lachute, 1ᵉʳ avril, p. A2.

1243. Saint-Placide VL (06N)   *Placidien, ienne (1983)

Var.: Placidois.

Bib.: ANONYME (1986), «Deux gentilés pour Saint-Placide», dans *L'Argen-teuil*, Lachute, 1ᵉʳ avril, p. A2.

_____. Saint-Placide-de-Béarn Voir *Béarn SD*.

1244. Saint-Polycarpe P (06S)   *Polycarpien, ienne (1986)

1245. Saint-Polycarpe VL (06S)   *Polycarpien, ienne (1986)

1246. Saint-Prosper P (04)   *Prospérien, ienne (1986)

Bib.: NOREAU, Roger (1986), «Affaires municipales. Saint-Prosper», dans *Le Nouvelliste*, Trois-Rivières, 13 février, p. 34.

1247. Saint-Prosper SD (03)   *Prospérien, ienne (1986)

1248. Saint-Raphaël P (03)   *Raphaélois, oise (1986)

1249. Saint-Raphaël-d'Albertville P (01)   *Albertvillois, oise (1986)

1250. Saint-Raphaël-de-l'Île-Bizard P (06C)   *Bizardien, ienne (1978)

1251. Saint-Raphaël-Partie-Sud P (04)   *Raphaélois, oise (1986)

1252. Saint-Raymond P (03)   *Raymondien, ienne (1986)

1253. Saint-Raymond V (03)   *Raymondois, oise (1986)

1254. Saint-Rédempteur V (03)   *Rédempteurois, oise (1984)

_____. Saint-Régis Voir *Akwesasne R*.

_____. Saint-Rémi Voir *Lac-aux-Sables P*.

1255. Saint-Rémi V (06S)
Var.: Saint-Remois.

*Saint-Rémois, oise (1981)

1256. Saint-Rémi-de-Tingwick P (04)

*Rémien, ienne (1986)

1257. Saint-René P (03)

Renéen, enne (1978)

1258. Saint-René-de-Matane SD (01)

*Saint-Renéen, enne (1986)

1259. Saint-Robert P (06S)

Robertois, oise (1986)

1260. Saint-Robert-Bellarmin SD (03)

*Bellarminois, oise (1986)

1261. Saint-Roch-de-l'Achigan P (06N)

Saint-Rochois, oise (1981)

Var.: Achiganois (1980); L'Achiganois.

Bib.: D(USSAULT), L(ouise) (1986), «St-Rochois ou l'Achiganois?» dans *Courrier-Laurentides-Est*, Laval, 23 février, p. 3.

1262. Saint-Roch-de-Richelieu P (06S)

Rochois, oise (1979)

Var.: Saint-Rochois.

1263. Saint-Roch-des-Aulnaies SD (03)

*Aulnois, oise (1986)
[O-NOI/NOIZ]

1264. Saint-Roch-Ouest SD (06N)

*Saint-Rochois, oise (1986)

1265. Saint-Romuald V (03)

*Romualdien, ienne (1978)

Var.: Etcheminois (1984).

Com.: La dénomination antérieure de la ville était Saint-Romuald-d'Et-chemin.

Bib.: SAMSON, Dominique (1986), «On en jase» dans *Le Peuple Tribune*, Lévis, 18 mars, p. B-2.

1266. Saint-Sauveur P (06N)   *Sauverois, oise (1986)

Bib.: ANONYME (1986), «Du côté de la Paroisse de Saint-Sauveur», dans *Le Journal des Pays d'en Haut*, Sainte-Adèle, 19 mars, p. 27.

1267. Saint-Sauveur-des-Monts   *Saint-Sauveurois, oise (1978)
VL (06N)

Var.: Saint-Sauverois; Sauverais; Sauverois; Sauveurais; Sauveurois.

Bib.: BEAUCHAMP-FORGET, Jacques (1978), «What's in a name?», dans *L'Écho du Nord*, Saint-Jérôme, 4 octobre.

LACASSE, Cyprien (1978), «St-Sauveurois, St-Sauveurais?», dans *Le Journal des Pays d'en Haut*, Sainte-Adèle, 19 octobre.

1268. Saint-Sébastien P (06S)   *Sébastinois, oise (1984)

1269. Saint-Sévère P (04)   *Sévèrois, oise (1986)

1270. Saints-Gervais-et-Protais   *Gervaisien, ienne (1951)
P (03)

Var.: Cadien (1756).

Com.: La municipalité a été colonisée, à l'origine, par des réfugiés acadiens arrivés en 1755-1756. Ces derniers voulant rappeler leur
mère-patrie ont baptisé le nouveau village de Nouvelle-Cadie, *Cadie*
constituant une graphie fréquente pour *Acadie*. Anciennement, au
Québec, on appelait «Petites Cadies» les paroisses «fondées vers
1770 au coeur du Canada français par des Acadiens chassés de
leurs foyers par la tragique dispersion de 1755. (---) les «Cadiens»,
comme on les appelle là-bas ...» (MASSIGNON, Geneviève (1962),
Les parlers français d'Acadie. Enquête linguistique, tome 1, Paris,
Klincksieck, p. 9); outre «Saint-Gervais», on comptait L'Assomption, Saint-Jacques-de-l'Achigan, L'Acadie, Bécancour, Nicolet et
Yamachiche qui ont reçu un contingent significatif d'exilés acadiens. Jadis, on relevait également comme noms de voies de communication le rang de la Première-Cadie, le rang de la Deuxième-
Cadie et le rang des Acadiens. Ainsi, le «gentilé» *Cadien* a-t-il été
en usage fort longtemps.

À noter que la désignation courante de la municipalité demeure
exclusivement *Saint-Gervais*, au singulier.

Bib.: GOULET, Napoléon (1980), *Histoire de Saint-Gervais de Bellechasse
(Des Cadiens aux Gervaisiens) 1780-1980*, s. l., s. é., 658 p.

1271. Saint-Siméon VL (03)   *Saint-Siméonien, ienne (1986)

1272. Saint-Sixte SD (07)   *Saint-Sixtois, oise (1986)

1273. Saints-Martyrs-Canadiens   *Martyrois, oise (1985)
P (03)

1274. Saint-Stanislas SD (04)   *Stanois, oise (1986)
Var.: Koska (1978).
Com.: La variante est issue du nom originel de la municipalité, Saint-Stanislas-de-Koska-de-la-Rivière-des-Envies et véhicule un relent de surnom que les habitants n'appréciaient guère, avec raison. À noter que l'orthographe exacte requiert un *t*, soit *Kostka* puisqu'il s'agit de saint Stanislas Kostka, jésuite polonais du XVIe s.

1275. Saint-Sulpice P (06N)   *Sulpicien, ienne (1978)

1276. Saint-Sylvère SD (04)   *Sylvérois, oise (1986)

1277. Saint-Théodore-d'Acton   Théodorien, ienne (1942)
P (06S)

_____. Saint-Théophile Voir *Lac-à-la-Tortue SD*.

1278. Saint-Théophile SD (03)   Théophilien, ienne (1986)

1279. Saint-Thomas-d'Aquin   *Aquinois, oise (1983)
P (06S)

1280. Saint-Thomas-de-Pierreville *Thomasien, ienne (1986)
P (04)

1281. Saint-Thomas-Didyme   *Didymien, ienne (1970)
SD (02)
Bib.: ANONYME (1985), «Des Girardvillois aux Didymiens», dans *Le Point*, Dolbeau, 30 avril.

1282. Saint-Thuribe P (03)   *Thuribien, ienne (1900)

_____. Saint-Timothée Voir *Hérouxville P.*

1283. Saint-Timothée P (06S)   *Timothois, oise (1986)

1284. Saint-Timothée VL (06S)   *Timothois, oise (1984)

Var.: Timothéen (1979); Timotois.

1285. Saint-Tite V (04)   *Saint-Titien, ienne (1979)

Bib.: LAMARRE, Michel (1986), «Les gens de Saint-Tite sont des Saint-Titiens», dans *Le Nouvelliste*, Trois-Rivières, 10 février, p.7.

1286. Saint-Tite-des-Caps SD (03)   Saint-Titois, oise (1967)

1287. Saint-Ubalde SD (03)   Ubaldien, ienne (1982)

Var.: Saint-Ubaldois (1979).

1288. Saint-Ulric VL (01)   *Ulricois, oise (1986)

1289. Saint-Valère SD (04)   *Valèrien, ienne (1986)

1290. Saint-Valérien P (01)   *Valérienois, oise (1986)

Bib.: CÔTÉ, Jeanne D'Arc (1984a), «Sondage consernant (*sic*) une appellation précise pour les résidents de St-Valérien», dans *Le Jaseur*, Saint-Valérien, avril, s.p.

CÔTÉ, Jeanne D'Arc (1984b), «Désire-t-on une appellation précise pour les résidents de St-Valérien», dans *Le Jaseur*, Saint-Valérien, mai, s.p.

1291. Saint-Vallier P (03)   *Vallierois, oise (1986)

1292. Saint-Vallier VL (03)   *Vallierois, oise (1986)

1293. Saint-Venant-de-Hereford P (05)   *Paquettevillien, ienne (1986)

Com.: Compte tenu de la nature de la dénomination municipale qui se prête difficilement à la dérivation et de l'identification plus ou moins généralisée de la population à la localité de Paquette, auparavant Paquetteville, dénominations anciennes de la municipalité, c'est à partir de ce dernier nom que l'on a élaboré le gentilé.

1294. Saint-Viateur P (06N)   *Viatorien, ienne (1985)

Com.: Le gentilé provient de la dérivation latine, *Viateur* ayant pour équivalant en cette langue *Viator*, «le voyageur», lequel donne naissance à l'adjectif *viatorius*, «relatif aux voyages», dérivant de *via*, «la voie».

1295. Saint-Viateur-d'Outremont Viatorien, ienne (1954)
PR (Outremont V, 06C)
Voir *Saint-Viateur P.*

1296. Saint-Victor VL (03) *Victorois, oise (1986)

1297. Saint-Victor-de-Tring SD (03) *Victorois, oise (1986)

1298. Saint-Zacharie SD (03) *Zacharois, oise (1986)

1299. Saint-Zacharie VL (03) *Zacharois, oise (1979)
Com.: En mars et en avril 1986 se sont tenues les Festivités Zacharoises, genre de carnaval local très prisé.

1300. Saint-Zénon P (06N) *Zénonien, ienne (1979)

1301. Saint-Zénon-du-Lac-Humqui *Lac-Humquien, ienne (1986)
P (01)

1302. Saint-Zéphirin-de-Courval *Zéphirinois, oise (1986)
P (04)
Var.: Zéphirinien (1839).

1303. Saint-Zotique VL (06S) *Zotiquien, ienne (1986)

1304. Sakami VI (10) Sakamien, ienne (1981)

1305. Salaberry-de-Valleyfield *Campivallensien, ienne (fin XIXe s.)
V (06S) [*KAN-PI-VA-LAN-SYIN/SYENNE*]
Var.: Campivalencien; Campivalensien; Campivalentien; Campivallencien; Salaberrien; Valcampiste; Valleycampien; Valleyfieldois (1947).

Com.: Nombre de personnes sont intriguées par ce gentilé. Il tire son origine d'un bref apostolique, daté du 5 avril 1892, par lequel le pape Léon XIII éleva la ville à la dignité de siège épiscopal. Or, la désignation ecclésiastique choisie, qui d'ailleurs fit couler beaucoup d'encre, était *Campivallensis*, transposition en latin des éléments constitutifs du toponyme Valleyfield, à savoir *valley*, «vallée» (latin *val*, diminutif *vallensis*, «petite vallée») et *field*, «terrain; champ» (latin *campus*, au pluriel *campi*). Par ailleurs, on peut relever à quelques reprises l'équivalent «Vallée des Champs», à titre de «surnom» de la ville. De *Campivallensis* à *Campivallensien* il n'y avait qu'un pas qu'on a franchi aisément. Pour de plus amples renseignements, on se reportera à *Centenaire de Salaberry-de-Valleyfield (1874-1974). Album souvenir*, (1974), s. l., s. é., 197 p. Le bulletin municipal d'information, *Le Campivallensien*, existe depuis 1982.

> *Bib.*: ANONYME (1983), «Campi... Quoi?», dans *Le Campivallensien*, Salaberry-de-Valleyfield, vol. 2, n° 4, décembre, p. 10.

> LEFEBVRE, Marc (1985), «Quel est votre gentilé?», dans *Journal annuel de la Société historique de la Vallée de la Châteauguay*, Howick, p. 13-16.

1306. Salluit VN (10)   in. Sallumiuq (1975)
[SA-LOU-MI-YOUK]

1307. Sault-au-Récollet Q   Récollétain, aine (1936)
(Montréal V, 06C)

1308. Sawyerville VL (05)   angl. Sawyerviller (1983)

1309. Sayabec SD (01)   Sayabécois, oise (1980)
[SÉ-BÉ-KOI/KOIZ]

> *Var.*: Sayabecois (1946).

> *Com.*: En septembre 1980 est paru le premier numéro des *Échos Sayabécois*, revue municipale, sous le titre *Sayabec Quoi?*

1310. Schefferville V (10)   Scheffervillois, oise (1978)

> *Com.*: Avec la sanction de la loi 67, le 19 juin 1986, cette ville a cessé d'exister sur un plan légal, mais on continuera longtemps d'évoquer les *Scheffervillois*, comme les *Gagnonais* qui ont subi le même sort, par ailleurs.

1311. Scotstown V (05)   *Scotstownois, oise (1986)

1312. Scott VL (03)   *Scottois, oise (1983)

> *Bib.*: BÉGIN, François (1986), «Salut les Scottois et Scottoises!», dans *Beauce Média*, Sainte-Marie, 18 février, p. 6A.

1313. Senneterre P (08)   *Senneterrois, oise (1986)

1314. Senneterre V (08)   Senneterrien, ienne (1971)

> *Var.*: Senneterrois.

> *Com.*: Les deux gentilés usités le sont de manière quasi équivalente.

1315. Sept-Îles V (09)

Septilien, ienne (1977)
[SÉ-TI-LYIN/LYENNE]

Var.: Septîlien (1953); Sept-Ilien; Sept-Îlien (1964); Septilois; Sept-Îlois; Setilien.

Com.: En 1953, les membres de la Société historique du Saguenay ont été saisis d'une demande de monseigneur René Bélanger, historien bien connu de la Côte-Nord, quant au nom que devraient porter les habitants de Sept-Îles. Après avoir écarté *septinsulaires*, on a proposé *septîlois* et *septîliens*, ce dernier ayant obtenu la faveur générale. Dans l'optique où celui-ci «serait choisi, l'abbé Bluteau et l'abbé Pilote tiennent qu'il faudrait orthographier «septîliens» (en gardant le «p») et prononcer «sétîliens». (Lettre de l'abbé Victor Tremblay à monseigneur René Bélanger en date du 26 novembre 1953, document conservé au Centre régional du Saguenay—Lac-Saint-Jean des Archives nationales à Chicoutimi et dont copie nous a été procurée par notre collègue Jacques Fortin). À noter qu'une variété de barque pour la pêche a été baptisée la *Sept-Îloise*.

1316. Shannon SD (03)

angl. Shannonite (1980)

1317. Shawinigan V (04)

*Shawiniganais, aise (1930)

Var.: Shawin.

1318. Shawinigan-Sud V (04)

*Shawiniganais, aise (1985)

Var.: Almavillois (1983).

Com.: Almaville a constitué la première dénomination de la ville.

1319. Shawville VL (07)

angl.*Shawvillite (1980)

1320. Sheen-Esher-Aberdeen-et-Malakoff CU (07)

angl. *Sheener (1984)

1321. Sheldrake VI (09)

Sheldrakien, ienne (1897)
[CHEL-DRÉ-KYIN/KYENNE]

1322. Sherbrooke V (05)

*Sherbrookois, oise (1923)/
angl. Sherbrooker (1969)

Var.: Sherbrookien (1939); Sherbroukois.

1323. Shipshaw SD (02)

Shipshawyen, enne (1928)
[CHIP-CHA-YIN/YENNE]

1324. Shipton CT (05) *Shiptonnais, aise (1985)/ angl. Shiptonner (1984)

1325. Sillery V (03) *Sillerois, oise (1984) [SI-LE-ROI/ROIZ]

Var.: Sillerien (1953); Sillerinois (1953).

Com.: Comme le soulignait avec humour la personne qui a piloté le dossier de la modification du gentilé *Sillerien* en *Sillerois*, monsieur Clément T.-Dussault, les gens préfèrent être traités de «rois» que de «riens»... et on ne saurait les en blâmer!

Bib.: CITADIN [pseudonyme] (1953), «Silleriens ou Sillerinois?», dans *Bulletin des recherches historiques*, Lévis, n° 59, p. 60.

DUPONT, Élaine (1982), «La toponymie, connaissez-vous?», dans *L'Appel*, Sainte-Foy, 5 mai.

1326. Sorel V (06S) *Sorelois, oise (1876)/ angl. Soreller (1884)

Var.: Sorélois; Sorellois (1882).

Com.: Au cours des années 1880, un journal a paru sous le titre *Le Sorellois*, modifié plus tard en *Le Sorelois*. De plus, un bateau dénommé *Le Sorelois* a été construit en 1899.

Bib.: CHAMARD, Ernest (1949), «Lois du peuple et lois de l'Académie», dans *Le Devoir*, 23 février, p. 8.

1327. Soulanges CÉ (06N) Soulangeois, oise (1969)

Com.: De 1867 à 1939, les circonscriptions électorales de Vaudreuil et de Soulanges ont existé comme entités séparées. Toutefois, cette situation s'est prolongée jusqu'à aujourd'hui, bien qu'elles avaient été réunies sous la dénomination unique de *Vaudreuil-Soulanges*.

1328. Stanstead Plain VL (05) *Stansteadois, oise (1986)

Bib.: ANONYME (1986), «Stansteadois? Stansteadoise?», dans *Hampstead Journal*, Montréal, 30 avril.

1329. Stoke CT (05) *Stokois, oise (1982)

1330. Stornoway SD (05) *Stornowayen, enne (1986) [STOR-NO-WÉ-IN/ENNE]

1331. Stratford CT (05) *Stratfordois, oise (1986)

1332. Stukely-Sud SD (06S)   *Diligent, e (1986)

Var.: Stukelois-du-Sud.

Com.: Jadis les diligences traversaient la municipalité. Pour souligner ce fait, important à l'époque, on a retenu le vocable le plus près de *diligence*. Par ailleurs, une voie de communication de Stukely-Sud a pour nom *Chemin de la Diligence*, auparavant *Chemin des Diligences*.

1333. Suffolk-et-Addington CU (07)   *Suffolkien, ienne (1986)

1334. Sullivan SD (08)   *Sullivannois, oise (1986)

1335. Sutton V (06S)   *Suttonnais, aise (1983)

1336. Tadoussac VL (09)   *Tadoussacien, ienne (1889)
[TA-DOU-SA-KYIN/KYENNE]

Var.: Tadoussaccien (1913).

Com.: La variante s'applique à un groupe amérindien montagnais aujourd'hui disparu.

1337. Taschereau SD (08)   *Tascherois, oise (1986)

1338. Taschereau VL (08)   *Tascherellois, oise (1980)

Var.: Tascheronier.

Com.: Le *l* de passage redoublé contribue à une prononciation plus harmonieuse.

1339. Tasiujaq VN (10)   in. Tasiujarmiuq (1975)
[TA-SI-OU-YA-MI-YOUK]

Var.: Tasiujamiuq.

1340. Témiscaming V (08)   *Témiscaminois, oise (1986)

Var.: Témiscamien (1978).

1341. Témiscamingue CÉ (08)   Témiscamien, ienne (vers 1970)

1342. Témiscamingue MRC (08)   *Témiscamien, ienne (1986)

1343. Témiscamingue R (08)
al. Timiskamingini (1983)
[TI-MIS-KA-MIN-GUI-NI]

Var.: Timagamiwini.

Com.: Le sens du gentilé est «hommes du lac profond», *Témiscamingue* provenant de l'algonquin *tim*, «profond» et *kami*, «eau».

1344. Témiscamingue RG (08)
Témiscamien, ienne (1939)

Var.: Témiscamain; Témiscamingois (1925); Témiscamingouin (1939); Témiscaminguais (1939); Témiscaminguen (1940); Témiscaminguois (1939).

Com.: Un journal qui dessert la région du Témiscamingue a pour titre *Le Témiscamien* et a été fondé en 1974.

Bib.: CHÉNIER, Augustin (1939), «Témiscamiens. Baptisons-nous», dans *Le Devoir*, Montréal, 21 juin, p.6.

1345. Témiscouata RÉ (03)
Témiscouatain, aine (1923)

Var.: Témiscouatien (1916); Témiscouatin (1928).

Com.: Le romancier Jacques Ferron a créé un personnage qu'il a baptisé le *Témiscouathèque*. En outre, une collection porte le nom de «Publications Témiscouataines».

1346. Terrebonne V (06N)
*Terrebonnien, ienne (1977)

Var.: Terrebonnais (1975).

Bib.: D(ESPATIS), A(imé) (1986), «Terrebonnien, Terrebonnienne», dans *La Revue*, Terrebonne, 18 février, p. 6.

V(ILLENEUVE), G(inette) (1986), «Terrebonniens et Terrebonniennes», dans *Le Trait d'union*, Mascouche, 18 février, p. 35.

1347. Tête-à-la-Baleine VI (09)
Baleinois, oise (1975)

1348. Tétreaultville S
(Montréal V, 06C)
Tétreaultvillois, oise (1983)

1349. Thetford Mines V (03)
*Thetfordois, oise (1975)

Var.: Thetfordien.

1350. Thetford-Partie-Sud CT (03)
*Thetfordsudois, oise (1986)

1351. Thorne CT (07)
angl.*Thornite (1986)

1352. Thurso V (07)   *Thursolien, ienne (1985)/
                                 angl. Thursonian (1981)

_____. Timiscaming Voir *Témiscamingue R.*

1353. Tingwick P (04)   *Tingwickois, oise (1978)

1354. Touraine VI (07)   Tourangeau, elle (1978)

    Com.: Par suite d'une fusion, cette localité est devenue un secteur de la ville de Gatineau. Le gentilé des habitants de la Touraine française et de Tours est identique et «atteste l'existence d'une forme disparue *Touronge, *Tourange, parallèle à Saintonge» (Albert DAUZAT (1963), *Les noms de lieux*, Paris, Delagrave, p. 189).

1355. Tourelle SD (01)   *Tourellois, oise (1986)

1356. Tourville SD (03)   Tourvillien, ienne (1978)

1357. Tracy V (06S)   Tracien, ienne (1978)
    Var.: Tracéien; Tracyen.

1358. Trécesson CT (08)   *Trécessonnien, ienne (1986)

1359. Tremblay CT (02)   *Trembléen, enne (1986)

1360. Très-Saint-Rédempteur P (06S)   *Rédempteurois, oise (1986)

1361. Trinité-des-Monts P (01)   *Trinitois, oise (1970)

1362. Trois-Pistoles V (03)   *Pistolois, oise (1980)

    Var.: Pistolet (1970); Tri-Pistolois; Trois-Pistolet (1912); Trois-Pistolien; Trois-Pistolois.

    Com.: Quoique en usage, la variante *Pistolet*, eu égard au rapprochement qu'elle provoque naturellement, a été remplacée à bon escient par les autorités municipales en collaboration avec la Société historique et généalogique de Trois-Pistoles.

Bib.: MORIN, A. (1984), «Gens de Trois-Pistoles: qu'on ne vous appelle plus Pistolets mais Pistolois et Pistoloises», dans *Le Courrier de Trois-Pistoles*, Trois-Pistoles, 23 mai, p. 4.

X, Marthe (1985), «Comment vous appelez-vous?», dans *Justice*, Québec, mars, p. 47.

1363. Trois-Pistoles, Rang   Pistolais, aise (1982)
(Saint-Damien-de-Buckland
P, 03)

1364. Trois-Rivières V (04)   *Trifluvien, ienne (1831)/
angl. Trifluvian (1870)

Var.: angl. Troisfleuvian (1948); Trois-Riviérais (1903).

Com.: Le gentilé provient du latin *tres*, «trois» et de *fluvius*, «fleuve, rivière». La variante anglaise figure dans une liste publiée par Henry Mencken dans *American Speech* et présente un exemple étonnant et rarissime de calque du français par l'anglais. Au XIXe siècle, les publications journalistiques affectionnaient particulièrement l'adjectif tiré de Trois-Rivières puisqu'il figure dans le titre de l'*Union Trifluvienne* (1869), de *The Trifluvian Trader* (1870-1876) et du *Trifluvien* (journal existant).

Bib.: DUGAS, Jean-Yves (1984), «Le gentilé «Trifluvien». À propos de la dénomination des citoyens de Trois-Rivières», dans *Le Nouvelliste*, Trois-Rivières, 8 février, p. 4.

1365. Trois-Rivières-Ouest V (04)   *Ouestrifluvien, ienne (1984)

Com.: Pour la formation du gentilé, se reporter à *Trois-Rivières V*.

Bib.: ANONYME (1986), «Nos citoyens des «Ouestrifluviens», *Hebdo du Cap*, Cap-de-la-Madeleine, 11 mars, p. 21.

ROY-GUÉRIN, Michelle (1986), «Les habitants de Trois-Rivières-Ouest ... officiellement Ouestrifluviens», dans *Le Nouvelliste*, Trois-Rivières, 4 février.

_____. Turgeon Voir *Sainte-Véronique VL*.

1366. Tuvaaluk VI (10)   in. Tuvaalummiuq (1982)
[TOU-VA-LOU-MI-YOUK]

1367. Ulverton CT (07)   *Ulvertonien, ienne (1984)/
angl. *Ulvertonian (1978)

Var.: Ulvertonois.

1368. Umiujaq VI (10)

in. Umiujarmiuq (1986)
[OU-MI-OU-YA-MI-YOUK]

1369. Ungava RG (10)

Ungavien, ienne (1962)/
in. Ungavamiuq (1980)

1370. Upton VL (06S)

*Uptonais, aise (1986)

1371. Val-Barrette VL (07)

*Barrettois, oise (1984)

1372. Val-Bélair V (03)

*Bélairois, oise (1983)

Var.: Val-Bélairien (1979).

Bib.: ANONYME (1986), «Sur la Table du Conseil de Val Bélair», dans *Le Mercredi soir*, Loretteville, 2 juillet, p. 6.

_____. Valcartier Voir *Valcartier-Village VI*.

1373. Valcartier-Village VI (03)

Valcartiste (1974)

1374 Valcourt CT (06S)

*Valcourtois, oise (1986)

1375. Valcourt V (06S)

Valcourtois, oise (1978)

1376. Val-David VL (06N)

*Val-Davidois, oise (1984)

Var.: Valdavidois.

1377. Val-des-Lacs SD (06N)

*Vallacquois, oise (1986)

1378. Val-des-Monts SD (07)

Montvalois, oise (1978)

Var.: Montvallois; Valmontois.

1379. Val-d'Espoir VI (01)

Val-d'Espoirien, ienne (1978)

1380. Val-d'Or V (08)

Valdorien, ienne (1938)/
angl. Valdorian (1983)

Var.: Valdoran (1969); angl. Val d'Orian (1982); Vald'orien; Val-d'Orien.

1381. Valençay H (07)

Valencien, ienne (1986)

1382. Vallée-de-la-Châteauguay
RG (06S)   Châteauguayen, enne (1983)
                                    [CHA-TO-GUÉ-IN/ENNE]

1383. Vallée-de-l'Or MRC (08)   Valorien, ienne (1986)

1384. Vallée-du-Richelieu RG (06S)   Richelain, aine (1978)
   Var.: Richelois (1905).

1385. Vallée-du-Saint-Laurent   Laurentien, ienne (1934)
RG (03)

1386. Vallée-du-Saint-Maurice   Saint-Mauricien, ienne (1986)
RG (04)

_____. Valleyfield Voir *Salaberry-de-Valleyfield V.*

1387. Valmont VI (04)   Valmongeois, oise (1979)
   Com.: La finale du gentilé en *-geois* surprend de prime abord.

1388. Val-Morin SD (06N)   *Valmorinois, oise (1984)
   Var.: Val-Morinois.
   Bib.: DESLAURIERS, Daniel (1984), «Les citoyens de Val-Morin porteront
      le nom de Val-Morinois (*sic*)!», dans *L'Information du Nord*, Saint-
      Jovite, 18 juin.
      V(ALIQUETTE), M(ichel) (1984), «Les Valmorinois sont officiellement
      nés», dans *L'Écho du Nord*, Saint-Jérôme, 20 juin, p. 20.

_____. Val-Saint-François Voir *Le Val-Saint-François MRC.*

1389. Val-Saint-Gilles SD (08)   *Saint-Gillois, oise (1980)

1390. Val-Senneville SD (08)   *Val-Sennevillois, oise (1986)

1391. Vanier V (03)   *Vaniérois, oise (1981)
   Com.: Le Vaniérois véhicule depuis 1983 les informations de nature muni-
      cipale à l'intention de la population. Les citoyens de Vanier (Onta-
      rio) sont identifiés par un gentilé identique.
   Bib.: LÉPINE, Yvan (1986), «L'ex-Québec-Ouest en changeant de nom
      a changé de réputation», dans *Le Soleil*, Québec, 23 mars, p. A-10.

1392. Varennes V (06S)   Varennois, oise (1930)

1393. Vaudreuil V (06S)   *Vaudreuillois, oise (1952)

> *Com.:* Au cours de la Fête Nationale du Québec se tient à Vaudreuil une célébration, les Festivités Vaudreuilloises, qui a pour but de marquer son appartenance locale à l'intérieur de la fête québécoise.

1394. Venise-en-Québec SD (06S)   *Vénisien, ienne (1986)
                                         [VÉ-NI-ZYIN/ZYENNE]

> *Com.:* La forme retenue constitue une graphie modifiée de *Vénitien*, gentilé des citoyens de la Venise italienne, ce qui lui assure une certaine originalité.

1395. Verchères CÉ (06S)   Verchèrois, oise (1978)

1396. Verchères SD (06S)   *Verchèrois, oise (1983)

> *Var.:* Vercherois (1978).

> *Bib.:* JARRY, Nicole (1986), «Un gentilé pour Verchères», dans *La Seigneurie*, Boucherville, 12 mars, p. 27.

1397. Verdun V (06S)   Verdunois, oise (1925)/
                              angl. Verdunite (1980)

1398 Vianney CT (04)   *Vianneyen, enne (1986)
                              [VI-A-NÉ-IN/ENNE]

1399. Victoriaville V (04)   *Victoriavillois, oise (1980)

> *Bib.:* BESMARGIAN, Gilles (1986), «Victoriaville municipal», dans *L'Union des Cantons de l'Est*, Victoriaville, 11 mars, p. 25.

1400. Vieux-Montréal Q   Vieux-Montréalais, aise (1983)
(Montréal V, 06C)

1401. Vieux-Québec Q   Vieux-Québécois, oise (1976)
(Québec V, 03)

1402. Village-Pikogan R (08)   al. Abitiwini (1984)

> *Com.:* Le sens de l'appellation est «peuple de la hauteur des terres». À noter que la forme officielle de cette entité est *Pikogan.*

_____. Ville d'Anjou Voir *Anjou V.*

_____. Ville Dégelis Voir *Dégelis V.*

_____. Ville de La Baie Voir *La Baie V.*

_____. Ville de Laval Voir *Laval V.*

_____. Ville LaSalle Voir *LaSalle V.*

_____. Ville Les Saules Voir *Les Saules Q.*

1403. Ville-Marie V (08)   *Ville-Marien, ienne (1986)

> *Var.:* Villemarien.

1404. Villeneuve Q (Québec V, 03)   Villeneuvien, ienne (1979)

_____. Ville Saint-Georges Voir *Saint-Georges V.*

_____. Ville Saint-Pierre Voir *Saint-Pierre V.*

_____. Ville Vanier Voir *Vanier V.*

1405. Vimont VI (06C)   Vimontois, oise (1979)

> *Var.:* Vimontais (1966).
>
> *Com.:* À la fin des années 1970, un journal du nom de *Le Vimontais* a paru quelque temps.

1406. Vinoy SD (07)   *Vinoyen, enne (1986)
          [VI-NOI-YIN/YENNE]

1407. Waltham-et-Bryson CU (07)   *Walthameux, euse (1986)

> *Com.:* L'utilisation du suffixe *-eux* pour former un gentilé n'a pu être observée jusqu'ici, ce qui confère à cette création une allure tout à fait exceptionnelle. Par ailleurs, cet élément sert généralement à l'élaboration d'adjectifs et lorsqu'il entre dans la composition de substantifs, le mot créé peut se charger d'une nuance péjorative, du moins en langue québécoise.

1408. Warwick CT (04)   *Warwickois, oise (1986)

Bib.: D(REYER), B(rigitte), «Canton de Warwick au municipal ...», dans *L'Union des Cantons de l'Est*, Victoriaville, 18 mars, p. 33.

1409. Warwick V (04)   *Warwickois, oise (1979)

1410. Washtawouka, Baie (09)   Washtawokien, ienne (1897)
                                          [WACH-TA-WO-KYIN/KYENNE]

Com.: Poste qui fut établi en 1874 près de Natashquan sur les bords de la baie Washtawouka ou Washtawoka, Washtawooka, Washtawaka, selon les nombreuses graphies observées.

1411. Waswanipi R (08)   alg. *Waswanipi Eenouch (1986)
                                    [WAS-WA-NI-PI-I-NOUCH]

Com.: Selon certains spécialistes *eyinew* ou *Iyiyou*, variantes de *eenouch*, signifient «un Indien», «un Indien Cri», «l'être humain».

1412. Waterloo V (06S)   *Waterlois, oise (1982)

Var.: Waterloois (1930).

Bib.: B(EAUREGARD), C(laude) (1986), «L'appellation «Waterlois» enfin consacrée», dans *La Voix de l'Est*, Granby, 6 février, p. 11.

1413. Watsheshoo VI (09)   Watseshouan, ane (1897)
                                      [WA-TECH-CHOU-AN/ANNE]

Com.: La graphie du nom de lieu s'est fixée sous la forme *Watshishou* à une époque récente.

1414. Weedon CT (05)   *Weedonnais, aise (1978)

1415. Weedon Centre VL (05)   *Weedonnais, aise (1978)

1416. Weir VI (06N)   angl. Weirian (1980)

1417. Westbury CT (05)   *Westburyen, enne (1986)
                                    [WEST-BOE-RÉ-IN/ENNE]

1418. West Island S   angl. West Islander (1983)
(Montréal V, 06C)

1419. Westmount V (06C)   *Wesmountais, aise (1920)/
                                      angl. *Westmounter (1979)

Var.: Westmontais; Westmountois.

Com.: La variante *Westmontais* dénote une intention de francisation par-
tielle du nom de la ville.

Bib.: ANONYME (1981), «Heretofore Westmounters, please note», dans
The Examiner, Westmount, 20 août.

WALKER, Frank (1981), «The elegant crime capital», dans *Winnipeg
Free Press*, Winnipeg, 4 septembre.

1420. Wickham SD (04)   Wickhamois, oise (1978)

1421. Windsor CT (05)   *Windsorois, oise (1986)

1422. Windsor V (05)   *Windsorois, oise (1978)

Bib.: C., C. (1986), «Municipalités en bref. Windsor», dans *La Tribune*,
Sherbrooke, 6 mars, p. A8.

1423. Winneway R (08)   al. Winnawiiyani (1982)
                                    [WIN-NA-WI-YA-NI]

Com.: Le sens français du gentilé est «hommes de l'eau vive».

1424. Wotton CT (05)   *Wottonnais, aise (1888)

Var.: Wottonnien (1949).

1425. Wottonville VL (05)   *Wottonnais, aise (1986)

1426. Wright CT (07)   *Wrightois, oise (1986)

1427. Yamachiche VL (04)   *Yamachichois, oise (1925)

Var.: Machichois (1897).

Com.: Jacques Ferron a publié un texte amusant intitulé «The Chiche-
mayais» (*Ethos* (1983), vol. 1, n° 2, Toronto, Autumn, p. 10-14; nous
n'avons pu retracer la version française originale de ce conte), dans
lequel il brode autour de cette dénomination attribuée à un
Yamachichois.

1428. Yamaska VL (06S)   *Maskoutain, aine (1977)

    Var.: Maska.

    Com.: Se reporter à *Saint-Hyacinthe V*, pour connaître l'origine de *Maskoutain*.

1429. Yamaska-Est VL (06S)   *Maskoutain, aine (1986)

    Com.: Voir *Saint-Hyacinthe V.*

BIBLIOGRAPHIE

Remarque

Les titres qui figurent ci-après ont pour but de mettre à la disposition des lecteurs désireux d'approfondir la question des gentilés québécois certains jalons de recherche. Compte tenu de la progression constante des études gentiléennes d'ici au cours des dernières années, il existe quantité de documents sur le sujet dont il ne saurait être question de rendre compte de façon exhaustive dans le cadre restreint de cet ouvrage. Nous ne signalerons que les travaux les plus importants traitant d'un ensemble substantiel de gentilés ou constituant un examen circonstancié d'une ou de plusieurs facettes du phénomène. Nous écartons systématiquement toute référence portant sur l'étude d'un seul gentilé - dont la plupart ont déjà fait l'objet d'une mention à la rubrique concernée -, de même que les notes, observations, passages ou articles très courts peu significatifs. On pourra se reporter à Dugas (1982a) pour une bibliographie plus détaillée.

ACADÉMIE CANADIENNE FRANÇAISE (1949), «Nom des habitants», dans *Bulletin de l'Académie canadienne française*, Montréal, 1re série, nos 7,8,9.

ANONYME (1951), «Habitants des villes et des provinces», dans *Bulletin de l'Association technologique de la langue française d'Ottawa*, Ottawa, vol. 1, n° 3, octobre, p. 10.

BONIN, René (1969), «Réflexions sur la toponymie chez nous», dans *L'Action nationale*, Montréal, vol. 58, n°5, janvier, p. 444-455.

CHANTAL, René de (1961), «Les noms propres et leurs dérivés», dans *Chroniques de français*, nouv. éd., Ottawa, Éditions de l'Université d'Ottawa, p. 173-193.

CLOUTIER, Édouard (1982), «Les groupes du Québec et leurs appellatifs», dans *Les anglophones du Québec, de majoritaires à minoritaires*, publ. par Gary Caldwell et Éric Waddell, Québec, Institut québécois de recherche sur la culture, coll. «Identité et changements culturels», n° 1, p. 131-145.

DIAMENT, Henri (1981), «Ethnonyms in American usage: the story of a partial breakdown in communication», dans *Names*, Saranac Lake, vol. 29, n° 3, September, p. 197-218.

DIONNE, René (1984), «Qu'est-ce qu'un Québécois? (essai de définition historique)», dans *Le Québécois et sa littérature*, publ. par René Dionne, Sherbrooke et Paris, Les Éditions Naaman et Acct, p. 12-30.

DUGAS, Jean-Yves (1979a), «Comment appelle-t-on les habitants de?», dans *Municipalité 79*, Québec, vol. 11, n° 6, ministère des Affaires municipales, juillet, p. 37-41.

DUGAS, Jean-Yves (1979b), «Le problème des gentilés au Québec: état de la question et éléments de solution», dans *Onomastica*, Ottawa, n° 56, décembre, p. 25-40.

DUGAS, Jean-Yves (1982a), «Bibliographie commentée des études concernant le problème des gentilés au Québec et au Canada», dans *Onoma*, Leuven, vol. 26, n° 1-3, p. 227-267.

DUGAS, Jean-Yves (1982b), «Pour une problématique des gentilés au Québec», dans *Travaux de terminologie et de linguistique 1*, Québec, Office de la langue française, coll. «Études, recherches et documentation», p. 41-61.

DUGAS, Jean-Yves (1985), «Connaissez-vous les Cranbornians et les St. Andrewsites?», dans *Le Patrimoine express*, Montréal, Fédération des sociétés d'histoire du Québec, vol. 6, n° 3, janvier-février, p. 102-104.

DUGAS, Jean-Yves (1986a), «Les gentilés québécois», dans *Québec français*, Québec, n° 62, mai, p. 96-98.

DUGAS, Jean-Yves (1986b), «Modalités d'inclusion et de traitement des gentilés, des adjectifs toponymiques et des dérivés de noms de personnes dans des dictionnaires de langue québécois», dans *La lexicographie québécoise: bilan et perspectives*, publ. par Lionel Boisvert, Claude Poirier et Claude Verreault, Québec, Les Presses de l'Université Laval, coll. «Langue française au Québec», 3e section, n° 8, p. 233-256.

HÉBERT, François (1983), «Québé... quoi?», dans *Critère*, Montréal, n° 35, printemps, p. 273-283 (reproduit dans *Québec. Histoires de chums et de grands espaces*, n° spécial de la revue *Autrement*, Paris, n° 60, mai 1984, p. 45-52).

JOUSSELIN, Jean-Pierre (1984), «Le vocabulaire politique en usage en 1867 dans *L'Union des Cantons de l'Est* et Le Défricheur», dans *Revue de l'Association québécoise de linguistique*, Sherbrooke, vol. 3, n° 3, mars, p. 285-300.

JUTEAU-LEE, Danielle (1980), «Français d'Amérique, Canadiens, Canadiens-Français, Franco-Ontariens, Ontarois: qui sommes-nous?», dans *Pluriel-Débat*, Paris, n° 24, p. 21-42.

JUTEAU-LEE, Danielle (1983), «Ontarois et Québécois: relations hors-frontières?», dans *Du continent perdu à l'archipel retrouvé. Le Québec et l'Amérique française*, publ. par Dean R. Louder et Éric Waddell, Québec, Les Presses de l'Université Laval, coll. «Travaux du département de géographie de l'Université Laval», n° 6, p. 41-53.

LACOURCIÈRE, Luc (1958), «Bibliographie raisonnée de l'anthroponymie canadienne», dans *Mémoires de la Société généalogique canadienne-française*, Québec, vol. 9, juillet et octobre, p. 153-173.

MAJOR, Robert (1977), «Québécois ou Canadien Français: Note sur l'identité québécoise et la fortune d'un vocable», dans *Contemporary french Civilization*, Toronto, vol. 2, n° 1, Fall, p. 59-72.

MILLER, Émile (1916), «Laurentie, Laurentides, Laurentin et Laurentien», dans *Le pays laurentien*, Montréal, n° 1, octobre, p. 268-273.

PAQUOT, Annette et Jacques Zylberberg (1982), «L'incantation québécoise», dans *Mots*, Paris, n° 4, mars, p. 7-28.

PAQUOT, Annette (1983), «Le peuple problématique du Canada. Les définitions de Canada et Québec dans le discours journalistique post-référendaire», dans *Mots*, Paris, n° 7, octobre, p. 7-29.

ROY, Raoul (1981), *Peuple sans nom. Oui à notre nom de Canadiens! Non au sobriquet de Québécois! On est Canadien ou bien on ne l'est pas!*, Montréal, Les Éditions du Franc-Canada, coll. «Les Cahiers de la décolonisation du Franc-Canada», n° 11.

SARKONAK, Ralph (1983), «Accentuating the Differences», dans *The Language of Difference: writing in Québéc(ois)*, publ. par Ralph Sarkonak, Yale, p.3-20.(N° spécial de *Yale French Studies*, 65).

INDEX GÉNÉRAL DES GENTILÉS

Note

Les formes qui figurent en caractères gras constituent soit des gentilés officiels (*), soit les dénominations les plus usitées et renvoient aux entrées, alors que celles reproduites en caractères réguliers demeurent des variantes ou des appellations parallèles.

Toutes les références renvoient au numéro d'entrée du nom de lieu correspondant où l'on retrouvera toutes les explications pertinentes.

B

Bagotvillois, 45
*Baie-Catherinois, 52
Baie-Comelien, 46
Baie-Comellien, 46
Baiecomien, 46
Baie-Comien, 46
Baie-Comois, 46
*Baie-des-Sablien, 48
Baie d'Urfeite, 49
Baie-Jolien, 51
*Baieriverain, 377
Baieriverin, 377
*Baie-Saint-Paulois, 54
*Baie-Trinitois, 55
Baievillien, 56
Baievillois, 56
Baleinois, 1347
*Baptistois, 1236
*Barfordois, 57
Bark Laker, 58
*Barnstonnien, 59
*Barrautois, 60, 260
*Barrettois, 1371
*Barthélemien, 849
Barthélémien, 849
Bas-Canadien, 737
Bas-Canadien-Français, 737
Bas-Côtier, 65
Basdufleuvien, 62
Bas-du-Fleuvien, 62
*Basilien, 852
Basilien, 850, 851
Basilois, 850
Bas-Kébecois, 61
Baslaurentien, 64
Bas-Laurentien, 64
*Basque, 488
Bas-Québécois, 61
*Bas-Richelois, 473
Bas-Saguenayen, 63

Basse-Vilain, 66
Basse-Villien, 66
Basse-Villois, 66
Bassinier, 67
Bas St-Laurentien, 64
*Batiscanais, 1052
Batiscanais, 68
Batiscannais, 68
Batistois, 1236
Bayolais, 951
*Bayollais, 951
Bayonnais, 951
Beaconsfielder, 69
*Béarnais, 70
Béarnois, 70
*Beauceron, 72, 777
Beauceron, 71
*Beaucevillois, 73
Beauchasseur, 87
Beauçois, 71
*Beaudettois, 761, 762
*Beaudryen, 74
Beaufilois, 440
Beauharlinois, 75
Beauharnaisien, 75
*Beaulacquois, 76
*Beaumontois, 1025
Beaumontois, 77
Beauportois, 78
*Beaupréen, 79
*Beauregardois, 981
*Beaurivageois, 1216, 1217
Beauvallois, 80
*Beaux-Rivageois, 81
Bécancourais, 82
Bécancoureur, 82
Bécancourien, 82
*Bécancourois, 82
*Becquetois, 1241
*Becquettois, 489
Bedfordite, 83
*Bedfordois, 83

*Béginois, 84
Béharnais, 75
*Bélairois, 1372
Belchassan, 87
*Belcourtois, 85
Belgiquois, 819
Belgovalois, 45
*Bellarminois, 1260
Belle-Ansois, 86
Bellechasseresse, 87
*Bellecombien, 88
*Bellefeuillois, 89
*Belleterrien, 90
Belleterrois, 90
*Bellifontain, 262
Belmontois, 91
*Beloeillois, 1178
Beloeillois, 92
*Benjaminois, 853
*Benois, 854
*Bergeronnais, 93, 298
Bergeronnet, 93
*Bernardin, 855
Bernardin, 856
*Berniérois, 94
*Berniervillois, 95
*Berryen, 96
*Berthelais, 964
Berthelais, 97, 98, 100
*Berthelet, 99
Berthelet, 98, 100
Berthelois, 97, 98
Berthevillois, 100
Berthiérain, 98
Berthiervillois, 100
Berthois, 100
*Béthanien, 101
B'fielder, 69
Bicois, 475
*Biencourtois, 102
*Bigiquois, 818
Bikois, 475

*Bishoptoner, 103
*Bishoptonnien, 103
*Bizardien, 1250
*Black-Lakien, 104
*Blainvillois, 105
*Blaisois, 858
Blancsablonnais, 106
Blanc-Sablonnais, 106
Blanc-Sablonnien, 106
*Blandinois, 928
*Blueseabien, 107
Boisbriannais, 108
*Boischatelois, 1108
*Bois-Damien, 648
Bois-des-Filionais, 109
Bois-des-Filionnais, 109
Boisdesfillionnais, 109
Bois-Francien, 110
Bois-François, 110
*Bonaventurain, 859
Bonaventurien, 112, 113
*Bonconseillois, 654
Bonfilois, 440
*Bonsecouréen, 633
*Bon-Secourois, 632
Boréalien, 737
*Boucherois, 114
Bouchervillois, 115
*Bouchettois, 116
*Boulois, 490
Bourgetain, 117
Bourlamaquais, 118
Bout-de-l'Îlien, 119
*Bowmanois, 120
*Brandonien, 1056
Brandonnien, 1056
*Breakeyvillois, 969
*Brégeois, 121
Brigidain, 929
*Brigidien, 930
*Brigittois, 932
Brionnais, 122

Carlisler,　622
Carlovisien,　163
*Carmellois**,　657
Carmelois,　592
Carolivicien,　163
Carolivocien,　163
Carolovicien,　163
*Carougeois**,　148
Carpon,　145
*Carriérois**,　1169
Cascapédiac,　296
*Casimirien**,　868
Casimirien,　869
Catherinien,　935
*Catherinois**,　934, 935
Caughnawagan,　360
Caughnawaguien,　360
*Causapscalien**,　154, 1098
*Cayen**,　326
*Cécilien**,　936
Cédraud,　491
Cédreau,　491
*Cèdreau**,　491
*Centre-Mauricien**,　476
*Cervois**,　392
Césairien,　871
*Césairois**,　871
Césarien,　871
Chamblien,　155
Chamblisard,　155
Chamblyen,　155
Chamblyien,　155
Chamblysard,　155
Chamblysien,　155
*Chambordais**,　156
Champlainien,　157
Champlainin,　157
*Champlainois**,　157
Champlenois,　157
*Chandlerois**,　158
*Chapaisien**,　159
*Chapdelainois**,　546

*Charettois**,　160
*Charléen**,　873, 874
Charlemagnais,　161
*Charlemagnois**,　161
Charlemenois,　161
*Charlerivain**,　872, 878
*Charlesbourgeois**,　162
Charlevoisien,　163
*Charlevoisien-de-l'Est**,　164
*Charlois**,　875
Charnicois,　165
Charnien,　165
*Charnycois**,　165
*Chartiervillois**,　166
Châteauguayen,　1382
Châteauguayen,　168
*Châteauguois**,　168
Châteauguois,　167
Chatelier,　620
Châtelois,　168, 620
*Chazelois**,　1100
Chazelois,　169
Chekoutimien,　175
Chékoutimien,　175
*Chénévillois**,　170
Chenois,　395
Chênois,　395
*Cherbourgeois**,　1109
*Chesterestois**,　171
*Chestervillois**,　172
Chibougamauite,　173
Chibougamo-Chapien,　174
Chibougamois,　173
Chicoutimeux,　175
Chicoutimiaux,　175
*Chicoutimien**,　175
Chicoutiminois,　175
Chicoutimois,　175
Chisasibien,　176
*Christinois**,　940
*Christophien**,　879
*Chrysostomien**,　880, 1107

*Desbienois, 213
*Deschaillonnais, 214
*Deschambaultien, 1121
Deschambaultien, 215
Deschener, 216
*Desjardinois, 217
Desruisselien, 218
*Destorois, 219
Deux-Montagnais, 220
*Didacien, 902
*Didymien, 1281
*Diligent, 1332
Dionisien, 900
*Dionysien, 900
*Disraelois, 222
*Disraélois, 221
Disraélois, 222
*Dixvillois, 223
*Dolbien, 224
*Dominiquois, 903
Donatien, 904
Donnaconien, 225
*Doréen, 412
*Dorionnais, 226
*Dorsétois, 1081
Dorvalois, 227
*Dosquetois, 1206
Douglastownien, 228
Droletois, 291
Drummondviller, 229
*Drummondvillois, 229
*Dubuissonnais, 230
*Dudswellois, 231
*Duhamellois, 232
*Duhamellois-de-l'Ouest, 233
*Dunhamien, 234
Dunkinite, 235
*Duparquetois, 236
*Durhamien, 237
Dyanisien, 900
Dyonésien, 900
Dyonisien, 900

E

*East Boltoner, 111
East Caper, 241
East Ender, 242
East-Ender, 242
*Eastfarnhamien, 243
*Eastmanois, 245
*Eatonois, 246
Éboulementais, 492
Éboulin, 492
*Éboulois, 492
Écureuillois, 493
*Édouardien, 948
Edwidgeois, 949
*Edwidgien, 949
*Eganois, 247
Elginite, 248
*Elizabethois, 950
*Éloisien, 978
*Émilois, 998
*Entrelacois, 249
Éphremois, 1008
*Épiphanien, 486
Épiphanien, 485
*Épiphanois, 1010
Épiphanois, 486
*Escouminois, 494
*Esprien, 304
Esprien, 1020
*Estérellois, 250
Estrien, 251
*Etchemin, 495
Etcheminois, 252
Etcheminois, 393, 1265
*Éternitériverain, 769
*Eugénien, 1030
*Eugénois, 1029
*Eulalien, 952
*Eusèbien, 1032
*Eustachois, 1033
*Évainois, 253

F

*Fabiennois, 1037
*Fabrien, 945
Falardien, 898
*Famillois, 954
*Farnhamien, 254
*Fassettois, 255
Faustinien, 1039
*Faustinois, 1039
*Félicien, 1042, 1043
Félicien, 1040
Féliciennois, 1040
*Félicinois, 1040
*Félicitois, 955
Félixien, 1043
*Ferboillien, 256
Fermeneuvan, 258
*Fermeneuvien, 257
Ferme-Neuvien, 258
Fermontais, 259
*Fermontois, 259
*Fidéen, 959
*Fidèlois, 1046
Fidésien, 959
Fidien, 959
Filionnais, 109
*Flavien, 956
Flaviénois, 1047
*Fleurimontois, 261
*Florencien, 958
Fontangeois, 263
*Forestois, 782
*Forestvillois, 264
*Fortiervillois, 266
*Fortunois, 1049
Framptonnien, 946
Français-Canadien, 737
Français de la Nouvelle-
France, 737
Français du Canada, 737
Franc-Canadien, 737

*Franchevillois, 267
Francien, 737
Franco-Canadien, 737
Franconien, 737
Francsilvain, 110
Francsylvain, 110
Frankliner, 268
*Franklinois, 268
*Franlageois, 960
*Franquelinois, 269
Fraservillien, 768
*Frelighsbourgeois, 270
*Frontenacois, 271
*Frontiérois, 394
*Fugèrevillois, 272

G

Gabriellois, 1054, 1055
*Gabriélois, 1054, 1055
Gagnonais, 273
Gagnonnais, 273
*Gallixois, 274
*Gardangeois, 435
Gasconais, 20
*Gasconnien, 966
*Gaspécôtois, 403
Gaspeiquois, 277
Gaspénordien, 276
Gaspé-Nordien, 276
Gaspesian, 275, 277
Gaspésien, 275, 277
Gaspésien du Nord, 278
Gaspésien du Sud, 279
Gasponien, 275
Gatineois, 281
Gatinien, 281
*Gatinois, 282
Gatinois, 280, 281
*Geneviévois, 963
Genévois, 962

*Génovéfain, 961
Gentillais, 283
Gentillois, 283
Gentyllais, 283
*Georgeois, 1059
Georgien, 1058
Georgien de l'Est, 1064
*Gérardois, 1065
*Germainien, 965, 1068
*Germainois, 1069
*Gervaisien, 1270
Giffardois, 284
*Gilbertain, 1070
*Gillois, 1071
Gilois, 1071
*Girardvillois, 285
Glenmounter, 286
*Godboutois, 287
*Godmancastrien, 288
*Golfien, 197
Goose Villager, 289
*Gorois, 125
Goynishois, 290
Gracefieldois, 291
Granadien, 292
*Granadois, 1077
Granbasilois, 851
Granbéen, 293
Granbien, 293
Granbyan, 293
*Granbyen, 293
Granbygeois, 293
Granbyien, 293
*Grandbasilois, 851
Grandbien, 293
Grande-Îlois, 297
*Grande-Valléen, 300
Grand-Îlain, 297
Grandilois, 297
Grandméraud, 301
Grand-Méraud, 301
Grand'Mérien, 301

Grandmérois, 301
Grand'mérois, 301
Grand'Mérois, 301
*Grand-Mérois, 301
Grandmèrois, 301
Grand'Mèrois, 301
Grand-Merrien, 301
*Grand-Métissien, 302
*Grand-Remoussois, 303
*Granpilois, 299
*Granthamien, 305
Grasspontin, 1026
*Grégoirien, 1074
*Grégorien, 609
Grégorien, 1074
*Grenvillois, 306
Grondinien, 307
*Grondinois, 307
Grosse Isler, 308
Grosse-Islois, 308
Groulxois, 310
*Gruois, 837
*Guadeloupien, 417
Guérinois, 311
*Guiguois, 861
*Guillaumien, 1075, 1076
*Guirois, 1232

H

Hâhkanâtshu, 326
*Halifaxois, 312
*Halifaxois-du-Sud, 313
*Hampdenois, 314
Hampsteader, 315
*Hamsudois, 1122
*Harricanien, 1177
*Harringtonois, 316
Haut-Beauceron, 317
Haute-Gatinois, 318
*Haute-Nordcôtier, 418

K

L

M

*New-Glasgois, 623
*Newportais, 624
New Richmonder, 625
*New-Richmondois, 625
*Nicéphorois, 1200
Nicoletain, 626
Nicolétain, 626, 1105
*Nicolétain-du-Sud, 627
Nicolettin, 626
*Nicolois, 1201
Nomininguien, 399
Norandais, 628
Norandien, 628
*Norbertien, 1204
*Norbertois, 1203
*Norbertvillois, 629
Nordcôtien, 196
Nordcôtier, 196
Nord-Côtier, 196
Nord-Côtois, 196
Nordien, 196
Nordiste, 655
Nordriverain, 756
*Nord-Tremblantois, 411
*Normandinois, 630
*Normétalien, 631
Normétallois, 631
Notre Dame du Norrois, 658
Notredamien, 658
Notre-Damien, 658
*Notre-D'Hamois, 643
Nouveau-Québécois, 662
*Noyantais, 663
Nuvummiuq, 664

O

*Odilois, 1002
*Okois, 665, 666
Old Harryer, 667
Omervillois, 668

Orblanois, 526
*Or-Blanois, 525
*Orferois, 977
Orferois, 669
Orléanais, 670
Orléaniste, 670
*Ormstonnien, 671
Ormstowner, 671
Ormstownian, 671
*Ormstownien, 1166
*Otissien, 1044
Ottawa, 672
Ouestlatuquois, 459
*Ouestrifluvien, 1365
Outaouais, 672
Outaouaisien, 672
Outabitibeux, 3
8tabitibeux, 3
*Outardéen, 706
*Outardois, 177
Outavois, 672
Outremontain, 673
Outremontais, 673
Outremonter, 673
Outre-montien, 673
Outremontois, 673
Ovaltain, 674

P

*Pabokois, 675
*Pabosmillois, 676
*Pacificien, 635
*Packingtonnais, 677
Pacomien, 1212
*Pacômien, 1212
Padouan, 678
*Padovien, 678
*Palmarollois, 679
*Pamphilien, 1213
*Panétois, 1038

Sherbrooker, 1322
Sherbrookien, 1322
***Sherbrookois**, 1322
Sherbroukois, 1322
***Sherringtonnois**, 1219
Shipshawyen, 1323
***Shiptonnais**, 1324
Shiptonner, 1324
Sillerien, 1325
Sillerinois, 1325
***Sillerois**, 1325
Silvifranc, 110
Simonet, 410
Simonois, 410
***Sophien**, 1019
Soreller, 1326
Sorellois, 1326
***Sorelois**, 1326
Sorelois, 923
Sorélois, 1326
Soulangeois, 1327
***Spiritois**, 1020
***Squatécois**, 1190
Stadaconan, 738
Stadaconien, 738
***Stanbridgeois**, 653
***Standonnien**, 1145
St.Andrewsite, 829
***Stanois**, 1274
***Stansteadois**, 1328
***Stationnois**, 194
St.Brunoite, 863
***Stéphanois**, 1024, 1026, 1027, 1028
St.Lamberite, 1136
St.Lambertian, 1136
***Stokois**, 1329
***Stornowayen**, 1330
***Stratfordois**, 1331
Stukelois-du-Sud, 1332
***Sudagathois**, 910
Sudiste, 656

***Sudriverain**, 953
Sud-Riverain, 757
***Suffolkien**, 1333
***Sullivannois**, 1334
***Sulpicien**, 1275
***Suttonnais**, 1335
***Sylvérois**, 1276
Sylvifranc, 110

T

Tadoussaccien, 1336
***Tadoussacien**, 1336
***Tascherellois**, 1338
***Tascherois**, 1337
Tascheronier, 1338
Tasiujamiuq, 1339
Tasiujarmiuq, 1339
Témiscabitibien, 4
Témiscamain, 1344
***Témiscamien**, 1342
Témiscamien, 1341, 1344
Témiscamien, 1340
Témiscamingois, 1344
Témiscamingouin, 1344
Témiscaminguais, 1344
Témiscaminguen, 1344
Témiscaminguois, 1344
***Témiscaminois**, 1340
Témiscouatain, 1345
Témiscouatien, 1345
Témiscouatin, 1345
***Térésien**, 1022
Térèsien, 1022
Terrebonnais, 1346
***Terrebonnien**, 1346
Tétreaultvillois, 1348
***Thèclois**, 1021
Théodorien, 1277
Théophilien, 1278
Théophilien, 382

Index des toponymes générateurs de gentilés par région

Remarque

Afin de satisfaire à une demande réitérée de la part des utilisatrices et des utilisateurs du Répertoire, nous fournissons, ci-après, la liste des noms de lieux qui ont donné naissance à un gentilé, ceux-ci répartis selon chacune des dix régions du Québec où ils se situent. Nous nous en tiendrons au découpage régional effectué en 1966 par le ministère de l'Industrie et du Commerce pour des fins administratives, compte tenu, d'une part, de la précision et de la stabilité des limites assignées à ces territoires alors et, d'autre part, des difficultés de tous ordres, soulevées par les régions géographiques, régions d'appartenance, régions naturelles, régions perceptuelles quant à l'aire exacte qu'elles recouvrent. On se reportera à la carte qui figure au début de l'ouvrage pour connaître la répartition géographique des régions administratives du Québec.

Cet index permettra, entre autres, de repérer rapidement un ou plusieurs gentilés sur une base régionale, de se rendre compte de l'ampleur du phénomène gentiléen pour une région donnée ou tout simplement de donner libre cours à sa curiosité ou à son intérêt personnel pour les appellations collectives de son coin de pays.

Nous signalons, pour chacune des régions, classées par ordre numérique, le toponyme souche de chacun des gentilés existants. On pourra alors, pour de plus amples détails, se reporter aux noms de lieux concernés paraissant dans le corps de l'ouvrage et classés selon l'ordre alphabétique continu.

01 (Bas-Saint-Laurent—Gaspésie)

A

Amqui V
Anse-aux-Gascons VI
Avignon MRC

B

Baie-des-Sables SD
Bas-du-Fleuve RG
Bas-Saint-Laurent RG
Bassin VI
Belle-Anse VI
Bonaventure CÉ
Bonaventure SD

C

Cap-aux-Meules VL
Cap-Chat V
Cap-des-Rosiers VI
Caplan SD
Carleton V
Causapscal V
Chandler V
Cloridorme CT

D

Douglastown VI

E

East Cape VI

G

Gaspé V
Gaspé-Nord CÉ
Gaspésie RG
Gaspésie-du-Nord RG
Gaspésie-du-Sud RG

Grande-Cascapédia SD
Grande-Vallée P
Grand-Métis SD
Grosse-Île SD
Grosses-Roches SD

H

Havre-aux-Maisons SD
Hope CT

L

Lac-au-Saumon VL
La Côte-de-Gaspé MRC
La Martre SD
La Matapédia MRC
La Mitis MRC
L'Anse-à-Beaufils VI
L'Anse-à-Valleau VI
La Rédemption P
L'Ascension-de-Patapédia SD
Le Bic SD
Les Boules SD
Les Îles-de-la-Madeleine MRC
Les Méchins SD
L'Île-du-Havre-Aubert SD
Luceville VL

M

Madeleine, Îles de la
Maria SD
Matane CÉ
Matane MRC
Matane V
Matapédia P
Matapédia RG
Métis RG
Métis-sur-Mer VL
Mitis RG
Mont-Comi, Centre de plein air du
Mont-Joli V

Mont-Lebel SD
Mont-Louis VI
Murdochville V

N

New Carlisle SD
Newport SD
New Richmond V

O

Old Harry VI

P

Pabok MRC
Pabos Mills SD
Padoue SD
Paspébiac SD
Paspébiac-Ouest SD
Percé V
Petit-Matane SD
Pointe-Saint-Pierre VI
Port-Daniel-Partie-Est CT
Price VL

R

Restigouche R
Rimouski V
Rimouski-Témiscouata CÉ

S

Saint-Adelme P
Saint-Alexandre-des-Lacs P
Saint-Alphonse SD
Saint-Alphonse-de-Caplan VI
Saint-Anaclet-de-Lessard P
Saint-Cléophas P
Sainte-Angèle-de-Mérici P
Sainte-Angèle-de-Mérici VL
Sainte-Anne-de-la-Pointe-au-
Père P

Sainte-Anne-des-Monts V
Sainte-Blandine P
Sainte-Flavie P
Sainte-Florence SD
Sainte-Germaine-de-l'Anse-aux-
Gascons P
Sainte-Irène P
Sainte-Jeanne-d'Arc P
Sainte-Luce P
Sainte-Madeleine-de-la-Rivière-
Madeleine SD
Sainte-Marguerite SD
Sainte-Odile-sur-Rimouski P
Sainte-Paule SD
Sainte-Thérèse-de-Gaspé SD
Saint-Fabien P
Saint-François-d'Assise P
Saint-Gabriel SD
Saint-Jacques-le-Majeur-de-
Causapscal P
Saint-Jean-Baptiste SD
Saint-Jean-Baptiste-Vianney P
Saint-Jean-de-Cherbourg P
Saint-Joseph-de-Lepage P
Saint-Léandre P
Saint-Léon-le-Grand P
Saint-Luc P
Saint-Marcellin P
Saint-Moïse P
Saint-Narcisse-de-Rimouski P
Saint-Noël VL
Saint-Octave-de-Métis P
Saint-Omer P
Saint-Omer SD
Saint-Raphaël-d'Albertville P
Saint-René-de-Matane SD
Saint-Ulric VL
Saint-Valérien P
Saint-Zénon-du-Lac-Humqui P
Sayabec SD

T

Tourelle SD
Trinité-des-Monts P

V

Val-d'Espoir VI

02 *(Saguenay—Lac-Saint-Jean)*

A

Albanel CT
Albanel VL
Alma V
Arvida Q

B

Bagotville Q
Bas-Saguenay RG
Bégin SD
Bourget VI

C

Chambord SD
Chapais V
Chibougamau V
Chibougamau-Chapais RG
Chicoutimi V

D

Delisle SD
De Quen-Nord VI
Desbiens V
Dolbeau V

F

Ferland-et-Boilleau SD

G

Girardville SD

H

Hébertville SD

J

Jonquière V

K

Kénogami Q

L

La Baie V
Labrecque SD
Lac-à-la-Croix SD
Lac-Bouchette VL
Lac-Saint-Jean RG
La Doré P
Lamarche SD
L'Anse-Saint-Jean SD
Larouche P
Laterrière SD
Le Fjord-du-Saguenay MRC

M

Maria-Chapdelaine MRC
Métabetchouan V
Mistassini RG
Mistassini V

N

Normandin V
Notre-Dame-de-Laterrière VI
Notre-Dame-de-Lorette SD
Notre-Dame-du-Lac-Saint-Jean-Partie-Nord PR
Notre-Dame-du-Lac-Saint-Jean-Partie-Sud PR

P

Péribonka SD
Petit-Saguenay SD
Piekouagami, Lac

R

Rivière-Éternité SD
Roberval CÉ
Roberval V

S

Sagamie RG
Saguenay RG
Saguenay—Lac-Saint-Jean RÉ
Saint-Ambroise SD
Saint-Bruno SD
Saint-Charles-de-Bourget SD
Saint-Coeur-de-Marie VI
Saint-David-de-Falardeau SD
Sainte-Hedwidge SD
Sainte-Jeanne-d'Arc VL
Sainte-Marguerite-Marie VI
Sainte-Rose-du-Nord P
Saint-Félicien V
Saint-Félix-d'Otis SD
Saint-François-de-Sales SD
Saint-Gédéon SD
Saint-Honoré SD
Saint-Ludger-de-Milot SD
Saint-Méthode SD
Saint-Thomas-Didyme SD
Shipshaw SD

T

Tremblay CT

03 (Québec)

A

Argentenay, Pointe
Armagh VL
Aubert-Gallion SD

B

Baie-Sainte-Catherine SD
Baie-Saint-Paul P
Baie-Saint-Paul V
Bas-de-Québec RG
Basse-Ville Q
Beauce RG
Beauce-Sartigan MRC
Beauceville V
Beaulac VL
Beaumont VI
Beauport V
Beaupré V
Bellechasse CÉ
Belmont RG
Bernières SD
Bernierville VL
Berthier-sur-Mer P
Biencourt SD
Black Lake V

C

Cabano V
Cacouna VI
Cap-à-l'Aigle VL
Cap-Rouge V
Cap-Saint-Ignace SD
Cap-Santé SD

Charlesbourg V
Charlevoix RG
Charlevoix-Est MRC
Charny V
Clermont V
Coudres, Île aux
Courcelles P
Courville Q

D

Dégelis V
Deschambault VL
Desjardins MRC
Disraeli P
Disraeli V
Donnacona V

E

East Broughton SD
East Broughton Station VL
Etchemin RG

G

Giffard Q
Grondines SD

H

Halifax-Sud CT
Haute-Beauce RG
Haute-Ville Q
Honfleur SD

I

Inverness CT
Inverness VL

J

Jal RG

K

Kamouraska MRC
Kamouraska VL
Kinnear's Mills SD

L

Lac-Delage V
Lac-Drolet SD
Lac-Etchemin V
Lac-Frontière SD
Lac-Poulin VL
Lac-Sergent V
La Durantaye P
La Guadeloupe VL
La Malbaie V
Lambton SD
L'Ancienne-Lorette V
La Pocatière V
Lauzon V
Leclercville VL
Les Basques MRC
Les Éboulements SD
Les Écureuils VI
Les Etchemins MRC
Les Saules Q
Lévis CÉ
Lévis RG
Lévis V
Limoilou Q
L'Islet CÉ
L'Islet MRC
L'Islet V
L'Islet-sur-Mer VL
L'Isle-Verte VL
Loretteville V
Lotbinière MRC
Lotbinière RG

Saint-Casimir P
Saint-Casimir SD
Saint-Charles VL
Saint-Charles-Boromé P
Saint-Clément P
Saint-Cyprien SD
Saint-Damase-de-L'Islet SD
Saint-Damien-de-Buckland P
Saint-David-de-l'Auberivière V
Saint-Dunstan-du-Lac-Beauport P
Sainte-Agathe P
Sainte-Agathe VL
Sainte-Anne-de-la-Pocatière P
Sainte-Apolline-de-Patton P
Sainte-Aurélie SD
Sainte-Brigitte-de-Laval P
Sainte-Catherine-de-la-
Jacques-Cartier SD
Sainte-Clotilde-de-Beauce P
Sainte-Croix VL
Saint-Édouard-de-Frampton P
Saint-Édouard-de-Lotbinière P
Sainte-Euphémie-sur-Rivière-du-
Sud SD
Sainte-Famille P
Sainte-Félicité SD
Sainte-Foy V
Sainte-Françoise P
Sainte-Geneviève PR
Sainte-Hélène-de-Breakeyville P
Sainte-Justine P
Saint-Éloi P
Sainte-Louise P
Sainte-Lucie-de-Beauregard SD
Saint-Elzéar SD
Sainte-Marie V
Saint-Émile VL
Sainte-Perpétue SD
Sainte-Pétronille VL
Saint-Éphrem-de-Beauce P
Saint-Éphrem-de-Tring VL
Saint-Épiphane P

Sainte-Rita SD
Sainte-Sabine P
Saint-Étienne-de-Beaumont P
Saint-Étienne-de-Lauzon SD
Saint-Eusèbe P
Saint-Fabien-de-Panet P
Saint-Ferréol-les-Neiges SD
Saint-Fidèle-de-Mont-Murray P
Saint-Flavien P
Saint-Flavien VL
Saint-Fortunat SD
Saint-François-Xavier-de-Viger
SD
Saint-Georges V
Saint-Georges-de-Cacouna P
Saint-Georges-de-Cacouna VL
Saint-Georges-Est P
Saint-Germain P
Saint-Gilbert P
Saint-Gilles P
Saint-Godard-de-Lejeune SD
Saint-Guy SD
Saint-Henri SD
Saint-Hilaire-de-Dorset P
Saint-Hilarion P
Saint-Honoré SD
Saint-Hubert P
Saint-Irénée P
Saint-Jacques-de-Leeds SD
Saint-Jacques-le-Majeur-de-
Wolfestown P
Saint-Janvier-de-Joly SD
Saint-Jean-Baptiste-de-l'Isle-
Verte SD
Saint-Jean-de-Boischatel VL
Saint-Jean-de-Dieu SD
Saint-Jean-de-la-Lande SD
Saint-Jean-Port-Joli SD
Saint-Joseph-de-Beauce P
Saint-Joseph-de-Coleraine SD
Saint-Joseph-de-Deschambault P
Saint-Joseph-de-Kamouraska P

Saint-Joseph-de-la-Pointe-de-Lévy P
Saint-Joseph-de-la-Rive VL
Saint-Julien P
Saint-Juste-du-Lac SD
Saint-Lambert-de-Lauzon P
Saint-Lazare P
Saint-Léonard-de-Portneuf SD
Saint-Léon-de-Standon P
Saint-Louis-de-Gonzague SD
Saint-Louis-de-Kamouraska P
Saint-Louis-de-l'Isle-aux-Coudres P
Saint-Louis-du-Ha! Ha! P
Saint-Ludger VL
Saint-Marc-des-Carrières VL
Saint-Marc-du-Lac-Long P
Saint-Marcel SD
Saint-Martin P
Saint-Mathieu-de-Rioux P
Saint-Médard SD
Saint-Méthode-de-Frontenac SD
Saint-Michel P
Saint-Michel-du-Squatec P
Saint-Modeste P
Saint-Narcisse-de-Beaurivage P
Saint-Nazaire-de-Dorchester P
Saint-Nérée P
Saint-Nicolas V
Saint-Octave-de-Dosquet P
Saint-Odilon-de-Cranbourne P
Saint-Onésime VI
Saint-Pacôme SD
Saint-Pamphile V
Saint-Pascal SD
Saint-Pascal V
Saint-Patrice-de-Beaurivage P
Saint-Patrice-de-Beaurivage SD
Saint-Patrice-de-la-Rivière-du-Loup P
Saint-Paul-de-la-Croix P
Saint-Paul-de-Montminy SD

Saint-Philémon P
Saint-Philippe-de-Néri P
Saint-Pierre P
Saint-Pierre-de-Broughton SD
Saint-Pierre-de-Lamy SD
Saint-Pierre-de-la-Rivière-du-Sud P
Saint-Prosper SD
Saint-Raphaël P
Saint-Raymond P
Saint-Raymond V
Saint-Rédempteur V
Saint-René P
Saint-Robert-Bellarmin SD
Saint-Roch-des-Aulnaies SD
Saint-Romuald V
Saints-Gervais-et-Protais P
Saint-Siméon VL
Saints-Martyrs-Canadiens P
Saint-Théophile SD
Saint-Thuribe P
Saint-Tite-des-Caps SD
Saint-Ubalde SD
Saint-Vallier P
Saint-Vallier VL
Saint-Victor VL
Saint-Victor-de-Tring SD
Saint-Zacharie SD
Saint-Zacharie VL
Scott VL
Shannon SD
Sillery V

T

Témiscouata RÉ
Thetford Mines V
Thetford-Partie-Sud CT
Tourville SD
Trois-Pistoles V
Trois-Pistoles, Rang

V

Val-Bélair V
Valcartier-Village VI
Vallée-du-Saint-Laurent RG
Vanier V
Vieux-Québec Q
Villeneuve Q

04 *(Trois-Rivières)*

A

Annaville VL
Arthabaska MRC
Arthabaska V
Aston-Jonction VL

B

Baie-de-Shawinigan VL
Baie-Jolie VI
Baieville VI
Batiscan VI
Bécancour V
Bois-Francs RG
Boucher SD

C

Cap-de-la-Madeleine V
Champlain SD
Charette SD
Chester-Est CT
Chesterville SD

D

Daveluyville VL
Deschaillons-sur-Saint-Laurent VL
Drummondville V
Durham-Sud SD

F

Fortierville VL
Francheville MRC

G

Gentilly VI
Grandes-Piles P
Grand-Mère V
Grand-Saint-Esprit SD
Grantham-Ouest SD

H

Halifax-Nord CT
Haute-Mauricie RG
Haute-Mauricie SD
Hérouxville P
Hunterstown CT

K

Kingsey Falls VL

L

Lac-à-la-Tortue SD
Lac-aux-Sables P
Langelier CT
La Pérade VL
La Tuque V
La Tuque-Ouest Q
Laurierville VL
L'Avenir SD
Laviolette CÉ
La Visitation-de-Yamaska SD
Le Centre-de-la-Mauricie MRC
Lefebvre SD
Les Becquets VL
Louiseville V

M

Manseau VL
Maskinongé CÉ
Maskinongé VL
Mauricie RG
Mékinac MRC

N

Nicolet V
Nicolet-Sud SD
Norbertville VL
Notre-Dame-de-Lourdes P
Notre-Dame-de-Montauban SD
Notre-Dame-de-Pierreville P
Notre-Dame-du-Bon-Conseil VL

P

Parent VL
Parisville P
Pierreville VL
Plessisville P
Plessisville V
Pointe-du-Lac SD
Prémont VI
Princeville P
Princeville V

R

Rivière-à-la-Lime H
Rivière-Matawin VI

S

Saint-Adelphe P
Saint-Albert-de-Warwick P
Saint-Alexis-des-Monts P
Saint-Antoine-de-la-Baie-du-Febvre P
Saint-Bonaventure P
Saint-Célestin SD
Saint-Christophe-d'Arthabaska P

Saint-Cyrille-de-Wendover SD
Sainte-Angèle P
Sainte-Anne-de-la-Pérade P
Sainte-Anne-d'Yamachiche P
Sainte-Brigitte-des-Saults P
Sainte-Cécile-de-Lévrard P
Sainte-Clothilde-de-Horton VL
Saint-Édouard-de-Maskinongé SD
Sainte-Élisabeth-de-Warwick P
Sainte-Eulalie SD
Sainte-Flore VI
Sainte-Geneviève-de-Batiscan P
Sainte-Monique P
Sainte-Monique VL
Sainte-Perpétue P
Sainte-Séraphine P
Sainte-Thècle VL
Saint-Étienne-des-Grès P
Saint-Eugène SD
Sainte-Ursule P
Sainte-Victoire-d'Arthabaska P
Saint-François-Xavier-de-Batiscan P
Saint-Georges VL
Saint-Gérard-des-Laurentides P
Saint-Germain-de-Grantham VL
Saint-Grégoire S
Saint-Guillaume P
Saint-Guillaume VL
Saint-Jean-Baptiste-de-Nicolet P
Saint-Jean-des-Piles SD
Saint-Joachim-de-Courval P
Saint-Joseph-de-Maskinongé P
Saint-Justin P
Saint-Léonard SD
Saint-Léonard-d'Aston VL
Saint-Léon-le-Grand P
Saint-Louis-de-Blandford P
Saint-Louis-de-France P
Saint-Luc P
Saint-Majorique-de-Grantham P

Saint-Maurice CÉ
Saint-Maurice P
Saint-Narcisse P
Saint-Nicéphore SD
Saint-Norbert-d'Arthabaska P
Saint-Paul-de-Chester PR
Saint-Paulin P
Saint-Paulin VL
Saint-Pie-de-Guire P
Saint-Pierre-Baptiste P
Saint-Pierre-les-Becquets SD
Saint-Prosper P
Saint-Raphaël-Partie-Sud P
Saint-Rémi-de-Tingwick P
Saint-Sévère P
Saint-Stanislas SD
Saint-Sylvère SD
Saint-Thomas-de-Pierreville P
Saint-Tite V
Saint-Valère SD
Saint-Zéphirin-de-Courval P
Shawinigan V
Shawinigan-Sud V

T

Tingwick P
Trois-Rivières V
Trois-Rivières-Ouest V

V

Vallée-du-Saint-Maurice RG
Valmont VI
Vianney CT
Victoriaville V

W

Warwick CT
Warwick V
Wickham SD

Y

Yamachiche VL

05 *(Estrie)*

A

Asbestos V
Ascot CT
Audet SD
Ayer's Cliff VL

B

Barford CT
Barnston CT
Bishopton VL
Brompton Gore SD
Bromptonville V
Bury SD

C

Cantons-de-l'Est RG
Chartierville SD
Coaticook MRC
Coaticook V
Compton CT
Compton VL
Compton Station SD
Cookshire V

D

Danville V
Deauville VL
Dixville VL
Dudswell CT

W

Weedon CT
Weedon Centre VL
Westbury CT
Windsor CT
Windsor V
Wotton CT
Wottonville

06 C (Montréal-Centre)

A

Ahuntsic Q
Anjou V

B

Baie-d'Urfé V
Beaconsfield V
Bout-de-l'Île S

C

Côte-des-Neiges Q
Côte-Saint-Luc V

D

Dorval V

E

East End Q

G

Glenmount Q
Goose Village Q

H

Hampstead V
Hochelaga Q

L

Lachine V
Lafontaine CÉ
LaSalle V
Laval V
Laval-des-Rapides Q

M

Montréal V
Montréal-Est V
Mont-Royal V

O

Outremont V

P

Pie-IX, Boulevard
Pierrefonds V
Pointe-aux-Trembles Q
Pointe-Claire V

R

Rosemont Q
Rouville DR
Roxboro V

S

Sainte-Anne-de-Bellevue V
Sainte-Brigide PR
Sainte-Geneviève V
Sainte-Madeleine-
d'Outremont PR
Sainte-Rose Q
Saint-Léonard V
Saint-Michel Q
Saint-Pierre V
Saint-Raphaël-de-l'Île-Bizard P
Saint-Viateur-d'Outremont PR
Sault-au-Récollet Q

T

Tétreaultville S

V

Vieux-Montréal Q
Vimont VI

W

West Island S
Westmount V

06 N *(Laurentides-Lanaudière)*

A

Argenteuil CÉ
Argenteuil MRC
Arundel CT

B

Barkmere V
Bellefeuille P
Berthier CÉ
Berthier VI
Berthierville V
Blainville V
Boisbriand V
Bois-des-Filion V
Brébeuf P
Brownsburg VL
Bruchési S

C

Calumet VL
Carillon VL
Charlemagne V

D

D'Autray MRC
Deux-Montagnes V

E

Entrelacs SD
Estérel V

G

Grenville VL
Groulx CÉ

H

Harrington CT
Huberdeau SD

I

Ivry-sur-le-Lac SD

J

Joliette V

L

Labelle SD
Lac-Carré VL
Lac-des-Plages SD
Lac-des-Seize-Îles SD
Lachenaie V
Lachute V
La Conception SD
Lac-Paré P
Lac-Tremblant-Nord SD
Lafontaine VL
Lakefield VI
La Macaza SD
La Minerve CT

Lanaudière RÉ
Lantier SD
La Plaine P
L'Assomption P
L'Assomption V
Laurentides, Les M
Laurentides RG
Laurentides V
Lavaltrie VL
La Visitation-de-l'Île-Dupas SD
Le Gardeur V
L'Épiphanie P
L'Épiphanie V
Les Laurentides MRC
Les Moulins MRC
Lorraine V

M

Mascouche V
Mascouche Heights Q
Matawinie MRC
Matawinie RG
Mille-Isles SD
Mirabel V
Mont-Rolland VL
Mont-Tremblant SD
Morin-Heights SD
Moulins RG

N

New Glasgow VL
Notre-Dame-de-la-Merci SD
Notre-Dame-de-Lourdes P
Notre-Dame-des-Prairies P

O

Oka P
Oka SD

P

Piedmont SD
Pointe-Calumet VL
Prévost SD

R

Repentigny V
Rosemère V

S

Sacré-Coeur-de-Jésus P
Saint-Adolphe-d'Howard SD
Saint-Alphonse-de-Rodriguez P
Saint-Ambroise-de-Kildare P
Saint-André-d'Argenteuil P
Saint-André-Est VL
Saint-Antoine V
Saint-Barthélemy P
Saint-Calixte SD
Saint-Charles-Borromée SD
Saint-Charles-de-Mandeville SD
Saint-Cléophas P
Saint-Colomban P
Saint-Côme P
Saint-Cuthbert P
Saint-Damien P
Saint-Didace P
Saint-Donat SD
Sainte-Adèle V
Sainte-Agathe-des-Monts V
Sainte-Agathe-Sud VL
Sainte-Elizabeth P
Sainte-Geneviève-de-Berthier P
Sainte-Julienne P
Sainte-Lucie-des-Laurentides SD
Sainte-Marcelline-de-Kildare SD
Sainte-Marguerite-du-Lac-
Masson P

Sainte-Marie-Salomée P
Sainte-Marthe-sur-le-Lac V
Sainte-Mélanie P
Sainte-Monique VI
Sainte-Sophie SD
Saint-Esprit P
Sainte-Thérèse V
Saint-Eustache V
Sainte-Véronique VL
Saint-Faustin SD
Saint-Félix-de-Valois P
Saint-Félix-de-Valois VL
Saint-Gabriel V
Saint-Gabriel-de-Brandon P
Saint-Gérard-Majella P
Saint-Henri-de-Mascouche VI
Saint-Hippolyte P
Saint-Ignace-de-Loyola P
Saint-Jacques P
Saint-Jacques VL
Saint-Jean-de-Matha P
Saint-Jérôme V
Saint-Jovite P
Saint-Jovite V
Saint-Liguori P
Saint-Lin P
Saint-Louis-de-Terrebonne VI
Saint-Michel-des-Saints SD
Saint-Norbert P
Saint-Paul SD
Saint-Pierre VL
Saint-Placide P
Saint-Placide VL
Saint-Roch-de-l'Achigan P
Saint-Roch-Ouest SD
Saint-Sauveur P
Saint-Sauveur-des-Monts VL
Saint-Sulpice P
Saint-Viateur P
Saint-Zénon P
Soulanges CÉ

T

Terrebonne V

V

Val-David VL
Val-des-Lacs SD
Val-Morin SD

W

Weir VI

06 S (Montérégie)

A

Abercorn VL
Acton MRC
Acton Vale V
Akwesasne R

B

Beauharnois V
Bedford V
Beloeil V
Béthanie SD
Bolton-Est SD
Boucherville V
Brome-Missisquoi MRC
Bromont V
Brossard V

C

Calixa-Lavallée P
Candiac V
Carignan VL
Chambly V
Châteauguay RG
Châteauguay V

Clarenceville VL
Contrecoeur SD
Coteau-Landing VL
Coteau-Station VL
Cowansville V

D

Delson V
Dorion V
Dunham V
Dunkin VI

E

East Farnham VL
Eastman VL
Elgin CT

F

Farnham V
Franklin SD
Frelighsburg SD

G

Godmanchester CT
Granby V
Grande-Île SD

H

Haut-Richelieu RG
Havelock CT
Hemmingford CT
Hemmingford VL
Henryville VL
Highwater VI
Hinchinbrook CT
Howick VL
Hudson V
Huntingdon V

I

Iberville CÉ
Iberville V

J

Johnson CÉ

K

Kahnawake R
Knowlton VI

L

Lac-Brome V
Lacolle VL
La Haute-Yamaska MRC
Lajemmerais MRC
L'Ange-Gardien VL
La Présentation P
Le Bas-Richelieu MRC
Le Haut-Richelieu MRC
LeMoyne V
Léry V
Les Cèdres VL
Les Jardins-de-Napierville MRC
Les Maskoutains MRC
L'Île-Cadieux V
L'Île-Perrot V
Loiselle, Rue
Longueuil V

M

Mansonville VI
Maricourt SD
Marieville V
Massueville VL
McMasterville VL
Melocheville VL
Mercier V

Saint-Éphrem-d'Upton P
Sainte-Rosalie P
Sainte-Rosalie VL
Sainte-Sabine P
Saint-Étienne-de-Beauharnois SD
Saint-Étienne-de-Bolton SD
Sainte-Victoire-de-Sorel P
Saint-Grégoire-le-Grand P
Saint-Hubert V
Saint-Hyacinthe V
Saint-Hyacinthe-le-Confesseur P
Saint-Ignace-de-Stanbridge P
Saint-Isidore P
Saint-Jean CÉ
Saint-Jean-Chrysostome P
Saint-Jean-sur-Richelieu V
Saint-Joachim-de-Shefford P
Saint-Joseph-de-Sorel V
Saint-Jude P
Saint-Lambert V
Saint-Laurent V
Saint-Liboire P
Saint-Liboire VL
Saint-Louis P
Saint-Luc V
Saint-Malachie-d'Ormstown P
Saint-Marcel P
Saint-Marc-sur-Richelieu P
Saint-Mathias P
Saint-Mathieu-de-Beloeil P
Saint-Michel P
Saint-Michel-de-Rougemont P
Saint-Michel-d'Yamaska P
Saint-Nazaire-d'Acton P
Saint-Patrice-de-Sherrington P
Saint-Paul-d'Abbottsford P
Saint-Paul-de-l'Île-aux-Noix P
Saint-Pie VL
Saint-Pierre-de-Sorel P
Saint-Polycarpe P
Saint-Polycarpe VL

Saint-Rémi V
Saint-Robert P
Saint-Roch-de-Richelieu P
Saint-Sébastien P
Saint-Théodore-d'Acton P
Saint-Thomas-d'Aquin P
Saint-Timothée P
Saint-Timothée VL
Saint-Zotique VL
Salaberry-de-Valleyfield V
Sorel V
Stukely-Sud SD
Sutton V

T

Tracy V
Très-Saint-Rédempteur P

U

Upton VL

V

Valcourt CT
Valcourt V
Vallée-de-la-Châteauguay RG
Vallée-du-Richelieu RG
Varennes V
Vaudreuil V
Venise-en-Québec SD
Verchères CÉ
Verchères SD
Verdun V

W

Waterloo V

Y

Yamaska VL
Yamaska-Est VL

07 *(Outaouais)*

A

Antoine-Labelle MRC
Aumond CT
Aylmer V

B

Beaux-Rivages SD
Blue Sea SD
Bouchette SD
Bowman SD
Buckingham V

C

Cantley VI
Chénéville VL

D

Déléage SD
Denholm CT
Deschênes VI
Des Ruisseaux SD
Duhamel SD

E

Egan-Sud SD

F

Fassett SD
Ferme-Neuve P
Ferme-Neuve VL
Fort-Coulonge VL

G

Gatineau CÉ
Gatineau RG
Gatineau V

Gracefield VL
Grand-Calumet CT
Grand Calumet, Île du
Grand-Remous CT

H

Haute-Gatineau RG
Hull V
Hull-Partie-Ouest CT

I

Île-du-Grand-Calumet VI

K

Kiamika CT

L

Lac-du-Cerf SD
Lac-Nominingue SD
Lac-Saguay SD
Lac-Saint-Paul SD
Lac-Simon SD
L'Annonciation VL
Lochaber CT
Lochaber-Partie-Ouest CT
Low CT
Lytton CT

M

Maniwaki V
Masham-Nord VI
Masson V
Messines SD
Montcerf SD
Montebello VL
Mont-Laurier V
Montpellier SD
Mont-Saint-Michel SD

N

Notre-Dame-de-Bon-Secours-Partie-Nord P
Notre-Dame-de-la-Paix P
Notre-Dame-de-la-Salette SD
Notre-Dame-de-Lorette PR

O

Outaouais RÉ

P

Papineau CÉ
Papineauville VL
Plaisance SD
Ponsonby CT
Pontiac RG
Portage-du-Fort VL
Preston C

R

Ripon CT

S

Saint-André-Avellin P
Saint-André-Avellin VL
Sainte-Angélique P
Sainte-Anne-du-Lac SD
Sainte-Cécile-de-Masham VI
Saint-Sixte SD
Shawville VL
Sheen-Esher-Aberdeen-et-Malakoff CU
Suffolk-et-Addington CU

T

Thorne CT
Thurso V
Touraine VI

U

Ulverton CT

V

Val-Barrette VL
Val-des-Monts SD
Valençay H
Vinoy SD

W

Waltham-et-Bryson CU
Wright CT

08 *(Abitibi-Témiscamingue)*

A

Abitibi MRC
Abitibi RG
Abitibi-Témiscamingue RÉ
Amos V
Angliers VL
Arntfield SD
Authier SD
Authier-Nord SD

B

Barraute VL
Béarn SD
Beaudry SD
Beauval, Lac
Belcourt SD
Bellecombe SD
Belleterre V
Berry SD
Bourlamaque Q

Rivière-Bell H
Rivière-Héva SD
Rochebaucourt SD
Rollet SD
Roquemaure SD
Rouyn V

S

Saint-Bruno-de-Guigues P
Saint-Édouard-de-Fabre P
Sainte-Germaine-Boulé SD
Sainte-Hélène-de-Mancebourg P
Saint-Eugène-de-Guigues SD
Saint-Félix-de-Dalquier SD
Saint-Guillaume-de-Granada SD
Saint-Janvier P
Saint-Lambert P
Saint-Marc-de-Figuery P
Saint-Mathieu P
Saint-Norbert-de-Mont-Brun SD
Senneterre P
Senneterre V
Sullivan SD

T

Taschereau SD
Taschereau VL
Témiscaming V
Témiscamingue CÉ
Témiscamingue MRC
Témiscamingue R
Témiscamingue RG
Trécesson CT

V

Val-d'Or V
Vallée-de-l'Or MRC
Val-Saint-Gilles SD
Val-Senneville SD
Village-Pikogan R
Ville-Marie V

W

Waswanipi R
Winneway R

09 (Côte-Nord)

A

Aguanish SD
Anse-aux-Fraises LD
Anticosti, Île d'
Anticosti-Minganie RG

B

Baie-Comeau V
Baie-Trinité VL
Basse-Côte-Nord RG
Bergeronnes CT
Blanc-Sablon VI

C

Caniapiscau MRC
Caniapiscau VI
Chute-aux-Outardes VL
Colombier SD
Côte-Nord RÉ
Côte-Nord-du-Golfe-Saint-Laurent SD

F

Fermont V
Forestville V
Franquelin SD

G

Gagnon V
Gallix SD
Godbout VL
Goynish C
Grandes-Bergeronnes VL

J

Jamésie RG

K

Kangiqsualujjuaq VN
Kangiqsujuak VN
Kangirsuk VN
Keyano VI
Killiniq, Île
Kuujjuaq VN
Kuujjuarapik VN

L

Labrador RG

N

Nouveau-Québec RÉ
Nuvuc, Pointe

P

Povungnituk VI

Q

Qikirtajuaq, Île
Quaqtaq VN

R

Radisson VI

S

Sakami VI
Salluit VN
Schefferville V

T

Tasiujaq VN
Tuvaaluk VI

U

Umiujaq VI
Ungava RG